外国文艺理论丛

美学原理
美学纲要

〔意大利〕克罗齐 著

朱光潜 韩邦凯 罗芃 译

人民文学出版社
PEOPLE'S LITERATURE PUBLISHING HOUSE

图书在版编目（CIP）数据

美学原理　美学纲要／（意）克罗齐著；朱光潜，
韩邦凯，罗芃译. -- 北京：人民文学出版社，2025.
（外国文艺理论丛书）. -- ISBN 978-7-02-019576-3

Ⅰ. B83

中国国家版本馆 CIP 数据核字第 202573HL77 号

责任编辑　刘　彦
装帧设计　黄云香
责任校对　罗翠华
责任印制　王重艺

出版发行　人民文学出版社
社　　址　北京市朝内大街 166 号
邮政编码　100705

印　　刷　河北博文科技印务有限公司
经　　销　全国新华书店等

字　　数　233 千字
开　　本　880 毫米×1230 毫米　1/32
印　　张　10.125　插页 1
印　　数　1—3000
版　　次　1981 年 11 月北京第 1 版
印　　次　2025 年 9 月第 1 次印刷

书　　号　978-7-02-019576-3
定　　价　49.00 元

如有印装质量问题,请与本社图书销售中心调换。电话:010-59905336

出 版 说 明

    "外国文艺理论丛书"的选题为上世纪五十年代末由当时的中国科学院文学研究所组织全国外国文学专家数十人共同研究和制定,所选收的作品,上自古希腊、古罗马和古印度,下至二十世纪初,系各历史时期及流派最具代表性的文艺理论著作,是二十世纪以前文艺理论作品的精华,曾对世界文学的发展产生过重大影响。该丛书曾列入国家"七五""八五"出版计划,受到我国文化界的普遍关注和欢迎。

    进入新世纪以来,随着各学科学术研究的深入发展,为满足文艺理论界的迫切需求,人民文学出版社决定对这套丛书的选题进行调整和充实,并将选收作品的下限移至二十世纪末,予以继续出版。

人民文学出版社编辑部

二〇二二年一月

目　次

美学原理

修正版译者序 …………………………………………… 3

第一版译者序 …………………………………………… 5

第一章　直觉与表现 …………………………………… 7
　　直觉的知识——直觉知识可离理性知识而独立——直觉
　　与知觉——直觉与时间空间概念——直觉与感受——直
　　觉与联想——直觉与表象——直觉与表现——直觉与表
　　现有分别的错觉——直觉与表现的统一

第二章　直觉与艺术 …………………………………… 17
　　附带的结论和说明——艺术与直觉的知识统一——它们
　　没有种类上的分别——它们没有强度上的分别——它们
　　的分别是宽度上的和经验的——艺术的天才——美学中
　　的内容与形式——评艺术模仿自然说与艺术的幻觉
　　说——评艺术为感觉的（非认识的）事实说——审美的
　　形象和感觉——评审美的感官说——艺术作品的整一性
　　与不可分性——艺术作为解放者

第三章　艺术与哲学 ………………………… 26

理性的知识不能离直觉的知识——评对本说的反驳——
艺术与科学——内容与形式的另一意义。散文与诗——
第一度与第二度的关系——知识没有其他形式——历
史——它与艺术的同异——历史的批评——历史的怀疑
主义——哲学为完善的科学,所谓自然科学和它们的局
限性——现象与本体

第四章　美学中的历史主义与理智主义 …………… 35

评合理说与自然主义——评艺术须有观念议论及典型诸
说——评象征与寓言——评艺术的和文学的种类说——
判断艺术时由种类说所生的错误——种类区分的经验的
意义

第五章　史学与逻辑学中的类似错误 ……………… 41

评历史哲学——美学侵越逻辑学——逻辑学的本质——
逻辑的判断与非逻辑的判断的分别——三段论法——逻
辑的假与审美的真——改革过的逻辑学

第六章　认识的活动与实践的活动 ………………… 48

意志——意志是知识的归宿——反驳与解答——评实践
的判断或价值的判断——从审美的活动中排除实践的活
动——评艺术的目的说及内容的选择说——从实践的观
点看,艺术是无害的——艺术的独立——评风格即人格
说——评艺术须真诚说

第七章　认识的活动与实践的活动的类比 …………… 55

实践活动的两个形式——经济上的有用的活动——有用
的活动与技术的活动的分别——有用的与自私的两概念
的分别——经济的意志与道德的意志——纯粹的经济
性——道德的经济方面——纯经济的活动和在道德上不

分好坏的活动的谬见——评功利主义与伦理学经济学的
改造——实践活动中的现象与本体

第八章　其他心灵的形式不存在 ……………………………… 61
心灵的系统——天才的各种形式——第五形式的活动不
存在:法律,社会性——宗教——形而上学——心里的想
象与直觉的理智——神秘的美学——艺术的朽与不朽

第九章　论表现不可分为各种形态或程度,并评修辞学 …… 67
艺术的各种性质——表现没有形态的分别——翻译的不
可能性——评修辞的品类——修辞品类的经验的意
义——(一)这些品类名目用作审美事实的同义字——
(二)它们用来指各种审美的欠缺——(三)它们超出审
美范围而用于科学的意义——修辞学在学校里——诸表
现品的类似点——翻译的相对的可能性

第十章　各种审美的感觉以及美与丑的分别 ……………… 73
感觉一词的各种意义——感觉当作活动——感觉与经济
活动的统一——评快感主义——每种活动都有感觉陪
伴——感觉中几个常见分别的意义——价值与反价值:
对立面及其统一——美当作表现的价值或干脆地当作表
现——丑,丑之中美的因素——不美不丑的表现品不存
在——真正的审美的感觉以及陪伴的或偶来的感觉——
评外表的感觉说

第十一章　评审美的快感主义 …………………………… 80
评美与高等感官的快感的混淆——评游戏说——评性欲
说与胜利说——评同情说的美学。内容与形式在同情说
中的意义——审美的快感主义与道德主义——道学否定
艺术,教书匠辩护艺术——评纯美说

第十二章 同情说的美学和一些假充审美的概念 ⋯⋯⋯⋯ 84

假充审美的概念和同情说的美学——评艺术丑与征服丑
的学说——各种假充审美的概念属于心理学——这些概
念不能有严格的定义——实例：雄伟的、喜剧的、诙谐的
诸词的定义——这些概念与审美的概念的关系

第十三章 自然与艺术中的"物理的美" ⋯⋯⋯⋯⋯⋯⋯ 90

审美的活动与物理的概念——表现：审美的意义与自然
科学的意义——表象与记忆——备忘工具的制造——物
理的美——内容与形式：另一意义——自然美与人为
美——混合的美——写作符号——自由的美与非自由的
美——评非自由的美——创造所用的刺激物

第十四章 物理学与美学的混淆所生的错误 ⋯⋯⋯⋯⋯ 99

评审美的联想主义——评美学的物理学——评人体
美——评几何图形美——评模仿自然说的另一面——评
美的基本形式说——评寻求美的客观条件——美学的天
文学

第十五章 外射的活动。各种艺术的技巧与理论 ⋯⋯⋯⋯ 105

外射是实践的活动——外射的技巧——各种艺术的技巧
方面的理论——评个别艺术的美学理论——评各种艺术
的分类——评各种艺术的联合说——外射的活动与效用
和道德二者的关系

第十六章 鉴赏力与艺术的再造 ⋯⋯⋯⋯⋯⋯⋯⋯⋯ 112

审美的判断，它与审美再造的统一——二者不可能有分
歧——鉴赏力与天才的统一——与其他各种活动的类
比——评审美的绝对主义（理智主义）与相对主义——
评相对的相对主义——以刺激物与心理情况的多样化为
理由，对本说的反驳——评自然符号与习成符号的分

别——情况差别的克服——修补还原与历史的解释

第十七章　文学与艺术的历史 ……………………… *121*

文学与艺术中的历史批评,它的重要性——文学与艺术
的历史,它与历史批评的分别,与审美判断的分别——艺
术史与文学史的方法——评艺术起源问题——进步原则
与历史——艺术的与文学的历史中的进步不是一条单线
的——一些违反这个规律的错误——进步对于美学的其
他意义

第十八章　结论:语言学与美学的统一 ……………… *131*

本书提要——语言学与美学的统一——语言学的问题化
成美学的公式:语言的性质——语言的起源与发展——
文法与逻辑的关系——文法中词的种类——语言的个性
与语文的分类——规范文法的不可能——含教导意味的
著作——基本的语言事实:字根——审美的判断与模范
语言——结论

注　释 …………………………………………… *142*

美学纲要

意文版序 ………………………………………… *173*
英译者序 ………………………………………… *175*

第一章　"艺术是什么?" ……………………… *178*
第二章　关于艺术的一些偏见 ………………… *201*
第三章　艺术在心灵和人类社会中的地位 ……… *219*
第四章　批评与艺术史 ………………………… *235*
第五章　美学史的起源、阶段和特征 ………… *251*

第六章　艺术表现的整一性 ……………………………… 272

法文版序 …………………………………………………… 285

附　编　两门世俗的科学:美学和经济学 ……………… 288

注　释 ……………………………………………………… 300
〔附编〕注释…………………………………………………… 313

美学原理

〔意〕克罗齐 著

朱光潜 译

修正版译者序

　　这几年国内美学界在批判我的主观唯心主义的美学思想中，常涉及我所依据的克罗齐的美学思想。一般人把克罗齐称为新黑格尔派，其实他的美学思想更接近康德。不但他的直觉说是发挥康德的"无所为而为的观照"说，而且在存在与意识的关系上，他认为本来"无形式的物质"借心灵综合作用而得到形式，也还是康德的"先经验的综合"说的变相。所以他的美学思想还是属于主观唯心主义的范畴。他的基本错误就在这个主观唯心主义的出发点，从此生出一些其他突出的错误；例如把单纯感觉式的直觉混为艺术形象思维式的直觉，把直觉和抽象思维的分别加以绝对化，过分强调直觉为心灵活动，把艺术的表现媒介和传达技巧看成和艺术没有直接的关系之类。不过他对美学也并非毫无贡献。在立的方面，他把形象思维和抽象思维的对立突出地加以阐明了，尽管他没有看到这两个对立面的统一；他把艺术的整一性（即无论是自然美还是艺术美，无论是这一种艺术美还是那一种艺术美，既然都叫作美，总有一个共同的特性）也强调指出了，尽管他忽视了不同具体事例的差异性。在破的方面，他对于过去一些美学观点的批评也替美学的进展扫清了一些障碍，特别是在否定美学上的快感主义、联想主义、"理智的直觉"说、同情说、鉴赏力与天才的对立说等方面。至于艺术与语言的统一说则是他首次提出来的，对于语言学与美学都有深刻的意义；不过关于这方面，我们还有待于进一步的探讨。

　　像康德和黑格尔一样,克罗齐是把美学看成哲学中一个部门的,他用的方法主要地是概念的分析和推演,所以他反对从作为经验科学的心理学观点去研究美学。我在"文艺心理学"里,一方面依据了克罗齐纯粹从哲学出发所建立的理论,一方面又掺杂了一些心理学派的学说。如果单从介绍克罗齐来说,我对他有些歪曲。因此,把克罗齐的原著介绍出来,无论是对于批判还是对于吸收,都是有益的。克罗齐自己在本书第九章里也说:"过去的错误的学说不宜忘掉不谈,因为各种真理都要在和错误斗争之中,才能维持它们的生命。"

　　这是十年前的旧译,为了再版,我作了很多的文字上的修改。

朱 光 潜
1956 年 7 月

第一版译者序

我起念要译克罗齐的"美学",远在十五六年以前,因为翻译事难,一直没有敢动手。这十五六年中我却写过几篇介绍克罗齐学说的文章,事后每发现自己有误解处,恐怕道听途说,以讹传讹,对不起作者,于是决定把"美学"翻译出来,让读者自己去看作者的真面目。

"美学"是克罗齐的第一部著作,它所讨论的不仅是普通的美学问题,尤其是美学在整个哲学中的地位,审美活动与其他心灵活动的分别和关系。克罗齐对于哲学自有一个系统,美学在这个系统里只是一个项目。他写完"美学"以后,继续写了三部书——"逻辑学""实践活动的哲学""历史学"——才把他所谓"心灵的哲学"全部和盘托出。不过后来的三部书的要义都已在"美学"里约略提及,所以"美学"这部书含有他的全部哲学的雏形,不能只当作一部专讲美学的书去看。

克罗齐的文章有它的逻辑的谨严性,意思表达到恰能明白为止,不再去发挥,也不讲究词藻的修饰,所以表面看起来像很干枯,有时像过于简略,没有一般写艺术问题的文章那么"美"。它的好处在精确不枝蔓。读这种文章,如同读亚里士多德和康德的文章一样,当然很费力;唯其要费力,读者就要读一句,想一句,不能走马看花,或是只被动地接受,所以费力有费力的收获。

我自己写文章,一般以流畅亲切为主,翻译这书时却不得不改变自己的作风以求对于作者忠实。我起稿两次,第一次全照原文直译,第二次誊清,丢开原文,顺中文的习惯把文字略改得顺畅一点。我的目标是:第一不违背作者的意思,第二要使读者在肯用心求了解时能够了解。

因为原文太简,有时援引中国读者所不很熟习的学说或典故,所以我在译文之后附着简明的注释。

原书分原理与历史两部分,我只译了原理部分,所以书名也改为"美学原理",这并非因为历史部分不重要,而是因为克罗齐写美学学说史,完全照他的直觉即表现那个观点出发,与他的学说无关的一概从略。所以"美学"的历史部分不能当作一般的美学史去看,对于初学者没有多大用处。

我根据的本子是昂斯勒(Douglas Ainslie)的英译本,一九二二年伦敦麦美伦书店出版(Benedetto Croce:*AESTHETIC as Science of Expression and General Linguistic*,Macmillan & Co. Ltd.,London,1922),译时并参照意大利原文本第五版。因为我发现英译本常有错误或不妥处,原因在译者的哲学训练不太够,而且他根据修正的是原文第四版(一九〇九年版),克罗齐在第五版(一九二二年版)里已略有更正。

朱 光 潜
1947 年 2 月

第一章　直觉与表现

〔直觉的知识〕　知识有两种形式：不是直觉的，就是逻辑的；不是从想象得来的，就是从理智得来的；不是关于个体的，就是关于共相的；不是关于诸个别事物的，就是关于它们中间关系的；总之，知识所产生的不是意象，就是概念。①

在日常生活中，我们常用到直觉的知识。人们说，有些真理不能下界说，不能用三段论式证明，必须用直觉去体会。政治家每指责抽象的理论家对实际情况没有活泼的直觉；教育理论家极力主张首先要发达学童的直觉功能；批评家在评判艺术作品时，以为荣誉攸关的是撇开理论和抽象概念，只凭直接的直觉下判断；实行家也每自称立身处世所凭借的，与其说是理智，不如说是直觉。

直觉的知识在日常生活中虽然得到这样广泛的承认，在理论与哲学的区域中却没有得到同样应得的承认。理性的知识早就有一种科学去研究，这是世所公认而不容辩论的，这就是逻辑；但是研究直觉知识的科学却只有少数人在畏缩地辛苦维护。逻辑的知识占据了最大的份儿，如果逻辑没有完全把她的伙伴宰杀吞噬，也只是悭吝地让她处于侍婢或守门人的卑位。没有理性知识的光，直觉知识能算什么呢？那就只是没有主子的奴仆。主子固然得到奴仆的用处，奴仆却必须有主子才能过活，直觉是盲目的，理智借眼睛给她，她才能看。

〔直觉知识可离理性知识而独立〕　现在我们所要切记的

第一点就是:直觉知识并不需要主子,也不要倚赖任何人;她无须从旁人借眼睛,她自己就有很好的眼睛。直觉品②固然可与概念混合,但是也有许多直觉品毫没有这种混合的痕迹,这就足见混合并非必要。画家所给的一幅月景的印象,制图家所画的一个疆域的轮廓,一段柔美的或是雄壮的乐曲,一首嗟叹的抒情诗的文字,或是我们在日常生活中发疑问、下命令和表示哀悼所用的文字,都很可能只是直觉的事实,毫不带理智的关系。但是不管你对这些事例怎样看,并且姑且承认文明人的直觉品有大部分含着概念,也还有一个更重要更确定的论点须提出:混化在直觉品里的概念,就其已混化而言,就已不复是概念,因为它们已失去一切独立与自主;它们本是概念,现在已成为直觉品的单纯元素了。放在悲喜剧人物口中的哲学格言并不在那里显出概念的功用,而是在那里显出描写人物特性的功用。同理,画的面孔上一点红,在那里并不代表物理学家的红色,而是画像的一个表示特性的元素。全体决定诸部分的属性。一个艺术作品尽管满是哲学的概念,这些概念尽管可以比在一部哲学论著里的还更丰富,更深刻,而一部哲学论著也尽管有极丰富的描写与直觉品;但是那艺术作品尽管有那些概念,它的完整效果仍是一个直觉品的;那哲学论著尽管有那些直觉品,它的完整效果也仍是一个概念的。例如《约婚夫妇》③一书含有许多伦理的议论,但它并不因此在全体上失去一个单纯故事或直觉品的特性。同理,一部哲学著作,例如叔本华的著作,里面有许多片段故事和讽刺隽语,这也不使它失去说理文的特性。一个科学作品和一个艺术作品的分别,即一个是理智的事实,一个是直觉的事实。这个分别就在作者所指望的完整效果上面见出。这完整效果决定而且统辖各个部分;这各个部分并不能一一提出而抽象地就它本身去看。

〔直觉与知觉〕 只承认直觉可独立不靠概念,还不能尽直觉的真义。有一派人承认这种独立,或是至少不彰明较著地使直觉靠理智,但却仍不免犯另一种错误,以至不明直觉的真相。这就是把直觉认成知觉④,认成对于现前实在的知识,即说某某事物是实在的那种认识。

知觉的确是直觉。例如我在里面写作的这间房子,摆在我面前的墨水瓶和纸,我用的笔,我所接触的和用来做我的工具的种种事物,以及既在写作,所以是存在的我自身——这一切知觉品都同时是直觉品。但是我现在忽然想起另一个我,在另一城市中另一间房屋里用另一种纸笔墨写作,这意象也还是一个直觉品。这可见实在与非实在的分别对于直觉的真相是不相干的,次一层的。如果我们假想人心第一次有直觉品,那就好像只能是关于现前实在界的,这就是说,它除实在界以外不能对任何事物起直觉。但是因为对于实在界的知识须根据实在的形象和非实在的形象的分别,而这种分别在最初阶段还不存在,这些直觉品就不能说是对于实在判别是非的,就还不是知觉品而是纯粹的直觉品。在一切都实在时,就没有事物是实在的;婴儿难辨真和伪,历史和寓言,这些对于他都无分别。这事实可以使我们约略明白直觉的纯朴心境。对实在事物所起的知觉和对可能事物所起的单纯形象,二者在不起分别的统一中,才是直觉。在直觉中,我们不把自己认成经验的主体,拿来和外面的实在界相对立,我们只把我们的印象化为对象(外射我们的印象),无论那印象是否是关于实在。

〔直觉与时间空间概念〕 有些人把直觉看成纯靠时间空间两范畴来形成和安排的感官领受⑤,这倒似较近于真理。空间与时间(他们说)是直觉的两形式;具有一个直觉品,就是把它安排在空间里和时间次第里。直觉的活动于是包含空间性与

时间性这两重的并行的功能。但是关于时空这两种范畴在与直
觉品混合时,上述关于理智分辨与直觉品混合的话还可以适用。
我们可以离开空间时间而有直觉品:例如天的一种颜色,一种情
感的色调,一声苦痛的嗟叹,一种意志的奋发,在意识中成为对
象,都是我们的直觉品,它们的形成都与空间时间无关。有些直
觉品可以有空间性而无时间性,有些直觉品可以有时间性而无
空间性;纵然有些直觉品兼有空间性和时间性,也是借事后回想
才知觉其为有:它们混化于直觉品,正和直觉品的其他元素一
样,只是材料因而不是形式因,只是组合的分子而不是组合的作
用。除非回想的活动暂时闯入凝神观照,谁在看一幅画或一片
风景时,能想到空间呢?谁在听一个故事或一首乐曲时,能想到
时间次第呢?直觉在一个艺术作品中所见出的不是时间和空
间,而是性格,个别的相貌。这个看法在近代哲学各方面都可得
到印证。空间和时间在今日并不是单纯而原始的作用,而是很
复杂的理智的建立品。还不仅此,有一派人纵然不完全否认空
间时间有赋予形式的原则、范畴和作用那么一种特性,却也想把
空间时间连贯起来,不用通常看待范畴的看法去看待它们。有
些人以为直觉只有空间性一个范畴,而时间只能假道于空间去
直觉。又有些人放弃三度空间,以为从哲学看,无此必要,于是
空间作用被看成没有任何特殊的空间的定性。但是这样空间作
用——一种简单的安排要连时间也安排在内——究竟是什么
呢?它一定代表凡批评辩驳所留下来站得住的一点什么——就
是要承认有普通的直觉活动。如果把一个单纯的作用付与这个
直觉活动时,把这作用不看作空间化或时间化,而只看作个性
化,这直觉活动不就已真正地有了确定的性质么?或则说得更
好一点,如果把这直觉活动本身看成一个范畴或作用,使我们凭
借它来认识事物的具体方面与个性方面,它不就已真正地有了

确定的性质么？

〔直觉与感受〕 既已使直觉的知识脱净理智主义的意味以及一切后起外加的东西了，我们现在就要从另一方面来说明它，定它的界限，替它防御另一种侵犯和混淆。在直觉界线以下的是感受，或无形式的物质。这物质就其为单纯的物质而言，心灵永不能认识。心灵要认识它，只有赋予它以形式，把它纳入形式才行。单纯的物质对心灵为不存在，不过心灵须假定有这么一种东西，作为直觉以下的一个界线。物质，在脱去形式而只是抽象概念时，就只是机械的和被动的东西，只是心灵所领受的，而不是心灵所创造的东西。没有物质就不能有人的知识或活动；但是仅有物质也就只产生兽性，只产生人的一切近于禽兽的冲动的东西；它不能产生心灵的统辖，心灵的统辖才是人性。在我们的身心中所经过的一切，我们岂不常想懂得清楚！我们隐约地瞥见有一种什么，但是这并没有在心灵面前化成对象，纳入形式。就是在这些时候，我们最便于看出物质与形式的大差别。物质与形式并不是我们的两种作为，互相对立；它们一个是在我们外面的，来侵袭我们，撼动我们；另一个是在我们里面的，常要吸收那在外面的，把自身和它合为一体。物质，经过形式打扮和征服，就产生具体形象。这物质，这内容，就是使这直觉品有别于那直觉品的；这形式是常住不变的，它就是心灵的活动；至于物质则为可变的。没有物质，心灵的活动就不能脱离它的抽象的状态而变成具体的实在的活动⑥，不能成为这一个或那一个心灵的内容，这一个或那一个确定的直觉品。

有一个奇怪的事实是这个时代的特色，就是这个形式，这个心灵的活动，本来主要地是我们自己的，却常被人忽视或否认。有些人把人的心灵的活动和通常所谓"自然"的譬喻的和神话的活动混为一事，其实这自然的活动只是机械动作，与人的活动毫不相似,除非和伊索⑦一样假想:"树木也能说话,不仅是野兽。"有些人说他们从来没有在自己心里发现这种"神奇的"活动,好像说发汗与运思,觉冷与起意志都没有差别,或者纵有差别,也只是分量上的差别。另一些人要把心灵活动与机械动作这两种异类的东西连贯成为一个较普遍的概念,也颇言之成理。我们暂且不论这种最后的连贯是否可能,在何种意义之下可能,且承认我们不妨这样尝试,可是有一点是显然的,就是把两个概念连贯成一个第三概念时,首先就要承认原来那两个概念有差别。这差别就是我们所要探讨的,要说明的。

〔直觉与联想〕 直觉有时被人混为单纯的感受,但是这就违反常识;较普通的办法是拿一种话头来冲淡它或掩饰它,而其实这话头说是要分别直觉与感受,却仍然把它们弄混淆了。直觉据说就是感受,但是与其说是单纯的感受,毋说是诸感受品的联想。这里"联想"一词隐藏着两重意义。第一,联想被看成记忆,记忆的联络,有意识的回想。在这个意义之下,说把本来未经直觉、未经分辨、未经心灵以某种方式获取、未经意识造作的一些元素在记忆里连贯起来,那似是不可思议的。其次,联想或是被看成下意识的诸元素的连贯。在这个意义之下,我们就还未脱离感受和自然的境界。但是如果我们随联想派学者把联想看成既非记忆,又非诸感受品的流转,而是创造的联想(赋予形式的、建设的、分辨的联想),那就是承认我们的主张,而所否认的不过是名称。因为创造的联想已不是感受主义者所了解的联想,而是综合,是心灵的活动。综合可称为联想,但是既有了创造一个意思,就已假定有被动与主动,感受与直觉的分别了。

〔直觉与表象〕 另一派心理学家在感受之外还辨别出另一种东西,它已不复是感受,但是也还未成为理性的概念:这就是"表象"或"意象"⑧。他们所谓"表象"或"意象"和我们所谓

"直觉的知识"究竟有什么分别呢？这分别可以说是很大，也可说是毫无。因为"表象"是一个很含混的名词。如果它指已从诸感受品的心理基础分割出来的、超然独立的一种东西，那么表象就是直觉。如果它被看成复杂的感受品，我们又回到生糙的感受，感受终是感受，它的特质并不随它的繁简而变，也不随它所出现的有机体是原始的，还是高度发达的，带着许多过去感受品的遗痕的这个分别而变。把感受定为第一位的心理产品，表象定为第二位的心理产品（使它们在心理发展上有先后分别），这也不能消除含混。什么叫作第二位呢？它是否指一种性质上的形式的分别？如果是，则表象是感受的加工润色，所以就是直觉。否则它是否指较大的繁复性，一种数量上的内容的分别？如果是，则直觉又和简单的感受混淆起来了。

〔直觉与表现〕　要分辨真直觉、真表象和比它较低级的东西，即分辨心灵的事实与机械的、被动的、自然的事实，倒有一个稳妥的办法。每一个真直觉或表象同时也是表现。没有在表现中对象化了的东西就不是直觉或表象，就还只是感受和自然的事实。心灵只有借造作、赋形、表现才能直觉。若把直觉与表现分开，就永没有办法把它们再联合起来。⑨

直觉的活动能表现所直觉的形象，才能掌握那些形象。如果这话像是离奇的，那就多少由于"表现"一词的意义通常定得太狭了。它通常只限用于所谓"文字的表现"。但是表现也有非文字的，例如线条、颜色、声音的表现。我们的学说必须扩充到能适用于这些上面，它须包含人在辞令家、音乐家、画家或任何其他的地位所有的每一种表现。但是无论表现是图画的、音乐的，或是任何其他形式的，它对于直觉都绝不可少；直觉必须以某一种形式的表现出现，表现其实就是直觉的一个不可缺少的部分。我们如何真正能对一个几何图形有直觉，除非我们对它有一个形象,明确到能使我们马上把它画在纸上或黑板上?我们如何真正能对一个区域——比如说西西里岛——的轮廓有直觉,如果我们不能把它所有的曲曲折折都画出来?每个人都经验过,在把自己的印象和感觉抓住而且表达出来时,心中都有一种光辉焕发;但是如果没有抓住和表达它们,就不能有这种内心的光辉焕发。所以感觉或印象,借文字的助力,从心灵的浑暗地带提升到凝神观照界的明朗。在这个认识的过程中,直觉与表现是无法可分的。此出现则彼同时出现,因为它们并非二物而是一体。

〔直觉与表现有分别的错觉〕 我们的主张所以显得似是而非者,主要是由于一种错觉或偏见:以为我们对于实在界的直觉很完备;而实际上它并不是那样完备。我们常听到人们说他们心里有许多伟大的思想,但是不能把它们表现出来。但是他们如果真有那些伟大的思想,他们就理应已把它们铸成恰如其分的美妙响亮的文字,那就是已把它们表现出来了。如果在要表现时,这些思想好像消散了或是变得贫乏了,理由就在它们本来不存在或本来贫乏。人们以为我们一般人都像画家一样能想象或直觉山川人物和景致,和雕刻家一样能想象或直觉形体,所不同者,画家和雕刻家知道怎样去画去雕这些形象,而我们却只让它们留在心里不表现。他们相信任何人都能想象出一幅拉斐尔⑩所画的圣母像;拉斐尔之所以为拉斐尔,只是由于他有技艺方面的本领,能把那圣母画在画幅上。这种见解是极荒谬的。我们所直觉到的世界通常是微乎其微的,只是一些窄小的表现品,这些表现品随某时会的精神凝聚之加强而逐渐变大变广。它们就是我们自言自语的话,我们的沉默的判断,例如"这里是一个人,这里是一匹马,这是沉重的,这是尖锐的,这个使我快意"之类。它们只是光与色的杂凑,在画艺上的价值并不高于偶然放射的一些颜色所可表现的东西,在这些颜色中很难找出一点特殊而明显的个性。我们在日常生活中所有的直觉品不过如此,它们是我们日常行动的凭借。它们像一部书的引得,贴在事物上而就代表那些事物的标签。引得与标签(本身就是表现品)只够适应微细的需要和微细的行动。我们经常须从引得转到书,由标签转到事物,由微细的直觉品转到较深广的直觉品,逐渐达到最广大最崇高的直觉品。这个转有时很不容易。精研艺术家心理学的人们常见到这样的事实,把一个人很快地瞥一眼之后,想对他得到一个真实的直觉,好来画他的像,但是临画时,这种寻常知见,本来像是很明确生动,却忽然显得没有什么价值。要画像的那个人物站在画家面前,好像一个尚待发现的世界。米开朗琪罗⑪说过:"画家作画不是使手而是使脑。"达·芬奇⑫站在"最后的晚餐"那幅画前呆视了许多天,也不动手着一笔,惹得慈悲圣母修道院的长老大惊小怪。他有句话表明这个态度:"大天才的心灵最活跃的创造,是当他们在外表上最不起劲做工作的时候。"画家之所以为画家,是由于他见到旁人只能隐约感觉或依稀瞥望而不能见到的东西。我们以为我们见到一阵微笑,实际上我们所得的却只是它的一个模糊的印象,而没有看出全部性格上的蕴藉以这阵微笑为它们的总和;画家在这上面费过意匠经营,发现了它们,所以能把它们凝定于画幅上面。我们对于朝夕都在面前的密友所得到的直觉品,也至多不过是面貌上几个可以帮助辨别他和旁人的特点。在音乐的表现上,这幻觉比较不容易发生;因为说作曲者只附加乐曲于一个"母题"上面,而这"母题"是在一个非作曲者心中已经存在;这种话大家都会觉得离奇,正犹如说贝多芬的第九交响乐⑬不是他自己的直觉品,而他的直觉品也不是第九交响乐。一个人不明白自己有多少物质的财产所起的错觉,可以被数学纠正,数学载明了它的确数;一个人对于自己的思想和意象的财产存着错觉,在逼得要跨过表现那一道"鸿沟"时,也就会恍然大悟。两事道理实相同。让我们向前一位说:"数着看看。"向后一位说:"说出来。"或是:"这里有笔,写出来。"

我们每个人实在都有一点诗人、雕刻家、音乐家、画家、散文家的本领;但是比起戴着这些头衔的人们,那就太少了;正因为这些人所具有的虽是人性中一些最平常的倾向和能力,却到了一个极高的程度。一个画家可以具有一个诗人的直觉,可是那比起诗人的直觉却是多么渺小!一个画家也可以具有另一个画家的直觉,可是那比那另一画家的直觉却也多么渺小!然而这渺小的一点就是我们的直觉或表象的全副资产。此外只是一些印象、感受、感觉、冲动、情绪之类东西,还没有达到心灵境界,还没有被人吸收融会的一些东西;这一些东西只是为方便而假立,实际上并不存在,因为"存在"也就是心灵的事实⑭。

〔直觉与表现的统一〕 在本章开始给直觉所下的各种形容词以外,我们可以加上这一句:直觉的知识就是表现的知识。直觉是离理智作用而独立自主的;它不管后起的经验上的各种分别,不管实在与非实在,不管空间时间的形成和察觉,这些都是后起的。直觉或表象,就其为形式而言,有别于凡是被感触和忍受的东西,有别于感受的流转,有别于心理的素材;这个形式,这个掌握,就是表现。直觉是表现,而且只是表现(没有多于表现的,却也没有少于表现的)。

第二章　直觉与艺术

〔附带的结论和说明〕　在作进一步的讨论以前,我们最好先就已经成立的原理之中抽出一些结论并加以说明。

〔艺术与直觉的知识统一〕　我们已经坦白地把直觉的(即表现的)知识和审美的(即艺术的)事实看成统一,用艺术作品做直觉的知识的实例,把直觉的特性都付与艺术作品,也把艺术作品的特性都付与直觉。但是我们的统一说和连许多哲学家也在主张的一个见解却不相容,就是以为艺术是一种完全特殊的直觉。他们说:"我们姑且承认艺术就是直觉,可是直觉不都是艺术;艺术的直觉当自成一类,和一般的直觉不同,在一般的直觉以外还应有一点什么。"

〔它们没有种类上的分别〕　但是没有人能说明这另外一点什么究竟是什么。有时人们以为艺术并不是单纯的直觉,而是直觉的直觉,正犹如科学的概念不是一般的概念,而是概念的概念。因此,人在成就艺术时,并不像一般的直觉只把感受外射为对象,而是把直觉本身外射为对象。但是这种提升到第二级的过程并不存在;拿它和一般的概念与科学的概念的关系相较,也不能证明所要说明的,因为科学的概念也并非是概念的概念。这个比较所能证明的适得其反。一般的概念如果真是概念而不是单纯的表象,就是十足的概念,不管它的含义怎样贫乏窄狭。科学以概念代替表象,以含义较富较宽的概念代替含义较贫较窄的概念。它常在发现新关系。它的方法和最平常的人形成最简单的概念所用的方法并无差别。普通叫作真正的艺术所组合的直觉品,比我们通常所经验的直觉品固较广大较繁复,可是这些直觉品仍不外用感受与印象做材料。

艺术是诸印象的表现,不是表现的表现。[①]

〔它们没有强度上的分别〕 同理,我们不能说普通叫作艺术的直觉是强度较大的直觉,所以与一般的直觉有别。如果说艺术的直觉与一般的直觉在同一材料上起不同的作用,这话也许是对的。但是艺术的功能虽伸展到较广大的区域,在方法上和一般的直觉并无分别,所以它们的分别不是强度的而是宽度的。一首最简单的通俗情歌,比起千千万万普通人在表示爱情时所说的话,是一样的或差不多;它的直觉在强度上也许仍是完美的,尽管简单得可怜;可是在宽度上它比雷奥巴尔迪[②]的情歌那样繁复的直觉,就显得太逊色了。[③]

〔它们的分别是宽度上的和经验的〕 所以艺术的直觉与一般的直觉的分别全在量方面,就其为量的分别而言,与哲学不相干,哲学是讨论质的学问。有些人本领较大,用力较勤,能把心灵中复杂状态尽量表现出来。这些人通常叫作艺术家。有些很繁复而艰巨的表现品不是寻常人所能成就的,这些就叫作艺术作品。叫作艺术的表现品或直觉品,就其与通常叫作“非艺术”的表现品或直觉品相对立而言,它们的界限只是经验的,无法划定的。如果一句隽语是艺术,一个简单的字为什么不是呢?如果一篇故事是艺术,新闻记者的报道为什么不是呢?如果一幅风景画是艺术,一张地形速写图为什么不是呢?莫里哀的喜剧中那位哲学教师说得好:“每逢我们开口说话,我们就在作散文。”[④]但是世间总有一些学者像茹尔丹先生,惊讶自己说了四十年的散文都还不知道,不大相信他们在使唤仆人妮果萝拿拖鞋时,他们所说的其实就是——散文。

我们必须坚持我们的统一说，因为艺术的科学——美学——之所以不能阐明艺术的真相和艺术在人性中的真正根源，其主要原因就在把艺术和一般的心灵生活分开，使它成为一种特殊作用，像贵族的俱乐部。从生理学可知，每一个细胞就是一个有机体，每一个有机体就是一个细胞或细胞群，没有人觉得稀奇。发现一座高山的化学成分和一块石片的化学成分相同，也没有人觉得稀奇。世间并没有一种大动物的生理学和一种小动物的生理学，也并没有一种化学原理只适用于石头而不适用于高山。同样的，世间也没有一种小直觉的科学和一种大直觉的科学，一般直觉的科学和艺术直觉的科学，彼此截然不同。美学只有一种，就是直觉（或表现的知识）的科学。这种知识就是审美的或艺术的事实。这种美学才真是逻辑的姊妹科学，逻辑也把最小最寻常的概念的构成和最繁复的科学哲学系统的构成，都看作性质相同的事实。

〔艺术的天才〕 我们也不承认"天才"或"艺术的天才"一词。就其与一般人的"非天才"有别而言，它在量的多寡以外不能有其他含义。大艺术家们据说能使我们看见我们自己。除非他们的想象和我们的想象性质相同，只在量上有分别，这如何可能呢？"诗人是天生的"一句成语应该改为"人是天生的诗人"；有些人天生成大诗人，有些人天生成小诗人。天才的崇拜和附带的一些迷信都起于误认这量的分别为质的分别。人们忘记天才并不是天上掉下来的，它就是人性本身。天才家如果装着，或被人认着，和人性远隔，这就会显得有些可笑，可笑就是对他的惩罚。浪漫时代的"天才"和我们时代的"超人"都是例证。[⑤]

但是这里应该提到一点：有些人把"无意识"[⑥]看成艺术天才的一个主要的特性，他们又不免把天才从高到人不可仰攀的地位降低到人不可俯就的地位。直觉的或艺术的天才，像人类的每一种活动总是有意识的,否则它就成为盲目的机械动作了。艺术的天才只可以没有"反省的"意识,这反省的意识是历史家或批评家应有的进一层的意识,它对于艺术的天才却非必要。[7]

〔美学中的内容与形式〕 材料与形式(或内容与形式)的关系,像人们常说的,是美学上一个争辩最激烈的问题。审美的事实还是只在内容,只在形式,或是同时在内容与形式呢?这问题有各种不同的意义,各人所见不同,我们到适当的时候当分别提出。但是如果认定这些名词有如上文所定的意义:材料指未经审美作用阐发的情感或印象,形式指心灵的活动和表现,我们就毫不怀疑地说,我们必须排斥这两种主张:(一)把审美的事实[8]看作只在内容(就是单纯的印象)和(二)把它看作在形式与内容的凑合,就是印象外加表现。在审美的事实中,表现的活动并非外加到印象的事实上面去,而是诸印象借表现的活动得到形式和阐发。诸印象好像是再现于表现品,如同水摆在滤器里,再现于器的另一端时,虽还是原水,却已不同。所以审美的事实就是形式,而且只是形式。[9]

从这个看法,并不能断定内容是多余的东西(它其实对于表现的事实是必要的起点),只能断定内容的诸属性并没有一种通道可转变到形式的诸属性。有时人们以为内容如果要成为审美的(这就是说,可转变为形式),必须具有某种已确定或可确定的属性。但是如果是那样,形式与内容,表现与印象,就须是二而一了。内容确可转变为形式,但是在转变之前,它就还没有可确定的属性。我们对于它一无所知。只有在它已经转变了之后,它才成为审美的内容。也有人给审美的内容下定义,说它是"引起兴趣的"东西。这话倒不是错误而是没有意义。对什么引起兴趣呢?对表现的活动吧?当然,表现的活动不会把内容提升到有形式那个尊严地位,如果它不曾在那内容上发生兴趣。发生兴趣就恰是把内容提升到有形式那个尊严地位。但是"引起兴趣"一词也被人作另一种不正当的意义用过，待下文再说。

〔评艺术模仿自然说与艺术的幻觉说〕 艺术是"自然的模仿"一句话也有几种意义。它有时显出（或至少暗示）一些真理，有时也产生一些误解，大半是根本没有确定的意义。把"模仿"看作对于自然所得的直觉品或表象，看作认识的一种形式，这个意义在科学上是妥当的。在这句话作如此解时，而且为着要强调这模仿过程的心灵的性质，另一句话也是妥当的：艺术是自然的理想化，或理想化的模仿。但是模仿自然如果指艺术所给的只是自然事物的机械的翻版，有几分类似原物的复本；对着这种复本，我们又把自然事物所引起的杂乱的印象重温一遍，这种艺术模仿自然说就显然是错误的了。模仿实物的着色的蜡像陈列在博物馆里，只能令人站在前面发呆，却不能引起审美的直觉。幻觉和错觉与艺术直觉品的静穆境界是毫不相干的。但是如果一个艺术家把蜡人馆的内部画出来，或是一个戏剧家在台上戏作一个蜡人像的样子，我们就有心灵作用和艺术直觉品了。最后，照相术如果有一点艺术的意味，那也就由于它传出照相师的直觉，他的观点，他所要抓住的姿态和组合。如果照相术还不很能算是艺术，那也恰由于它里面的自然成分还有几分未征服而且不能割开。最好的相片是否就能叫我们完全满意呢？一个艺术家不想在它们上面加一点润色，添一点或减一点吗？⑩

〔评艺术为感觉的（非认识的）事实说——审美的形象和感觉〕 人们常说：艺术不是知识，不说出真理，不属于认识⑪的范围，只属于感觉⑫的范围。这些话的来由是在不能洞悉单纯直觉的认识性。这单纯直觉确与理性知识有别，因为它与对实在界的知觉有别。上述那些话是起于"只有理智的审辨才是知识"一个信念。我们已经说过，直觉也是知识，不杂概念，比所谓对实在界的知觉更单纯。所以艺术是知识，是形式，它不属于感觉范围，不是心理的素材。许多美学家都坚持艺术是"形象"⑬，理由也恰在他们觉得要把艺术的纯粹直觉性保持住，以便使它和较复杂的知觉的事实分清。如果他们有时也主张艺术是感觉，理由也是一样。因为如果把概念除开，把只有历史事实身份的历史事实也除开，不让它们留在艺术范围之内，剩下来的内容就只有从最纯粹、最直接的方面（这就是从生机跳动方面，从感觉方面）所察知的那么一种实在；这就无异于说，就只有纯粹的直觉品。

〔评审美的感官说〕 审美的感官说⑭所由起，也在没有确定或认清表现有别于印象，形式有别于内容。

上文曾谈到有人想找出一条通道，使内容的诸属性可以转变为形式的诸属性，这个审美的感官说还是犯了同样错误。要问审美的感官是什么，其实就是问那些由感受来的印象可以而且必定进入审美的表现。这问题我们可以立刻回答：一切印象都可以进入审美的表现，但是没有哪一个印象必定要如此。但丁⑮所提升到有形式的尊严地位的不仅是"东方蓝宝石的好颜色"（视觉的印象），而且有触觉的或温度觉的印象，例如"稠密的空气"和使渴者"口更渴"的"清鲜的河流"。又有一种怪论，以为图画只能产生视觉印象。腮上的晕，少年人体肤的温暖，利刃的锋，果子的新鲜香甜，这些不也是可以从图画中得到的印象么？它们是视觉的印象么？假想一个人没有听触香味诸感官，只有视觉感官，图画对于他的意味何如呢？我们所看的而且相信只用眼睛看的那幅画，在他的眼光中，就不过像画家的涂过颜料的调色板了。

有些人虽主张某几类印象（例如视觉的和听觉的）才有审

美性,其他感官的印象却没有;然而也愿承认视觉的和听觉的印象直接地进入审美的事实,而其他感官的印象虽也可进入审美的事实,却只以相关联者的资格进入。但是这种区分实在太勉强。审美的表现是综合,其中不能分别什么直接的和间接的。一切印象,就其同经审美作用而言,就让这种综合摆在平等地位了。一个人领会一幅画或一首诗的题材,并不把它当作一串印象摆在面前,而在其中分出上下。在领会之前,所有的经过他毫无所知,正如在另一方面,反省所立的分别与艺术之为艺术也毫不相干。

审美的感官说还以另一姿态出现:就是要证明生理的器官对审美的事实为必要。生理的器官或工具不过是一群细胞,取一种特殊方式组织安排起来的,这就是说,它只是一个物理的自然的事实或概念。但是表现却与生理的事实无关。表现以印象为起点,至于印象经过怎样的生理的途径达到心里,却与表现毫不相干。随便哪一条途径都是一样,它们只要是印象就够了。

缺乏某一些器官,某一些细胞群,确能妨碍某一些印象的形成(如果没有一种有机体的弥补作用使这些印象仍可产生)。生来盲目的人不能直觉光,表现光。但是印象不仅受器官限定,也受在器官上起作用的刺激物限定。一个人从来没有海的印象,就不能表现海;正犹如一个人从来没有上等社会生活或政治漩涡的印象,也就不能表现它们。不过这并不能证明表现的作用必定倚赖刺激物或器官。它只复述我们已经知道的道理:表现须假定先有印象,特种的表现须假定先有特种的印象。此外,每一个印象在占优势时,就排斥其他印象,每一个表现品也是如此。

〔艺术作品的整一性与不可分性〕 表现即心灵的活动这个看法还有一个附带的结论,就是艺术作品的不可分性。每个表现品都是一个整一的表现品。心灵的活动就是融化杂多印象于一个有机整体的那种作用。这道理是人们常想说出的,例如"艺术作品须有整一性","艺术须寓变化于整一"(意思仍然相同)之类肯定语。表现即综合杂多为整一。

我们常把一个艺术作品分为各部分,一首诗分为景、事、喻、句等,一幅画分为单独的形体与实物、背景、前景等;这似与上文所说的不相容。但是作这种区分就是毁坏作品,犹如分有机体为心、脑、神经、筋肉等等,就把有生命的东西弄成死尸。有些有机体分割开来固然仍可生出许多其他有生命的东西,可是在这种事例中,我们如果仍把有机体来比喻艺术作品,就必须作这样的结论:在艺术作品中也有许多生命种子,其中每一个都可以在一顷刻中化成一个单一而完整的表现品。

某表现品有时也许可以说是起于一些其他表现品。表现品有简单的,有复杂的。阿基米德[16]表现他在发明一个科学真理时的欢欣所用的"我懂得了!"这一句简单的话,比起一部正规悲剧的最有表现性的一幕(实在说起来,所有的五幕)有一点分别,我们似应承认。其实它们毫无分别。表现品总是直接地起于印象,构思一部悲剧者好像取大量的印象放在熔炉里,把从前所构思的诸表现品和新起的诸表现品熔成一片,正犹如我们把无形式的铜块和最精彩的小铜像同丢在熔炉里一样。那些最精彩的小铜像和铜块一样被熔化,然后才能铸成一座新雕像。旧的表现品必须再降到印象的地位,才能综合在一个新的单一的表现品里面。

〔艺术作为解放者〕 人在他的印象上面加工,他就把自己从那些印象中解放了出来。把它们外射为对象,人就把它们从自己里面移出来,使自己变成它们的主体。说艺术有解放的和净化的作用,也就等于说"艺术的特性为心灵的活动"。活动是解放者,正因为它征服了被动性。

这也可以说明人们何以通常说艺术家们一方面有最高度的敏感或热情,一方面又有最高度的冷静,或奥林比亚神的静穆⑰。这两种性格本可并行不悖,因为它们所指的对象不同;敏感或热情是指艺术家融会到他心灵机构里去的丰富的素材,冷静或静穆是指艺术家控制和征服感觉与热情的骚动所用的形式。

第三章　艺术与哲学

〔理性的知识不能离直觉的知识〕　审美的与理性的(或概念的)两种知识形式固然不同,却并不能完全分离脱节,像两种力异向牵引那样。我们虽已说明审美的知识完全不倚靠理性的知识,却并没有说理性的知识可脱离审美的知识而独立。如果认为这种独立是双方面的,那便不正确。

概念的知识是什么呢?它是诸事物中关系的知识,而事物就是直觉品。概念不能离直觉品,正犹如直觉自身不能没有印象为材料。直觉品是:这条河,这个湖,这小溪,这阵雨,这杯水;概念是水,不是这水那水的个例,而是一般的水,不管它在何时何地出现;它不是无数直觉品的材料,而是一个单一常住的概念的材料。①

但是概念在一方面虽不复是直觉,在另一方面却仍是直觉,而且不能不为直觉。人在思想时,只就他在思想一事实来说,有各种印象和情绪。他的印象和情绪不是一个身非哲学家的人所有的,不是对于某物某人的爱或恨,而是他的思想本身的奋发振作,以及连带的艰苦和欢欣,爱和恨。这种奋发振作在成为心灵的观照对象时,不能不取直觉的形式。说话不一定就是依逻辑去思想,而依逻辑去思想却同时还是说话。

〔评对本说的反驳〕　思想不能离语言而存在,这是公认的真理。凡是反驳本说的话都起于一些混淆与错误。

比如有人说:人们也用几何的图形,代数的数字,写意的符号去思想,不用一个字,纵然是默念的连自己都不很觉得的字都不用;有些语文的文字音符并不表示什么,只是写下来的符号才有所表示。如此等类的话就是犯了混淆。我们在用"说话"的字眼时,本是用推喻义,就是指一般的"表现",我们已经说明表现并不限于文字的。说有些概念可以不用发字音去想,这话也许对,也许不对。但这话的例证也可以证明那些概念从来不能离表现品而存在。

另外有些人指出,动物或一部分动物运思推理,用不着说话。动物是否想,如何想,想什么,它们是否是雏形的人,如未开化的野蛮人一般,而不是一些生理的机械(像古时心灵主义者所想的),这一类问题在这里与我们不相干。哲学家谈到动物的、兽性的、冲动的、本能的性格之类时,他并不根据对于狗或猫,狮或蚁的揣测,而是根据对人类自己的叫作动物的和兽性的方面的观察,即我们人类在自身所感觉到的动物面或动物层的东西。如果个别的动物,猫或狗,狮或蚁,也具有一点人类的心灵活动,那对于它们是好是坏,我们不知道。这就是说,提到它们,我们应该不谈"天性"的全体,而只谈其中的动物层,这动物层的天性在动物比在人类或许较广大较强烈些。如果我们假设动物能用思想,能形成概念,我们凭什么揣测,说它们做这些活动不用相应的表现语文呢? 和人类的比较,心灵方面的知识,人类心理学——这是我们对于动物心理学的一切揣测的依据——都使我们不得不作相反的假设:如果动物以任何方式去思想,它们也多少要说话(运用语文)。

另一个反驳是从人类心理学(实在是文艺心理学)来的,据说概念可离文字而存在,因为我们确实知道有一些书想得好而写得坏。这就是说,有些思想存于表现之外,或是尽管表现的语文不佳而思想仍存在。但是我们说某些书想得好而写得坏,只能指在这些书里有某些部分、某页、某段或某句想得好而写得也好，其他部分（也许是最不重要的）却想得坏而写得也坏，没有真正想好，所以也就没有真正表现出来。拿维柯②的《新科学》一书来说，真正写得坏的地方也就根本没有想得好。如果放开大部头著作不谈，且专看一个短句，我们就可马上见出这种反驳是错误的。一个单句如何能想得清楚而写得含糊呢？

我们只能承认：我们的思想（概念）有时是具直觉形式的，而这种直觉形式是一种简化的或特殊的语文表现，对于我们自己是够清楚的，但是传达给别人就还不够清楚。说我们能离语文表现而有思想，那是错的；我们应该说：我们实在有语文表现，不过它所取的形式是不易传达于别人的一种。这也只是一个有程度差别的相对的事实。世间常有些人能抓住飘忽的思想，宁愿让它留在这种简化的形式里，别人所需要的较详明的阐发反而使他们厌倦。③这就是说，那思想如果抽象地逻辑地去看总是一样的；不过从审美的方面说，我们所讨论的是两种不同的直觉表现品，每种里面各有不同的心理的元素。这个道理可以打消——其实也就是正确地解释——内蕴语言与外现语言的仅仅来自经验的分别。

〔艺术与科学〕 直觉知识与理性知识的最崇高的焕发，光辉远照的最高峰，像我们所知道的，叫作艺术与科学。因此艺术与科学既不同而又互相关联；它们在审美的方面交会。每个科学作品同时也是艺术作品。人心在集中力量要了解科学家的思想，衡量它的真理时，也许很少注意到审美的那一方面。但是如果我们由理解的活动转到观照的活动，就会看到那思想不外两种：不是明晰、精确、完美地在我们面前展开，没有太过或不及的字句，而有恰当的节奏和音调；就是含糊零乱、没有把握、带尝试性的；在这时候我们就会注意到科学思想的审美的方面了。大思想家有时也叫作大作家,而其他同样大的思想家却只有几分是零星片段的作家,尽管他们的零星片段的著作比起谐和连贯而完美的著作,在科学上的价值是相同的。

〔内容与形式的另一意义。散文与诗〕 思想家和科学家们在文学方面的平庸是可以容忍的。他们的零星片段,他们的突然的闪耀,可以弥补全体的缺陷,因为用"以一反三"的办法,就像在火星中看出火焰一样,很容易在天才的片段著作中找出安排停匀的布局,而发现天才却比这难得多。但是在纯粹的艺术家们的作品中,平庸的表现是不可以容忍的。"诗人的平庸不但是人神共嫉,连书贾也不能容。"④

诗人或画家缺乏了形式,就缺乏了一切,因为他缺乏了他自己。诗的素材可以存在于一切人的心灵,只有表现,这就是说,只有形式,才使诗人成其为诗人。这也足见否认艺术只在内容,是正确的,内容在这里就指理智的概念。在把内容看成等于概念时,艺术不但不在内容,而且根本没有内容。这是毫无疑问的真理。

诗与散文的分别也不能成立,除非把它看成艺术与科学的分别。古人早已看出这分别不能在节奏、声调、有韵无韵之类⑤外表的成分;它是内心方面的分别。诗是情感的语言,散文是理智的语言;但是理智就其有具体性与实在性而言,仍是情感,所以一切散文都有它的诗的方面。

〔第一度与第二度的关系〕 直觉的知识(表现品)与理性的知识(概念),艺术与科学,诗与散文诸项的关系,最好说是双度的关系⑥。第一度是表现,第二度是概念。第一度可离第二度而独立,第二度却不能离第一度而独立。诗可离散文,散文却不能离诗。人类活动的最初的实现就在表现。诗是"人类的母传语言"⑦,原始人"生来就是雄伟的诗人"。换句话说,由动物的感受到人的活动,由物欲之心到人理之心的转进,要归功于语言,这就是要归功于一般直觉品或表现品。不过如果把语言或表现品看成自然与人道的中间连锁,看成好像是自然与人道的混合,那也是不正确的。人道出现了,自然就退了位;人在表现他自己时,确是从自然状态的深渊里涌现出来,但是既已涌现出来,就不是半在水底,半在水面,像"中间连锁"一词所暗示的。

〔知识没有其他形式〕 在上述两种之外,认识的心灵活动⑧没有其他形式。表现与概念两项就结清了它的账目。人的全部认识生活就在表现与概念这双度活动中翻来覆去。

〔历史——它与艺术的同异〕 认历史为第三种认识的形式,是不正确的;历史不是形式,只是内容:就其为形式而言,它只是直觉品或审美的事实。历史不推寻法则,也不形成概念;它不用归纳,也不用演绎,它只管叙述,不管推证;它不建立一些共相和抽象品,只安排一些直觉品。"这个"和"这里",全然有确定性的个性,才是历史的领域,正如它是艺术的领域。所以历史是包含在艺术那个普遍概念里面的。

第三种认识的形式既不可思议,于是人们对我们的主张又提出另一些反驳,以为历史应附庸于理性的或科学的知识。这些话大半起于一种偏见,以为否认历史有概念的科学的特性,就不免减低了历史的价值和尊严。这实在由于误解艺术,以为它不是一种重要的认识作用,而只是一种娱乐,一种多余的而且轻薄的东西。我们不想再提这个老辩论,我们认为它已告终结了,而只提一下人所常说的一个戏论⑨,说历史仍有逻辑性和科学性。它的要旨在承认历史的知识以个别事物为对象,但是补充一句,说这并不是个别事物的表象而是它的概念。从此,它就推论到历史也是逻辑的、科学的知识。它认为历史要寻出像查理大帝或拿破仑那样一个人物,像文艺复兴或宗教改革那样一个时代,像法国革命或意大利统一那样一件事变的概念。这种工作据说就像几何学要寻出空间形状的概念,美学要寻出表现的概念一样。这些话全是错误的。历史只能把拿破仑和查理大帝,文艺复兴和宗教改革,法国革命和意大利统一,当作具有个别面貌的个别事物再现出来:这就是取逻辑学者在说我们对于个别事物不能有概念只能有表象(再现于心理的形象)的时候所用"再现"⑩一词的意义。所谓个别事物的概念总不免是一个共相或普遍概念,尽管充满着特性,充满着极丰富的特性,但是仍不能具有只有历史知识在同时是审美知识时才有的那种个别性。

　　要表示历史的内容与狭义的艺术的内容如何分别,我们须重提关于直觉(即第一度知觉)的意象性⑪所说过的话:在直觉里一切都是实在的,所以没有一件事物是实在的。只是到较后的阶段,心灵才分出外表的与内在的,所希望的与所想象的,主体与客体(对象)之类的概念⑫。只有在这较后的阶段,心灵才分辨历史的与非历史的直觉品,真实的与非真实的,有真实根据的想象与纯粹的想象。就连内心的、希望的与想象的东西如空中楼阁,意境河山,也都有它们的真实性,而心灵也有它的历史。每个人的幻觉也作为真实的事实而组成他的生命史的一部分。⑬但是个人的历史之所以为历史,则由于它里面常起真实的与非真实的分别,尽管他的幻觉本身也还是真实的。但是这些有分辨性的概念出现在历史里面,却不像科学里面的概念,而是像我们说过的那些分解熔化于审美的直觉品里面的那些概念,虽然它们在历史中自有一种特殊模样。历史并不建立真实与非真实的概念,只是利用它们。历史并非历史的理论。光是概念式的分析并无补于确定我们的生命史中某一事件是真实的还是想象的。我们必须把诸直觉品在心中加以再现,如同它们原来初现时那样完整。从具体方面说,历史之有别于纯粹的幻想,正如一个直觉品之有别于任何另一直觉品,就在于历史是根据记忆的。⑭

〔历史的批评〕 如果用记忆不能分别历史与纯粹的幻想,如果真实与非真实的两类直觉品的微妙隐约的分别不易捉摸以至相混,我们就只有两个办法可选择:或是至少暂时承认不知道事实经过的真相(我们常这样办),或是揣测其近似与或然。近似与或然两原则其实支配了一切历史的批评。探讨来源与所据权威,用意在建立最可信的证据。除掉最优越的观察者,这就是说,除掉记得最清楚,不想淆乱是非,而也没有利害打算需要淆乱是非(这是须默认的)的那一些人,还有什么最可信的证据呢?

〔历史的怀疑主义〕 因此,理智主义者的怀疑主义很容易否认任何历史的确实性,因为历史的确实性和科学的确实性不同。它是根据记忆和权威的确实,而不是根据分析与推证的确实。说起历史的归纳或推证,那只是用这两个词的譬喻义;在历史里用这两个词,和在科学里用它们并不相同。历史家和陪审官一样,他的信心是不能用推论证明的,他审询了证人,细心听了双方口供,祷告了上帝给他灵感。无疑地他有时不免错误,但是抓住实情时多,错误时极少。因为这个道理,正确的不是理智主义者而是一般具有常识的人。具有常识的人都信任历史,不把它当作"大家同意的虚构的故事",而当作个人与全人类对于他们的过去所记忆的东西。我们尽量扩充这记录,而且使它尽可能地精确,它在某些地方是渺茫的,在另一些地方却是很明确的。就是这样的历史,我们不能没有它;而且就大体说,它也很富于真理。一个人只能在故作怪论的心情之下,才会怀疑到世间曾经有过一个希腊、一个罗马、一个亚历山大、一个恺撒、一个被一系列革命推翻的封建制度欧洲；才会怀疑到一五一七年十一月一日路得的条文贴在威敦堡的教堂门上，或是一七八九年七月十四日巴黎人夺取了巴士底狱。

"对于这一切，你有什么凭证呢？"诡辩者带讥讽的口气问。人类回答道："我记得它。"

〔哲学为完善的科学，所谓自然科学和它们的局限性〕 曾经发生过的具体的史实的世界就是叫作实在的自然的世界，这定义把叫作物理的实在界和叫作心灵的人的实在界都包括无遗了。世界全是直觉品，其中可证明为实际存在的，就是历史的直觉品；只是作为可能的或想象的东西出现的，就是狭义的艺术的直觉品。

科学，真正的科学，不是直觉品而是概念，不是殊相而是共相，它只能是心灵的科学，即是研究实在界具有如何共相的科学：那就是哲学⑮。如果离开哲学来谈自然科学，我们就要说自然科学不是完善的科学，而只是一些知识的杂凑，勉强抽象而凝定的。所谓自然科学自己也承认有种种局限性，而这些局限性就不外是它们要根据历史的和直觉的资料。自然科学计算，测量，确定相同点和一致性，创立类和类型，抽绎法则，用它们的那套办法说明一个事实如何起于其他事实：但是在做这种工作时，它们不断地碰上一些直觉的历史的知觉到的事实。连几何学现在也说它自己完全站在假设上面，因为三度空间或攸克里特⑯空间只是许多可能的空间之一，为方便计而选出来研究的。自然科学中的真理不是哲学，就是史实。它们所含的真正可称为"自然"的那一部分只是抽的和牵强的。自然科学如果想变成完善的科学，它们必须跳出自己的圈套而进入哲学。自然科学在设立没有任何"自然"色彩的概念，例如没有体积的原子、以太或震动、生力、不由直觉得来的空间之类的概念时，它们就已进入哲学了。这些如果不是一些无意义的字,就是探求哲学的真正尝试。自然科学的概念固然也很有用,但是我们不能从这些概念得到只属于心灵的那一个学理体系。

还不仅此,自然科学不能取消这些历史的和直觉的资料,这一事实不仅可以说明当知识增进时,从前所信以为真的东西何以逐渐降为神话的信仰和虚幻的错觉,还可以说明在自然科学中何以有些人把他们的科学中一切思考的根据都叫作"神话的事实","文字的方便","约定俗成的东西"。自然科学家和数学家们如果没有准备,就来研究各种心灵的能力,常不免把他们的心理习惯带进来,在哲学中也谈这个那个约定俗成的东西为"人所制定的"。他们把真理和道德,把心灵本身,都看成"约定俗成的东西"!但是有约定俗成的东西,就应有不是约定俗成的东西,作为约定俗成的东西的造作者。这就是人的心灵的活动。自然科学的局限性要假定哲学的无局限性。

〔现象与本体〕 这些说明已经确立了纯粹的或基本的知识形式有两种:直觉与概念——艺术与科学或哲学。历史介乎二者之间,它好像是和概念摆在一起的直觉的产品:即一方面把一些哲学的分别接受过来,一方面仍是具体的和个别的艺术产品。一切其他形式的知识(自然科学与数学)都不纯粹,因为夹杂有起于实践的外来的成分。直觉给我们的是这世界,是现象;概念给我们的是本体,是心灵。[17]

第四章　美学中的历史主义与理智主义

既已确定了直觉的或审美的知识与其他形式(基原的或派生的)知识的关系,我们现在就可以指出已经或仍在以美学理论的资格出现的一些学说的错误。

〔评合理说与自然主义〕　把艺术的普通要求与历史的特殊要求混淆起来,就产生了艺术以"合理"①为目的这一学说(这学说现已失势,从前曾盛行)。像错误的前提常有的情形一样,采用"合理"这个概念的人们的本来用意,无疑比他们所下的定义为妥。"合理"通常指表象的艺术连贯性,这就是它的完整,有力,活灵活现。如果拿"连贯的"来换"合理的",用这词的批评家们的讨论、例证和判断就会见出很正当的意义。一个不合理的人物,不合理的喜剧收场其实只是写得坏的人物,布置得坏的收场,没有艺术动机的一些情节。有人说得很对,连神仙鬼怪也要合理才好,它们必须真的是神仙鬼怪,必须是连贯的艺术的直觉品。有时拿来代替"合理的"字样的是"可能的"。我们已经约略说过,"可能的"是和"可想象的"或"可直觉的"同义。一切真正连贯地想象出来的东西都是可能的。但是也有许多批评家和理论家把"可能的"当作"于史可信的",或是不可推证而可揣测的,不是真实的而是合理的那样一种历史的真实。这些理论家认为艺术的性格就是如此。谁不会想起根据合理说的批评在文学史上占过多么大的地位呢? 比如说,根据十字军东征史来指责《耶路撒冷的解放》②,或是根据当时当然有的习俗来指责荷马史诗③。

有时人们主张艺术须为历史上存在过的自然事实的翻版。这是模仿自然说的另一个错误的方式。逼真主义与自然主义还有一点也是混淆审美的事实与自然科学的程序的,就是想做成一种"实验的"戏剧或小说。

〔评艺术须有观念议论及典型诸说〕 更常见的是混淆艺术的方法与哲学的科学的方法。比如人们常主张艺术的任务在阐明概念,融合理性的与感性的,使观念或共相成为表象;这是把艺术摆在科学的地位,把一般的艺术与半逻辑性半审美性的艺术混淆起来。

另一学说以为艺术是维护某些论点的,以个别表象例证科学的定律。这也可用同样方法证明是错误的。例证就其为例证而言,代表所例证的东西,因此它是共相的阐明,也就是科学的一种形式,不过多少经过通俗化。

关于"典型"④的美学理论也是如此,如果典型是指——它本来常指——抽象的概念,而这理论主张艺术应使总类在个体中显现出来。如果这里"个体"就是"典型",那只是文字上的同事异名。典型化在这种情形之下应即指个性化,就是使个体得到定性和表象。堂吉诃德⑤是一个典型;但是他是什么的典型呢?除非像一切他的那些人物的典型?他绝不是一些抽象概念的典型,例如现实感觉的迷失,或是对于荣誉的羡慕。无数人物都可纳于这些概念中,而却不是堂吉诃德类的人物。换句话说,在一个诗人的表现品中(例如诗中的人物),我们看到自己的一些印象完全得到定性和实现。我们说那种表现品是典型的,我们的意思就无异于说它是艺术的。有时人们提起"诗的或艺术的共相",那只显示艺术品完全是心灵的和形象的。

〔评象征与寓言〕 继续纠正错误,或排去误解,我们也要提

36

到象征⑥有时被认为艺术的精华。如果认为象征与艺术的表现不可分离，象征就与表现本身同义，表现总离不了形象性。艺术并没有两重基础，只有一个基础，在艺术中一切都是象征的，因为一切都是形象的。但是如承认象征可分离独立，一方面是象征，一方面是所象征的东西，我们又回到理智主义的错误了；所谓象征是一个抽象概念的阐明，一个"寓言"⑦；那是科学，或是艺术模仿科学。但是我们对寓言也要公允。它有时是绝无妨害的。有了《耶路撒冷的解放》，其中寓言是后来想象出来的；有了马锐纳的《阿端勒》⑧，后来那位淫荡派诗人才说那首诗原意在说明"过度的淫逸以痛苦终场"；有了一座美人的雕像，雕刻家可以在上面贴一个标签，说它代表"仁慈"或"善"。这种寓言在事后附加到作品上去，并不改变那艺术作品本身。它究竟是什么呢？它只是一个表现品从外面附加于另一表现品，一小页散文加到《耶路撒冷的解放》上面，表现诗人的另一个意思；一句或一章加到《阿端勒》上面，表现诗人想要他的一部分读者相信的东西；对于那雕像，那只是加上一两个字："仁慈"或"善"。

〔评艺术的和文学的种类说〕 理智主义者的最大错误在艺术的和文学的种类说，这在文学论著中仍然风行，使批评家和艺术史家们都迷惑了。我们且来穷究它的起源。

人的心灵能从审美的转进到逻辑的，正因为审美的是逻辑的初步。心灵想到了共相，就破坏了表现，因为表现是对于殊相的思想。心灵可以把一些表现的事实集合在一起，见出逻辑的关系。我们已经说过，这作用也可以借表现而变为具体的，但是这并非说，原有的那些表现品不曾破坏，不曾让位给新起的审美与逻辑混合的表现品。我们踏上了第二阶段，就已离开第一阶段了。

一个人走进一个画馆，或是读一类诗篇，看了读了，还可以进一步找出那里所表现的那些事物的性质和关系。因此，那些画和诗虽各是个别形象,不能用逻辑的术语来说,却渐渐分解成为一些共相和抽象品;例如"服装","风景","画像","家庭生活","战事","动物","花卉","果实","海景","湖","沙漠","悲剧的","喜剧的","起怜悯的","残酷的","抒情的","史诗的","戏剧的","骑士风的","田园的"之类。它们又往往化成一些以量分的种类;例如"小像","小雕像","一群人物","短章情诗","民歌","十四行诗","十四行诗组","诗","诗篇","故事","传奇"之类。⑨

我们既在想到"家庭生活""骑士风""田园"或"残酷"之类概念,或是想到上述某一个量的概念时,就已丢开在出发时所依据的个别的表现事实了。我们原是审美者,现在却变成逻辑学者;原是表现品的观照者,现在却变成推理者。这种转变当然无可反对。有什么其他方法能使科学起来呢?科学虽先假定有审美的表现品为基础,却必须超过这些表现品,才能完成它的功能。逻辑的或科学的形式,就其为逻辑的或科学的而言,必排斥去审美的形式。一个人开始作科学的思考,就已不复作审美的观照;虽然他的思考也终必取一个审美的形式,如前所述,无须再说。

错误起于我们想从概念中抽绎表现品出来,从代表者之中找出所代表事物的法则;没有认清第一阶段和第二阶段的分别,因而实已站在第二阶段而自以为仍在第一阶段。"艺术与文学的种类说"就是犯了这个错误。

如果把一些附加的东西除开,把文艺的种类说化成一个简单的公式,它所提出的就是这样一个荒谬的问题:"家庭生活、骑士风、田园、残酷之类的审美的形式是什么呢?这些内容应如何成为表象呢?"凡是寻求种类的法则或规律,都要归结于这个公式。家庭生活、骑士风、田园、残酷之类,并非一些印象而是一些概念。它们并非内容,而是逻辑审美混合的形式。形式是不能表现的,因为形式本身就已是表现。残酷、田园、骑士风、家庭生活之类名词是什么呢,除非是这些概念的表现?

这些区分之中最精微而最有哲学面貌的也经不起批评;例如把艺术作品分为主观的与客观的两种,分为史诗的与抒情诗的,分为表现感觉的作品与装饰的作品。在美学的分析中,要把主观的与客观的,抒情的与史诗的,感觉的形象与事物的形象分开,都是不可能的。

〔判断艺术时由种类说所生的错误〕 艺术的和文学的种类说产生了一些错误的判断和批评,因此碰见一个艺术作品,不问它是否有表现性,不问它表现什么,也不问它是否把话说好,还是口吃,还是完全哑口无声,而只问它是否遵照史诗或悲剧的规律,历史画或风景画的规律。艺术家们尽管在口头上假装同意,或表示不由衷的服从,其实都把这些种类的规律抛到脑后。每一个真正的艺术作品都破坏了某一种已成的种类,推翻了批评家们的观念,批评家们于是不得不把那些种类加以扩充,以至到最后连那扩充的种类还是太窄,由于新的艺术作品出现,不免又有新的笑话,新的推翻和新的扩充跟着来。

还有一些偏见也是从这种类说生出来的。有一个时代(这是否真正过去了呢?)人们由于这些偏见,常惋惜意大利没有悲剧(一直到一位作者⑩崛起,在意大利的光荣的头上加上它的装饰中的唯一缺乏的花圈),法国没有史诗(一直到《亨利歌》⑪出现,润了一润批评家们的渴喉)。对新种类的创始者的赞扬也与这些偏见有关,以至于在十七世纪"仿英雄体"⑫的创始像是一件大事,它的荣誉还被人争来夺去,好比美洲的发现。但是戴着这个头衔的一些作品(例如《桶的强夺》和《神的侮慢》⑬)生下地就是死的,因为它们的作者(稍微差一点事)并没有什么新的或独创的东西可说。一班庸人绞脑浆要去勉强创出新种类。"牧歌体"⑭之外还加上"渔歌体",最后又加上"军歌体"。《阿民塔》⑮下水浸了一下,就变成《亚尔契奥》⑯。最后有一批艺术史家与文学史家被种类的观念陶醉了,声称要写一种历史,不是叙述个别的真正文艺作品,而是叙述叫作"作品的种类"的那些空洞的幻影;不是写"艺术心灵的生展",而是写"种类的生展"⑰。

要谨严地说明和确定艺术的活动向来做的是什么,而纯正趣味向来认可的是什么,这就是对于艺术与文学的种类说加以哲学的驳斥。纯正趣味和真正事实,当其化成一些公式时,往往不免带着一些离奇论调的色彩,这是无足怪的。

〔种类区分的经验的意义〕 谈到悲剧、喜剧、戏剧、传奇、日常生活画、战事画、风景画、海景画、诗、小诗、抒情诗之类,如果用意只在使人粗略地了解某一类作品,或是为着某种原因,要引起人对于某一类作品注意,这在科学的观点上也并不算错。运用术语并不是制定规律和界说。错误只在把科学的界说的重量加于一个术语上面,而且茫然自堕于术语的迷网。请让我作一个比譬。一个图书馆里的书籍总要用某一种方法去安排。这在从前通常是依门类作一个粗略的分类(在这中间,"杂书"和"怪书"的名目也不少见);它们现在通常是依面积或出版家来分别安排。谁能否认这些安排的必要性和用处呢?但是如果有人郑重其事地在杂书和怪书中,在甲书店或乙书店出品中,在甲架或乙架中,这就是说,在只为着实用而勉强安排的组别中,讨探它们的文学的规律,我们怎么说呢?可是如果有人想做这样的事,他也就恰像那班讨探审美规律的人,认为这些规律必可统辖文学和艺术的种类。

第五章　史学与逻辑学中的类似错误

要加强上章一些批评的话,我们最好瞧一瞧由于不明白艺术的真正性质,以及它和历史与科学的关系所起的类似的反面错误。这些错误对于历史原理与科学原理,即历史学与逻辑学,都是有妨害的。

〔评历史哲学〕　历史的理智主义开了许多探讨的道路,这些探讨在过去两世纪里特别风行,在现在仍在进行着,目的在发现一种历史哲学,一种理想的历史,一种社会学,一种历史的心理学,或是叫作任何其他名目的一种科学,要在历史中抽绎出一些概念和普遍律。这些普遍律或共相究竟应该是什么呢?历史规律和历史概念吗?如果如此,稍懂知识论的人就可以见出这种企图是荒谬的。像"历史规律""历史概念"之类的名目,如果不是沿俗使用的譬喻词,实在就是自相矛盾的名词;其中形容词与名词之不相适合,有如说"质的量"或"多元的一元主义"。历史须有具体性与个别性,而规律与概念则为抽象性与普遍性。但是如果不想从历史中抽绎历史的规律与概念,而只想从历史中抽绎规律与概念,这种企图固然不是无益的;不过这样得来的学问不是一种历史哲学,而是许多种哲学中的一种,如伦理学、逻辑学等等,或是经验科学的无数部门之一,看情形而定。这种寻求不外有两种目的:第一,找出我们已经提到的,作为每一种历史所必有的基础的那些哲学概念,这就是使知觉别于直觉,历史的直觉别于纯粹的直觉,历史别于艺术的那些概念;其次,结集和安排已形成的历史的直觉品为一些类型和门类,这恰是自然科学的方法。大思想家有时穿上不甚合适的历史哲学的外衣,尽管有这种蒙蔽,仍能得到一些极重要的哲学真理。把外衣脱掉,真理仍然留存。近代社会学家们之所以难逃谴责,不仅因为他们谈社会学那个不可能的科学时所存在的错觉,尤其因为几乎常与那错觉相随的贫乏收获。①美学是否应该叫作"社会学的美学",逻辑学是否应该叫作"社会学的逻辑学",这无关宏旨。严重的毛病在这种美学是感官主义的牙慧,这种逻辑学是字面的,不连贯的。但是我们所指的这个哲学运动对于历史学却产生了两个好结果。第一,要找历史学的原理的那一个较强烈的愿望起来了;所谓历史学的原理是关于历史学的性质与范围的。依上文的分析,这原理难得圆满,除非它问津于讨论直觉的那一个普遍科学,即美学。在美学里,历史学的原理是一专章,它所以别于一般美学的在于它用一些共相。其次,在历史哲学那一件虚伪而僭越的外衣蒙蔽之下,有时也确立了一些关于个别历史事件的个别真理,确立了一些法则和箴规,虽无疑只是经验的,对于学者与批评家们也并非毫无用处。连最近的一种历史哲学,叫作历史唯物主义的,也有不可否认的用处;它对于向来被人忽略或误解的社会生活的许多方面,作了很生动的阐明。②

〔美学侵越逻辑学〕 权威原则或"子曰"原则③,就是历史侵越到科学和哲学的领域。这在经院派中最占势力,它把历史学固然不可少的这个或那个证据、档案或权威的叙述,代替了省察和哲学的分析。不彻底了解审美的事实,于是发生严重的带破坏性的骚扰与错误。受祸最烈的却是逻辑学,即思想与理性知识的科学。逻辑的活动既较审美的活动后起,而且本身包含着审美的活动,受祸岂不是当然的事? 一种不精确的美学必定拖着一种不精确的逻辑学在后面。

任何人打开一部逻辑著作,从亚里士多德的《工具论》④到近代一些著作,都会承认它们都是字面的事实和思想的事实,文法的形式和概念的形式,美学和逻辑学的杂凑。这并非说从前不曾有过离开字面的表现而求抓住思想实质的企图。亚里士多德的逻辑学本身之仅成为三段论法和字面主义,也并非没有经过一些踌躇犹豫。在中世纪唯名主义派、唯实主义派与唯概念主义派⑤的争辩中,真正逻辑的问题也常被讨论到。在伽利略与培根⑥的著作中,归纳法在自然科学里占着光荣的地位。维柯攻击过形式的与数理的逻辑,提倡有发明性的方法。康德唤起人们对于"先经验的综合"⑦的注意。绝对唯心主义⑧藐视亚里士多德的逻辑学。侯巴德⑨的门徒虽仍效忠于亚里士多德,却偏重他们叫作"叙述的"一类判断⑩。这类判断的性质与其他逻辑判断是完全不同的。最后,语言学者也以为文字就其对概念而言,是无理性的。但是有意识的稳健而彻底的逻辑改革运动,只有在美学中才能找到基础或出发点。

〔逻辑学的本质〕　在照这种美学基础妥善地改革过的逻辑学中,我们必须首先宣明这个真理,并且抽绎它的意蕴:逻辑的事实,唯一的逻辑的事实,是概念,是共相,是构成共相的心灵,而且是只就其构成共相而言的心灵。如果归纳法指(像它有时是指)共相的构成,而演绎法指对共相的字面的阐发,则真正的逻辑学就只能是归纳的逻辑学。但是"演绎"常指数学的特殊推理程序,"归纳"常指自然科学的特殊推理程序。我们最好避免用这两个名词,把真正的逻辑学称为概念的逻辑学。概念的逻辑学虽运用归纳兼演绎的方法,却不完全专用其中一种,这就是说,它运用它所特有的思辨法或辩证法。

就它自身抽象地去看,概念或共相是不可表现的,没有文字可以真正表现概念。因此,逻辑的概念常恒一不变,不管它的字面的形式有多少变化。表现品对于概念,只是一个简单的符号或引得。表现品固然不可少,但是它究竟是什么,是这个还是那个,要看说话的人的历史的与心理的情境而定。那表现品的性质是不能从那概念的性质推演出来的。文字的真正意义(逻辑的意义)并不存在,它是构成概念的人临时临境所付与它们(文字)的。⑪

〔逻辑的判断与非逻辑的判断的分别〕 因此,唯一的真正逻辑的(这就是审美兼逻辑的)前提,唯一严格的逻辑的判断,必以确定概念为唯一的正当内容。这些前提或判断就是定义。科学本身不过是界说的结集,许多界说统一于一个最高界说,一个网罗一切概念的系统,即最高概念。

所以当务之急(至少是当作一个初步工夫)是从逻辑学中剔去一切不是确定概念的前提。不仅亚里士多德所称的“非确有所阐明的判断”⑫,例如表示愿望的词句,不是真正的逻辑判断,就连叙述的判断也不是逻辑判断。它们不是纯粹的审美的前提,就是历史的前提。“张某走过去,今天下雨,我昏倦想睡,我想看书。”这些和无数其他类似的前提都不过把张某走过去,下雨,我的身体要睡,我的意志向着看书方面之类事实的印象纳到文字里⑬,否则便是肯定这些事实存在⑭。它们所表现的可以是实在的,可以是历史的想象,也可以是纯粹的想象,却绝不是确定共相的界说。

〔三段论法〕 要把非概念的判断剔去,并不很困难。它差不多是已成事实,我们只须把它弄得明显、确定、连贯就行了。但是我们怎样应付叫作“三段论法”的那一种根据概念的判断和推理,那一部分人类思想呢?什么是三段论法?它是否是应受鄙视的无用废物;像人文主义者⑮在反抗经院派的时候,绝对唯心主义者，以及现代狂热地欣羡自然科学的观察实验方法者，那样轻视它呢？三段论法是依公式的推理，并不能发明真理；它只是阐述，讨论自己和自己或自己和旁人争辩所要用的技术。三段论法从已形成的概念，已观察到的事实出发，按照真理或思想的常住性（这就是同一律与矛盾律的意义），从这些资料中推出结论，这就只是把已知道的东西复述一遍。所以从发明的观点看，它虽是一种"叠床架屋"，对于教学和说明却极有效益。把肯定语化为三段论式，可以便于控制自己的思想，以及批评旁人的思想。嘲笑运用三段论法原不难，但是三段论法既已产生了而又继续存在，也必有它的道理。我们只应讥刺它的流弊，例如用三段论法去证明事实，观察，与直觉方面的问题，或是对问题不肯深思和虚心探讨，而只在三段论法的外形上做工夫。还有所谓"数理逻辑"⑯，从莱布尼兹⑰诸人就已开了路，在现代也还有人在尝试。如果它有时能助我们很容易地记住，而且很快地控制住我们的思想的结果，我们也无妨对这种三段论式表示欢迎。

但是正因为三段论法是说明与辩论的技术，它的原理不能在哲学的逻辑中占首要的地位，来僭越关于概念的原理。概念的原理才是中心的统摄的原理，三段论法所有的逻辑的成分都可以纳在这里面而无余（如诸概念的关系，附属，平行，同一之类）。我们也不要忘记，概念和逻辑的判断以及三段论法并不是站在一条线上。只有概念才是逻辑的事实，判断与三段论法只是概念表现自身所取的形式。就其为形式而言，它们只能用审美的（文法的）观点去考核；就其有逻辑的内容而言，它们须丢开形式本身而进为概念的原理，才能有逻辑的内容。

〔逻辑的假与审美的真〕　人们常说，不善于推理的人也就不善于说话和写作，精确的逻辑分析是好表现品的基础。这话也可以从上述道理证实。它其实是一种重复词,因为善于推理就是善于表现,表现就是对于我们自己的逻辑思考加以直觉的掌握。矛盾原则本身其实只是美学上的连贯原则。也许有人说:从错误的概念出发,写得很好和说得很好还是可能,正犹如推断得很好还是可能;有一部分人虽缺乏大发明家所以成为大发明家的聪慧,却仍不失其为很流畅的写作家;因为写得好要靠对于自己的思想有明晰的直觉,尽管那思想或许是错误的;它本无须有科学的真实,只要有审美的真实就行;这就无异于说,只要写得好。像叔本华那样的哲学家可以想象艺术是柏拉图的理式的表象⑱。这学说在科学上是错误的,但是他可以发挥这错误的知识,写成顶好的散文,从审美的观点看是极真实的。我们已经答复过这些反驳;我们说过:说话者或写作者阐述一个没有想好的概念,就正在这一点上他是一个低劣的说话者或写作者;虽然他后来在许多其他部分思想可以振作起来,想出一些与以往错误不相连贯的真实的前提,因此继混乱的表现之后可以有清晰的表现。

〔改革过的逻辑学〕 所以现在还使逻辑论著显得累赘的许多关于判断的形式,三段论法的形式,它们的转变,它们的各种关系之类的讨探,将来要减少,要改变,要转成别的东西。关于概念,概念的组织,界说、系统、哲学,以及各种科学等等的原理将来要代替它们,只有这种原理才会组成真正的逻辑学。

有些人先已怀疑到美学与逻辑学的密切关系,想把美学看成一种"感性知识的逻辑学",他们特别喜欢把逻辑的范畴应用到这门新知识上去,谈什么"审美的概念","审美的判断","审美的三段论法"之类。我们不那样迷信经院派传统的逻辑学的永久性,同时对于美学的性质也知道较清楚,就不赞成应用逻辑学于美学,就要把逻辑学从一些审美的形式中解放出来。这些审美的形式曾经产生了一些子虚乌有的逻辑的形式和范畴,由于采用了一些完全勉强的没有认清的区分。

经过这样改造,逻辑学将仍是形式的逻辑学;它将研究思想的真正形式或活动,研究共相的概念,排除个别的特殊的概念。旧式逻辑学并不配称为形式逻辑学,它最好称为"字面的"或形式化的逻辑学。形式逻辑学要逐出形式化的逻辑学。想达到这个目的,它必须求援于一种真实的或本质的逻辑学——这本已有人做过——这就不复是思想的科学,而是正在活动的思想本身;不仅是一种逻辑学,而是包含逻辑学在内的全部哲学。思想的科学(逻辑学)就是概念的科学,犹如想象的科学(美学)就是表现的科学。要维持这两种科学的健全,就必须把这两个领域很谨严地精确地区分开来。

原书第四版附注:这一章中谈逻辑学的一些话不完全是清楚的或正确的,必须在《心灵的哲学》第二部专讲逻辑学的一书中再加阐明纠正。在这部逻辑学中,逻辑的前提与历史的前提都重新讨论过,它们的综合成的整一体也说明过。

第六章　认识的活动与实践的活动[①]

直觉的与理智的两种形式，我们已说过，把心灵的全部认识的范围都包括无余了。但是我们如果不先把认识的心灵和实践的心灵的关系确定清楚，就不能彻底了解上述两种形式，也不能批评另一批错误的美学理论。

〔意志〕　实践的形式或活动就是意志。在一些哲学系统中，意志是宇宙的基本，事物的本原，真正的实在。[②]我们在这里用"意志"这个名词，并不采用这个意义。另一些哲学系统把意志认为心灵的力，心灵，或一般活动，因此把人类心灵的每一个动作都看成意志的一种作为。[③]这个广义我们也不采用。我们所用的既不是形而上学的意义，也不是譬喻的意义。在我们看，意志是像通常所了解的，是与对事物取纯粹的认识性的观照有别的那种心灵活动，它所产生的不是知识而是行动。在出于意志时，行动才真是行动。不消说要起作为的意志，在科学的意义上，通常也包括所谓"不为"；要抵抗，要消除的意志，一个像普罗米修斯[④]那样的意志，也就是行动。

〔意志是知识的归宿〕　人类用认识的活动去了解事物，用实践的活动去改变事物；用前者去掌握宇宙，用后者去创造宇宙。但是认识活动是实践活动的基础；我们在上文说过，审美的活动与逻辑的活动有"双度"关系。在较大范围里，认识活动与实践活动也有这双度关系。认识离意志而独立，这是可思议的；意志离认识而独立，这是不可思议的。盲目的意志不是意志，真正的意志必有眼光。

如果对于事物没有历史的直觉（知觉）和对于逻辑关系的（使我们明了那些事物性质的）认识，我们如何能起意志呢？如果我们不明白周围世界，或是不明白如何用行动来改变事物，我们如何能真正起意志呢？

〔反驳与解答〕有人反驳道：爱行动的人们，地道的实践的人们，最不惯用观照去求认识；他们的力量不滞留于观照而直泻于意志。从另一方面来说，爱观照的人们，哲学家们，在实践的事务方面常很平庸，意志薄弱，所以在人生的热闹中被人忽视。这些分别显然只是经验的和数量的。实践的人固无须有一套哲学才去行动，但是在他的行动范围内，他却从他看得很清楚的直觉与概念出发，否则无从用意志去发最寻常的行动。举个例来说，如果对于食物，对于某种动作与某种满足的因果关系，都没有知识，起意志去吃东西就不可能。逐渐升到较繁复的活动，例如政治的活动，我们如何能起意志去做一件在政治上可分好坏的事，如果不知道社会的实际情形，而且因此就不知道应采用的方法和手段呢？实践的人在不很明白这几点时，或是心中有疑惑时，行动就不会发作，或是中途停止。在这种时候，那平常在行动迅速演变中人们少注意而常忘记的认识的阶段，就变成重要而且久占意识了。如果这个认识的阶段延长，那实践的人就可变成一个哈姆雷特⑤，一方面想行动，一方面对于实际情形和应采的手段又没有清晰的认识，于是徘徊犹豫。如果他对于观照和发明发生兴趣，把意志和行动方面的事让给旁人，他就会养成艺术家、科学家或哲学家的平静的气质，这类人在实践方面有时无能甚至简直不道德。这些话都是显而易见的，无疑是正确的。可是我们须复述一句，它们都基于量的分别，不但不能反驳而且证实了我们所说的道理：一个行动，尽管如何细微，除非有认识的活动做先导,就不能真是行动,即不能真是起于意志的行动。

〔评实践的判断或价值的判断〕　在另一方面,有一部分心理学者在实践的行动之前特设一类判断,叫作"实践的判断"或"价值的判断"⑥。他们说:要决定发作一个行动,先须作"这个行动是有用的,这个行动是善的"一个判断。在第一眼看来,这话似有意识可凭。但是较切近的观察和较精细的分析可以见出:这类判断来在确定意志之后,并不在前,它们不过是已发作的意志的表现。一个有用的或善的行动就是意志所要采取的行动。从对于事物的客观的研究,我们找不出丝毫叫作"有用的"或"善的"属性。我们希求事物,不是因为我们知道它们是有用的或善的;我们知道它们是有用的或善的,却是因为我们希求它们。在这里也是由于意识的事实进行很快,我们就生了一种幻觉。走在实践行动前面的是知识,但不是实践的知识,或对于实践方面的知识;要得到实践的知识,我们首先要有实践的行动。所以实践的判断或价值的判断那第三阶段完全是想象的,在认识与实践两阶段或双度之中并没有它的地位。此外,一般规范的科学⑦,就是立法则,发号令,为实践行动发现价值和指示价值的科学,也不存在;任何一种活动其实都不能有什么规范的科学去支配,因为每种科学都须假定它所取为研究对象的那个活动是已实现过,发生过的。

〔从审美的活动中排除实践的活动〕　这些分别既已弄清楚了,我们就必须指斥一切把审美的活动附属于实践的活动,或以实践活动的规律应用于审美的活动之类学说的错误。人们常说科学是认识,艺术是实践。他们把审美的事实看成实践的事实,也并非随意乱说,或是捕风捉影,而是因为他们注意到一种真正是实践的东西,但是他们所指实践的东西并不是审美的,也不在审美的范围之内;它是在这范围外面和附近的;虽然它常与审美的合在一起,却不是必然要如此,不是因为性质相同要如此。

审美的事实在对诸印象作表现的加工之中就已完成了。我们在心中作成了文章,明确地构思了一个形状或雕像,或是找到一个乐曲的时候,表现品就已产生而且完成了,此外并不需要什么。如果在此之后,我们要开口——起意志要开口说话,或提起嗓子歌唱,这就是用口头上的文字和听得到的音调,把我们已经向我们自己说过或唱过的东西,表达出来;如果我们伸手——起意志要伸手去弹琴上的键子或运用笔和刀,用可久留或暂留的痕迹记录那种材料,把我们已经具体而微地迅速地发出来的一些动作,再大规模地发作一次;这都是后来附加的工作,另一种事实,比起表现活动来,遵照另一套不同的规律。这另一种事实暂时与我们无关,虽然我们将来要承认这第二阶段所造作的是事实,是一种实践的事实,意志的事实。内在的艺术作品与外现的艺术作品通常被人分开,这些名称在我们看是不恰当的,因为艺术作品(审美的作品)都是"内在的",所谓"外现的"就不是艺术作品。另一批人把审美的事实和艺术的事实分开,以为艺术的事实是外现的或实践的阶段,它可以跟随,而且常的确跟随表现阶段而起。但是照这个说法,那只是用字的问题,这样用字固无不可,却或许不妥当。⑧

〔评艺术的目的说及内容的选择说〕　同理,就艺术之为艺术而言,寻求艺术的目的是可笑的。再者,定一个目的就是选择,艺术的内容须经选择说也是错误的。在诸印象及感受品之中加选择,就无异于说这些印象与感受品已经是表现品,否则在混整的东西之中如何有选择呢?选择就是起意志:起意志要这个不要那个;这个和那个就必须摆在我们面前,已表现了的。实践在认识之后，并不在前；表现是自然流露。

在事实上，真正的艺术家发现自己心中像怀胎似的有了作品主题，怎样经过他并不知道。他只觉得生产的时刻快到了，但是不能起意志要生产或不要生产。如果他故意要违反他的灵感，要加一个勉强的选择，如果他生来是阿纳克里昂⑨，却要歌唱亚屈鲁斯和阿尔岂第斯⑩的故事，他的竖琴就会提醒他的错误，只发伴奏歌唱维纳斯⑪和爱情的声音，尽管他竭力避免这样。

〔从实践的观点看，艺术是无害的〕 因此，题材或内容不能从实践的或道德的观点加以毁誉。艺术批评家们说某某题旨选择得不好时，如果那话有正当的根据，它所指责的不能是题旨的选择（这就会是荒谬的），只能是作者处理那题旨的方式，即内在矛盾所造成的表现的失败。这些批评家们往往又说某些作品在艺术上是完美的，却谴责它们的题旨或内容不配为艺术；如果这些表现品真是完美的，就没有别的可说，只好请那些批评家们不要再搅扰艺术家们，因为艺术家们只能从曾经感动心灵的东西中取得灵感。批评家们最好注意去改变四周的自然与社会，使他们所认为可谴责的那些印象和心境不发生。如果丑恶可从世界中消灭，普遍的德行与幸福可以在这世界中奠定，艺术家们也许就不再表现反常的或悲观的感觉，而只表现平静的、纯洁的、愉快的感觉，成了真正理想国的理想人物。但是只要丑恶与混浊有一天还在自然中存在，不招自来地临到艺术家们的头上，我们就无法制止这些东西的表现；表现已成就了，要取消已成事实也是无用的。我们这样说，是完全采取美学的和纯粹的艺术批评的观点。

我们在这里用不着去估计，根据"选择"说的批评对于艺术创作有多大的损害，它在艺术家们本身中间所产生的偏见，以及它所造成的艺术动机与批评要求之中的冲突。诚然，这种批评有时也像有一点用处，因为它帮助艺术家们发现他们自己，就是发现他们自己的印象和灵感；帮助他们意识到他们所需的历史阶段和他们个人的性情规定他们要做的工作。在这些情形之下，根据"选择"说的批评虽自信产生了那些表现品，其实只是对于已形成的表现品加以承认与帮助。它自信是母亲，其实至多只是助产妇。

〔艺术的独立〕 内容选择是不可能的，这就完成了艺术独立的原理，也是"为艺术而艺术"一语的正确意义。艺术对于科学、实践和道德都是独立的。我们不用怕轻浮的或干枯的艺术因此有所借口，因为真正轻浮或干枯的艺术之所以轻浮或干枯，是由于没有达到表现；这就是说，轻浮和干枯总是起于艺术处理的方式，起于不能掌握内容，不起于内容本身的质料。

〔评风格即人格说〕 除非根据认识与实践的分别，根据审美活动的认识性，风格即人格说也无从批评得详尽。人不仅是知识与观照；他也是意志，而意志包括认识的阶段。因此，风格即人格说只有两个可能：如果它指风格就是具风格方面的人格，即只指表现活动那方面的人格，那就是完全空洞无意义的；如果要想从某人所见到而表现出来的作品去推断他做了什么，起了什么意志，即肯定知识与意志之中有逻辑的关系，那就是错误的。许多艺术家传记中的传说都起于风格即人格一个错误的等式。好像一个人在作品中表现了高尚的情感，在实践生活中就不可能不是一个高尚的人，或是一个戏剧家在剧本中写的全是杀人行凶，自己在实践生活中就不可能没有做一点杀人行凶的事。艺术家们抗议道："我的书虽淫，我的生活却正经。"不但没有人相信，反而惹到欺骗和虚伪的罪名。可怜的梵罗那城的妇女们，你们谨慎得多了，你们看到但丁的黝黑的面孔，就以为他真正下过地狱！你们的猜测至少还是一种历史的猜测。

〔评艺术须真诚说〕 最后，当作一种责任摆在艺术家身上的真诚（一个伦理学的规律，据说也是一个美学的规律）也有两重意义。第一，真诚可以指不欺骗邻人那个道德的责任；就这个意义说，它与艺术家毫不相干。艺术家本不欺骗任何人，他只赋予形式给已在心中存在的东西。如果他辜负他的艺术家的责任，不依本性做他的工作，那就是欺骗了。如果欺骗的言行在他心里形成印象，他所赋予它们的形式因其为审美的，就不是欺骗的言行了。如果一个艺术家是骗子，说谎者，坏蛋，而且把那方面人格反映到艺术里，他也就把它净化了。第二，如果真诚是指表现的充实真切，这第二意义显然与伦理的概念无关。这个叫伦理学的又叫作美学的"真诚"规律，不过是同一名词用在伦理学和美学两个不同的范围里。

第七章 认识的活动与实践 的活动的类比

〔实践活动的两个形式〕 认识活动的双度——审美的与逻辑的——在实践活动中有一个重要的对称,还没有显示出来。实践活动也分为第一度与第二度,第二度也包含第一度。第一度只是有用的或经济的活动,第二度是道德的活动。经济学好像是实践生活的美学,道德学好像是实践生活的逻辑学。

〔经济上的有用的活动〕 如果哲学家们没有认清这一点,没有替经济的活动在心灵系统中找得一个正当地位,以至它在政治经济学著作的序论里浮游不定,往往含糊而没有阐发,理由之一就是有用的或经济的活动往往与"技术的活动"和"自私的活动"那两个概念相混。

〔有用的活动与技术的活动的分别〕 技术绝不是心灵的一种特殊的活动。技术就是知识,或则说,一般知识本身,当它替实践的行动作基础时(我们已见过,它能如此),就取得"技术"的名称。一种知识,如果不应用于实践的行动,或是按假定不易应用于实践的行动,就叫作"纯粹的";同一知识,如果有效地应用于行动,就叫作"应用的";如果假定它容易应用于某一行动,就叫作"可应用的"或"技术的"。所以"技术的"这个术语只指知识所处或易处的一种情境,而不是知识的一种特殊形式。这是千真万确的,所以我们绝对不能确定某一类知识在本质上是纯粹的还是应用的。一切知识,无论你以为它是如何抽象的、哲学的，都可以作实践行动的指南。对于道德的最高原则如果有一点认识上的错误，这错误就可以影响到而且往往确实影响到实践生活。我们只能粗略地不科学地说某些真理是纯粹的，某些真理是应用的。

叫作"技术的"知识也可以叫作"有用的"。但是据前章批评价值的判断那一番话，"有用的"一词用在这里只能有一种字面的或譬喻的意义。我们说水对于熄火有用，"有用"就不是取它的科学的意义。水倒在火上是火熄的原因，这一点知识可以供救火队作行动的基础。在熄火人的有用的行动与水可熄火那一点知识之中有一个关联，但只是先后承续的关联而不是性质上的关联。水的效果那一点技术的知识是在前的认识的活动；熄火人的行动才是唯一的"有用的"东西。

〔有用的与自私的两概念的分别〕 有些经济学家们把"有用的"和"自私的"相混，其实前者只是经济的行动或经济的意志，后者只是对私人有利益的，不管道德法律，而且实在违反道德法律。自私的就是不道德的。在这情形之下，经济学就不免是一种很奇怪的科学，和伦理学不是平行而是相反的了；像魔鬼之与上帝，或至少像教会奉圣典礼中的"魔鬼的辩护者"。这种观念是绝对不能成立的：研究不道德的科学就包括在研究道德的科学里面；犹如研究错误的科学就包括在逻辑学（研究真理的科学）里面；研究不成功的表现的科学就包括在美学（研究成功的表现的科学）里面。所以经济学如果是研究自私主义的科学，它就应该是伦理学的一章，或则就是伦理学本身；因为每一个道德的决定同时也就是对于它的对立面的否定。

还有一层，良心告诉我们：依经济的立场去立身处世，并非就是依自私的立场去立身处世；最关心道德的人如果不愿随便倒行逆施、违反道德，也就必须依效用的（经济的）立场去立身处世。如果讲效用就是自私主义,难道博爱者的责任就在跟自私者一样做人吗?

〔经济的意志与道德的意志〕 我们的看法如果不错,上述困难就可完全用解决表现与概念(美学与逻辑学)的关系那个问题的方法去解决。

依经济的立场起意志,就是起意志要达到一个目的;依道德的立场起意志,就是起意志要达到一个有理性的目的。但是任何人依道德的立场起意志,发行动,也必同时是在依效用的(经济的)立场起意志,发行动。他如何能起意志要达到那有理性的目的,除非他把它当作他的个人的目的呢?

〔纯粹的经济性〕 这话反过来说便不对,犹如在美学中说表现的事实一定要与逻辑的事实结合是一样不对。从经济的立场起意志而不同时从道德的立场起意志是可能的,一个人可能完全合于经济的原则去立身处世,而所追求的目的在客观方面看,却是无理性的(不道德的),或则说,那目的在较高度的意识中是会被认为无理性的。

有经济性而无道德性的实例有马岂埃维里的《君主论》中的主角恺撒·包济亚①,或莎士比亚的亚古②。虽然这些人的活动只是经济的,朝反道德的方向发展,谁能不佩服他们的意志力呢?谁能不佩服薄伽丘所写的齐亚柏勒陀③?他临死时还在追求实现他的大流氓理想,开玩笑地假装忏悔,使身旁那些胆怯的小偷们都惊赞道:"这是什么样的人? 老了,病了,马上就要死了,马上上帝就要审判他了,这些恐怖都不能叫他丢开他的凶恶,或是叫他希望像个正经人那样去死!"

〔道德的经济方面〕 把恺撒·包济亚、亚古、齐亚柏勒陀的坚忍无畏拿来和圣贤豪杰的善良意志合在一起,就是道德的人。或则说得更好一点,善良意志不成其为意志,因此即不成其为善良，如果在使其为"善良"者之外，没有使其为"意志"的东西。正如一个逻辑的思想如果没有表现成功，即不成其为思想，至多只是对于将起未起的思想的一种朦胧的预感。

因此，把不关道德的④人认成也是违反经济的人，或是把道德认成生活行为的融贯性（即经济性）中的一个元素，都是不正确的。我们不难想象到一个毫无道德良心的人（纵然不是毕生如此，至少在一生中某些时期中是如此），我们认为不道德的活动对他却并不能说是不道德的，因为他不觉得那是不道德的。他不能意识到当作有理性的目的而追求的东西，与当作满足自私的动机而追求的东西之中有什么冲突。这冲突就是违反经济性。只是对于一个有道德良心的人来说，不道德的行为才同时也是违反经济的。说明这个道理的道德性的懊悔同时也就是经济性的懊悔；那就是惋惜原来没有认清怎样很好地起意志，去达到第一念所希求的道德理想，以至被情欲引上错路。拉丁成语说："我本来见到善，知其为善，却走到恶方面去了。"这里"见"和"知"是行善的第一念，不过马上就被否定了，被推翻了。我们必须承认：没有道德意识的人可以有纯是经济性的懊悔；例如一个贼或凶手的懊悔，他刚要抢掠或行刺，却停住手，并非他的性格改变了，而是由于张皇失措，甚至由于道德意识暂时醒觉。当他回到自己的本来面目时，他会懊悔，羞愧自己有始无终；他的懊悔并不是由于做了坏事，而是由于没有做成坏事，所以只是经济性的，而不是道德性的懊悔，因为原已假定他没有道德性的懊悔。但是大多数人通常都有一种生动的道德意识，完全缺乏道德意识的人是少有的，或许竟是不存在的怪物，所以我们可以说，在人生行为中，道德性通常是与经济性一致的。

〔纯经济的活动和在道德上不分好坏的活动的谬见〕 我们不用怕上述道德经济平行说会把"在道德上不分好坏的"一

个范畴再引到科学里来,所谓"在道德上不分好坏的"就无异于说它既是行动与意志,却又没有道德与不道德的分别;总之,它是属于"不犯法的"和"可允许的"那一类。这种观念常是道德腐败的原因或反映,像耶稣会学派的道德哲学⑤就受这观念统治。在道德上不分好坏的行动其实并不存在,因为人的每一个最微细的出于意志的动作都是,而且都必是,在道德上须分好坏的活动。但是这看法不但不能推翻已成立的平行说,而且证实了它。世间是否偶尔有一些直觉品为科学与理智所达不到,分析不到,不能把它们化为普遍的概念或是化为历史的叙述呢?我们已经见过:真正的科学,即哲学(不像所谓自然科学),并没有一些外在的限制拦它的路。科学完全统治着人类的审美的直觉品,道德也完全统治着人类的经济的意志活动;虽然科学要借审美的形式才能具体地出现,道德也要借经济的形式才能具体地出现。⑥

〔评功利主义与伦理学经济学的改造〕 有用的与道德的,经济的与伦理的,二者之中的这种同与异,可以说明伦理学中的功利主义⑦在现在与过去的成功。在每一个道德的行动之中寻出一个功利的方面,实在是易事;正如在每一个逻辑的前提之中寻出一个审美的方面也是易事一样。要批评伦理的功利主义,我们不能从否认这个真理下手,或是从找荒谬无稽的实例去证明有无用的道德的行动下手。我们必须承认道德的行动有功利的方面,把这功利的方面看成道德的具体形式,它就含在这具体形式里面。功利主义者没有看出这"含在里面"的道理。这些意思应有较详尽的阐发,可是本书不是合适的地方。⑧伦理学与经济学都会得益(如同我们对于逻辑学与美学所说过的),如果它们的关系得到较精确的决定。经济学在设法超过使它弄得纠缠不清的数学阶段,正逐渐提升到对于效用有一种生动的了解,而那数学阶段本身对于它所代替的历史主义,即认识活动与历史事实的混淆,也是一种进步,它推翻了许多勉强的分别和妄诞的经济学说。有了这种效用的概念,我们一方面可以吸收而且检查所谓纯粹经济学的一些半哲学性的学说,另一方面也可以把逐渐积累起来的错综复杂的和附加的东西引进来,以便从哲学的方法转变到经验的或自然科学的方法,这样就把经院派所谓政治经济学或国家经济学所阐明的一些学说都包括在内。

〔实践活动中的现象与本体〕 像审美的直觉认识现象或自然,而哲学的概念作用认识本体或心灵一样;经济活动是对现象或自然起意志的,而道德活动是对本体或心灵起意志的。道德本质的最妥当的定义也许是这个:心灵起意志要实现它自己,实现它的真正的自我,即含在经验的有限的心灵之中的普遍性。[9]这种要实现真自我的意志便是"绝对的自由"[10]。

第八章 其他心灵的形式不存在

〔心灵的系统〕 关于心灵的基本阶段的全部哲学,我们已经给了一个概要,认为心灵含有四阶段或四度[1],依照下式安排:认识的活动对实践的活动,犹如认识的第一度对认识的第二度,实践的第一度对实践的第二度。在它们的具体形式中,这四个阶段都是后者内含前者:概念不能离开表现而独立,效用不能离开概念与表现而独立,道德不能离开概念、表现与效用而独立。如果审美的事实在某一种意义上是唯一可独立的,其余三者都多少有所依傍;逻辑的活动依傍最少,道德的意志依傍最多。道德的意向须遵照已有的认识的基础走,它不能离这基础,除非我们肯承认耶稣会学派所谓"意旨的定向"[2]那样一个荒诞无稽的作用,在这个作用中人们假装不知道其实知道得很清楚的东西。

〔天才的各种形式〕 人类活动的形式既有四种,天才的形式也就有四种。在艺术、科学和道德的意志方面,有天才的人们或英雄总是得到承认的。纯粹的经济方面的天才却遭人嫌恶。特设一类来容纳坏天才或邪恶的天才也并非完全无理。实践的天才,仅是经济的天才,不用来达到有理性的目的,不能不令人害怕而又羡慕。"天才"一词是否只适用于审美的表现品的创作者,还是也可适用于科学研究者和实际行动者,这种争论只是关于用字的问题。在另一方面,如果说无论哪一种天才,都是一个量的概念和一个经验上的分别,这就是复述我们关于艺术天才所已说过的话。

〔第五形式的活动不存在：法律，社会性〕 心灵的活动没有第五形式。一切其他形式或是不具心灵活动的性质，或是上述四种活动的字面的变相，或是复合的派生的事实，其中各种活动混在一起，塞上个别的偶然的内容；这些道理都是容易说明的。

例如法律的事实，当作所谓客观的法律来看，是由经济的和逻辑的活动派生出来的。法律是一个准绳，一个公式（不管是口说的还是成文的），把一个人或一个团体意志所要的那一种经济关系规定出来，而这经济方面使法律与道德的活动既相结合，而又有分别。另举一个例来说，社会学（在它现有的许多意义之中）有时被认成研究叫作"社会性"那个特别元素的学问。我们要问：这社会性是人与人相交接——不是人以下的动物与动物相交接——所发展成的各种关系，它究竟有什么特征呢？它不正是人类所有而人类以下的东西所无，或仅具雏形的那些心灵活动么？社会性不是一个特别的、简单的、不可化为其他形式的概念，而是一个很复杂很含混的概念。要想找出一条可算纯粹的社会学的规律来，这是公认为不可能的。这个事实就证明了我们的学说。一些不正确地叫作社会学的规律，如经剖析，就可看出它们或是经验的历史的记载，或是心灵的规律（即心灵活动的各种概念所转变成的判断），或只是空洞游离的泛说，如所谓进化律。有时社会性只指"社会规则"，那就是指法律了；这样就把社会学和法律学混为一事了。法律，社会性，以及类似的概念都应该用我们曾用来检讨分析历史与技术的那个方法去处理。

〔宗教〕 宗教的活动好像是要另眼相看。但是宗教只是知识，和知识的其他形式并无差别；因为它总不外是三件事：

62

(一)实践的希望和理想的表现(宗教的理想),(二)历史的叙述(传记),或(三)概念的科学(教条)。

因此,说宗教因人类和知识的进步而消灭,和说宗教是永远存在的,都一样有理。野蛮人的宗教就是他们的全部祖传的知识产业,我们的祖传的知识产业就是我们的宗教。内容是变过了,改善了,精微化了,在将来还要继续地变,改善,更精微化;但是它的形式总是一样。我们不懂得有一班人要宗教有什么用处,他们想把宗教保存住,与人类认识的活动、艺术、批评和哲学同等并立;要把宗教那种不完善的低劣的知识,与已经超过它驳倒它的那种知识同等并立。这实在是不可能的。天主教是始终一致的,如果科学、历史或伦理学与它的观点和教义相冲突,它都不容忍。理性主义者却没有那样始终一致,还愿在他们的灵魂中留一点地位给那和他们的全部认识不相容的宗教。③

现时在理性主义者中间盛行的宗教的虚伪和弱点,都由于对自然科学有过分的迷信的崇拜。我们自己知道,而他们的重要的代表也承认,这些自然科学四围全是限度。科学既被误认为与所谓自然科学是一件事,人们当然预料得到,限度以外的东西都要求之于宗教;这限度以外的东西也是人类心灵所不能放过的。所以我们要归功于唯物主义、实证主义④和自然主义,才有宗教兴奋这种不健康而且往往不诚实的复发病,这种病如果不落在政治家的手里,就应该落在医院里。

〔形而上学〕 哲学消除了宗教的一切存在理由,它自己代替了宗教。在心灵科学的地位,哲学把宗教看成一种现象,一个过渡的历史事实,一个可以跨过的心理状态。哲学与自然科学、历史、艺术四者分占了知识的领域。它把列举事例、测量和分类让给自然科学,把个别发生的事物的记载让给历史,把个别的可能的事物的表现让给艺术,此外就没有剩下什么给宗教了。同理,哲学,在心灵科学的地位,不能为直觉资料的哲学;并且我们已经说过,也不能为历史哲学或自然哲学;所以世间没有不研究形式与共相而只研究材料与殊相的那一种哲学的科学。这番话就无异于肯定了形而上学的不可能。⑤

历史方法论或历史的逻辑已代替了历史哲学,自然科学概念的认识论已代替了自然哲学。哲学对于历史所能研究的是历史的建构形态(如直觉品、知觉品、凭证、合理性之类);对于自然科学所能研究的是组成它们的那些概念的形式(如空间、时间、运动、数、类型、类别之类)。如果把哲学看成上述意义的形而上学,它就不免要求与历史和自然科学争地盘,而在历史和自然科学自己的地盘上,只有历史和自然科学才是合法的,有效的。人们想拿哲学和历史和自然科学争地盘,就不能有什么结果,只显出他们的无能。在这个意义上说,我们是"反形而上学者",同时也宣告我们是"极端形而上学者",这名称是用来主张和肯定哲学功能就在心灵的自我察觉,以别于自然科学的功能仅是经验的和分类的。

〔心里的想象与直觉的理智〕 因为形而上学要想与各门心灵的科学同等并立,它不得不肯定有一种特殊的心灵的活动作产生它自己(形而上学)的来源。这在古代叫作"心里的或超级的想象",在近代较常用的名称是"直觉的理智"或"理智的直觉"⑥。据说它兼有想象与理智的性质,构成一个完全特殊的形式。人们假定这种直觉的理智是一种工具,可以借演绎法或辩证法,从概念转到直觉,从无限转到有限,从科学转到历史,使用一种据说可以同时兼用来研究共相与殊相、抽象与具体、直觉与理智的方法。这倒是一种顶值得有的神奇的机能;但是我们没有这种神奇的机能,就无法确定它的存在。

〔神秘的美学〕 理智的直觉有时被认为真纯的审美活动。有时又另一种同样神奇的活动被摆在它的旁边,下面或上面,一种与单纯直觉完全不同的机能。这机能是被颂扬过的。艺术的创造,或最少是勉强挑选出来的某几类艺术的创造,据说是要归功于它的。艺术、宗教和哲学,有时好像只是一个心灵的机能,有时又好像是三个不同的心灵的机能,它们中间有时是这一个,有时是那一个,在大家同享的尊严中称霸。

我们把这种美学的观念叫作"神秘的"⑦,它所取的或可能取的种种态度是数不清的。我们在这里简直不是置身于想象的科学境内,而是置身于想象本身境内,这想象采用印象与感受所供给的不同的材料来造成它的世界。我们只要指出一点就够了:这个神秘的机能有时被认成实践的,有时被认成认识与实践中间的媒介物,有时又被认成与哲学宗教并立的一种认识形式。

〔艺术的朽与不朽〕 人们有时从艺术与哲学、宗教鼎立这个看法推出艺术的不朽,因为艺术和它的姊妹们都属于绝对心灵的范围。有时人们认为宗教是可朽的,可以化为哲学,因此又宣告艺术的可朽,甚至已死或临死。这问题对于我们没有意义,因为艺术的功能既是心灵的一个必有的阶段,问艺术是否能消灭,犹如问感受或理智能否消灭,是一样无稽。但是上述意义的形而上学,既窜身于一个凭空设立的世界,我们毋庸从它的某些个别方面去批评它,正犹如我们毋庸批评亚尔契那花园⑧的植物学,或是阿斯陀尔浮⑨海程的航行术。我们要根本拒绝参加那玩艺,根本否定上述意义的形而上学,批评才可以存在。

所以在哲学中没有所谓理智的直觉,犹如在艺术中也没有和这种理智的直觉品相类似的东西,除掉意识所能察觉的心灵

的四度以外,没有什么审美的理智的直觉。心灵没有第五度
(让我们复述一遍)或一个最高的机能,无论是认识的,实践兼
认识的,想象兼理智的,理智兼想象的,或是其他我们可能想象
到的任何一种机能。

第九章　论表现不可分为各种形态或程度，并评修辞学

〔艺术的各种性质〕　人们常把艺术的性质列成很长的目录。本书既到了现阶段，既把艺术作为心灵的活动，作为认识的活动，作为一种特殊的认识活动（直觉的）研究过了，我们就可以见出那些繁复的判定艺术性质的话在实有所指时，不过是指我们已经见过的审美形式的类性、种性和个性[①]。可以化归类性的，如前所述，是"整一""变化中的整一""单纯""独创"等性质，以及这些性质的字面的变相；可以化归种性的是"真理""真诚"等性质；可以化归个性的是"生命""活力""生动""具体""个性""特性"等性质。字面可以变来变去，却不会贡献什么新的科学的真理。表现本身的分析在上述一些结论中就已完全竣事了。

〔表现没有形态的分别〕　在另一方面，这问题也许会起来：表现是否有各种形态或程度的分别？心灵的活动既分为两度，每度又各再分两度，这再分成的度中之一，直觉的（即表现）度，是否可再分为两个或更多的形态，或再分为表现的第一度、第二度，乃至于第三度呢？这样继续地再分是不可能的，直觉品（即表现品）的分类固可容许，却不是哲学的：有几多个别的表现的事实，就有几多个体，这些个体除掉同为表现品以外，彼此不能互换。用经院派的话来说：表现是一个种，本身不能再作为类。印象或内容是常变化的：每一个内容与任何其他内容不同，

因为生命中从来没有复现的事物;内容的变化无穷,正相当于表现的形式(即各种印象的审美的综合)也变化无穷,不可分门别类。

〔翻译的不可能性〕 与这道理相关的一个道理是翻译的不可能性;如果翻译冒充可以改造某一表现品为另一表现品,如移瓶注酒那样,那就是不可能的。在已用审美的办法创作成的东西上面,我们如果再加工,就只能用逻辑的办法;我们不能把已具审美形式的东西化成另一个仍是审美的形式。每一个翻译其实不外(一)减少剥损,以及(二)取原文摆在熔炉里,和所谓翻译者亲身的印象融会起来,创造一个新的表现品。就第一个情形说,表现品始终还是原文的那一个,翻译既有几分欠缺,就不是真正的表现品;就第二个情形说,表现品确有两个,但是两个内容不同。"不是忠实而丑,就是不忠实而美"这一句谚语可以见出每个翻译者所必感到的两难之境。非审美的翻译,例如字对字的翻译,或是意译,对于原文都仅能算注疏。

〔评修辞的品类〕 把表现品不正确地区分为各级,这在文学中叫作雕饰说或修辞品类说②。不过在其他艺术中也有作同样区分的尝试:我们只须提及关于图画雕刻所常用的字样如"写实的"和"象征的"形式之类。

"写实的"和"象征的","客观的"和"主观的","古典的"和"浪漫的","简单的"和"雕饰的","本义的"和"譬喻的","譬喻词的十四格",以及字与句的修辞格,"重复格","省略格","倒装格","重叠格","同义格","同形异义格",等等——这些和其他确定表现品的形态或程度的字样,如果要下明确的定义,就会显出在哲学的立场上是空洞的,它们不是捕风捉影,就是妄诞无稽。举一个代表的实例,比如"譬喻词"的最普通的定义是:"用另一个字来代替本义文字。"请问:何必要讨这个麻烦呢？为什么要用非本义字代替本义字呢？明知有直路，为什么要绕弯路呢？也许像通常所说的，因为本义字在某些情形之下，没有所谓非本义字或譬喻词那样"富于表现性"。但是如果真是如此，那譬喻词在那里就恰是本义字，而所谓"本义"字就恰是"无表现性的"，所以也就是最不恰当的（最不本义的）。对于其他品类，我们也不难下同样基于真知灼见的评语。比如说"雕饰的"这个普通的品类，我们可以问：雕饰如何可以联上表现品？从外面联上吧？那么，雕饰与表现品总是隔开的。从内面联上吧？那么，它有两种可能，不是于表现品无益而有损，就是成为表现品的一部分，那就不是雕饰而是表现的一个要素，在它的整一体中不能划分和辨别。

修辞的种种辨别贻害很多，是用不着说的，修辞学虽常受攻击，而人们所反对的只是它的后果，对它的原则却仍谨守（这也许为表明哲学立场的始终一致）。在文学中叫作"美文"或"修辞文"的那种恶劣的作品如果不由修辞学而猖獗，至少也是从它得到理论上的辩护。

〔修辞品类的经验的意义〕 上述诸名词我们都是从学校里学习来的（只是从来没有机会在严格的美学讨论中用得着它们，至多只是拿它们开玩笑，带点喜剧的意味），假如不是它们往往可作下列三种意义来用：（一）审美概念的同义词，（二）反审美概念的表示，（三）不用于艺术和美学而用于科学与逻辑学（这是它们的最重要的用法），它们就不会走出学校的范围。

〔（一）这些品类名目用作审美事实的同义字〕 各种表现品，直接地按实地看去，不能分类；但是它们有些是成功的，有些是半成功的，有些是失败的。它们确有完善和不完善，成功和不成功的分别。上述各词以及其他类似的字样往往可以指成功的表现品以及各种失败的表现品。但是它们的这个用法是极不一致,极随便的,以至同是一字,有时用来称赞完善的作品,有时又用来诋毁不完善的作品。

比如有两幅画,一幅没有灵感,作者只呆笨地抄袭实物;一幅有灵感,但不很像实物;有些人会说前一幅是"写实的",后一幅是"象征的"。另外有些人却不然,看到一幅画表现日常生活情景,很生动有情致,便说它是"写实的";另一幅画只是一种枯燥的寓意画,便说它是"象征的"。在前一例中,"象征的"显然是指"艺术的","写实的"是指"不艺术的";后一例却恰与此相反。难怪有些人热烈地主张真的艺术的形式必是象征的,写实的就不艺术;另一派人却作完全相反的主张。我们只好承认双方都对,因为每方用同样的字,却用不同样的意义。

关于"古典主义"与"浪漫主义"的大争辩也往往起于这种字义的暧昧。有时"古典的"是指在艺术上是完善的,"浪漫的"则缺乏平衡,不完善;有时"古典的"是指枯燥的,做作的;"浪漫的"则为纯粹的,温暖的,有力的,真正富于表现性的。因此,站在"古典的"一边反对"浪漫的",或站在"浪漫的"一边反对"古典的",都很可能同样有理。

"风格"一词也有同样的暧昧。有时据说每一个作者必须有风格;这里风格即指表现的形式。有时又据说一部法典或一部数学著作的形式没有风格,这又是犯了承认表现有各种形态的错误,以为表现有雕饰的,有赤裸的;其实风格既是形式,法典与数学著作,严格地说,也必各有风格。有时我们听到批评家们责备人"风格太多了",或"照一种风格写作"。这里风格显然不指形式,或某种形态的形式,而是指不正当的矫揉造作的表现,一种不艺术的形式。

〔(二)它们用来指各种审美的欠缺〕 这些字样和分别也有一个并非毫无意义的用处,例如讨论一篇文学作品时,我们常

70

听到这样的话:这是一个重复格,这是一个省略格,那是一个譬喻格,这又是一个同义格,或一个意义暧昧的字。意思就是说:这是犯了用许多不必要的字的错误(重复格);这里错误却在用字太少(省略格);这里错误在用字不恰当(譬喻格);这里错误在用两个像是说两件事而实在只说一件事的字(同义格);这里恰恰相反,一个字像是说一件事而实在是说两件不同的事(意义暧昧)。这些名词这样用来指责毛病,没有前一条所说的那个用处那样普通。

〔(三)它们超出审美范围而用于科学的意义〕 最后,修辞学的术语有时虽没有如上所说的那种审美的意义,我们却以为它们也并非毫无意义,所指的东西确实值得注意,那就是它们用于逻辑学和科学的意义。假定了一个作家对一个科学的概念本来自有一个固定的字来表示,但是他发现这字以外,还有其他的字是人们惯用来表示同样意义的,于是他也偶尔用这些字。对于他本来自定作该意义用的那个固定的字而言,这些旁人惯用而他也跟着用的字当然就变成有譬喻、同义、省略之类的分别了。我们自己在本书就常用,而且还要用这种语言,用意在使人容易明白我们自己用的或旁人用的一些字的意义。但是这种用法在科学和哲学的批评讨论中虽有价值,在文学和艺术的批评中却毫无价值。科学里有本义字也有譬喻字,同一概念可以在不同心理环境之下形成,所以也须用不同的语言来表现,可是一个科学家既已在这些不同的字样中抉择了某一个为恰当的,既已规定了他的科学的术语,于是一切其他的字就都是不恰当或借用的了。但是在审美的事实中只能有本义字:同一直觉只能有同一而且唯一的表现方式,正因为它是直觉而不是概念。

〔修辞学在学校里〕 有些人虽承认修辞品类在审美的观点上不存在,却仍相信它们的效益,以为它们在研究文学的学校里尤其有功劳。我们却不能了解错误与混淆如何能训练心智作逻辑的分辨，或是有助于为它们所扰乱而且弄昏了的一门学问的教学。人们也许以为这些分别，就其为经验的分类而言，可以帮助学习和记忆，像我们在前面关于文艺的种类所承认的。我们对这一层并不反对。修辞品类还另有一个目的须留在学校里，就是留在学校里受批评。过去的错误的学说不宜忘掉不谈，因为各种真理都要在和错误斗争之中，才能维持它们的生命。我们如果不把修辞品类加以说明和批评，它们就有复兴的危险，我们不妨提及，它们正充作最新的心理学的发现，在一派语言学家中间复兴起来了。

〔诸表现品的类似点〕　从上面的话看，我们好像想否认不同的表现品或艺术作品之中有任何类似点来联系。类似点确存在；根据这些类似点，我们才能把艺术作品安排在这个或那个组别里。但是这些类似犹如在许多人中所可发现的类似点，不能看成有概念的定性。这就是说，这些类似纯是所谓"一家人相像"，起于诸作品所由发生的历史背景以及艺术家们中间的心灵相通的渊源；我们如果把同一、附属、并行以及表示其他概念关系的字样用到这些类似上面去，便不正确。

〔翻译的相对的可能性〕　就因为有这些类似点，翻译才有相对的可能性；不作为原表现品的翻版（这是翻译所做不到的），而作为类似的表现品的创作，与原文有几分相近。好的翻译是一种近似，自有独创的艺术作品的价值，本身就站得住。

第十章　各种审美的感觉以及美与丑的分别

〔感觉一词的各种意义〕　进一步来研究一些较复杂的概念,在这些概念中审美的活动须与他类事实合在一起看,并且来说明这些概念如何联合或复杂化,我们首先就要讨论"感觉"一个概念和一些叫作"审美的"感觉。

在哲学术语中,"感觉"是意义最丰富的一个字。我们前已遇见过它一次[①],它是用来指在被动状态的心灵,即艺术的素材或内容的许多名词之一,所以它与"印象"同义。我们另有一次遇见过它[②],意义却完全不同,它是指审美的事实的非逻辑性和非历史性,那就是纯粹的直觉,是既不界定概念又不肯定事实的一种真实。

〔感觉当作活动〕　但是感觉在本章不作上述那两种意义用,也不作指心灵的其他认识形式那些意义用(它时常是这样用的),但只当作一种特殊的心灵活动[③],其性质是不关认识的,有"快感"和"痛感"的正负两极。

这个活动常使哲学家们很受窘,他们不是否认它为活动,就是把它归到"自然"里,不把它摆在心灵的范围之内。但是这两个看法都有许多很大的困难,任何人如果仔细想过,都不会接受它们。因为我们既然除非把活动当作心灵的性相,把心灵的性相当作活动,对于活动与心灵的性相就别无所知,所谓非心灵的活动或"自然的活动"究竟是什么呢?这里"自然"在定义上就只是被动的,惰性的,机械的,物质的。就另一方面说,否定感觉有活动的性质又绝对不行,现于感觉中的快感痛感两极就显出具体的而且可以说是生动的活动。

〔感觉与经济活动的统一〕 这个批判的结果应该使我们特别感到极大的困难,因为在上文心灵系统的概要中,我们没有留一个地位给我们不能否认的这个新活动。但是感觉的活动,虽是活动,却并不是新的。在我们所略述概要的心灵系统中它本已分得地位了,不过另有一个名称,那就是"经济的活动"。叫作"感觉"的活动不过是我们曾认为与伦理的活动有别的那一种较简单而基本的实践活动,它只是起于要达到私人目标的欲念和意志,不经过道德的决定。

〔评快感主义〕 感觉之所以往往被认成一种有机的或自然的活动,那是由于它不能与逻辑的、审美的或伦理的活动相混。从那三种活动(只有这三种是承认过的)的观点来看,感觉像是不在真正的心灵范围之内,几乎只是一种自然的决定,或是心灵在未脱自然状态时的决定。从这个看法出发,另一个常提出来的学说的真理也可见出:就是以为审美的活动,像伦理的和理智的活动一样,并非感觉。感觉既已被默认为经济的意志,这个学说是不可反驳的。这学说所驳斥的是"快感主义"④。快感主义把一切心灵的形式都简化成一种,而这一种形式也就因此没有特性,变成一种暧昧的神秘的东西,如同"一切牛在深夜里都显得是乌黑的"。既然做到这步简化和剥夺,快感主义者在活动中于是就只看见快感与痛感而看不见其他的东西。在艺术的快感与消化通畅的快感之中,在善良行为的快感与张开肺腑呼吸清新空气的快感之中,他们都看不出有什么重要的分别。

〔每种活动都有感觉陪伴〕 但是依本章所下的定义,感觉的活动虽不能代替一切其他形式的心灵活动,我们却并非说它不能陪伴它们。它其实必须陪伴它们,因为它们一方面彼此互有密切的关系,一方面又各与基本的意志的形式有密切的关系。所以它们各有个别的意志以及生于意志的叫作感觉的快感和痛感做陪伴。但是我们不应把陪伴混为主体,以此代彼。真理的发现,或道德责任的完成,都引起我们的欢欣,使我们整个生命震颤;我们因为达到这两种心灵活动的目的,同时也就达到这两种活动在实践上所趋赴的目的。不过经济的或快感的满足,伦理的满足,审美的满足,理智的满足,四者虽如此相连,却仍各不相同。

　　一个常问到的问题(这确实像是美学生死攸关的问题)也就因此得到解答:感觉与快感是在审美事实之先,还是在后;是原因还是结果呢?我们须先把这问题放大,使它包括各种心灵活动中间的关系,然后回答说:在心灵的整一体中,我们不能谈原因和结果以及时序上的先后。

　　上文所说明的关系既已成立,审美的、道德的、理智的,甚至有时叫作经济的,各种活动所伴的感觉性质如何,就不必研究了。就经济的感觉而言,很显然的那不是两个而只是一个名词,研究经济的感觉势必就是研究经济的活动。就其余三项而言,我们应注意的不是那名词(感觉)而是那形容词(审美的等等):"感觉"之上有"审美的""道德的"和"逻辑的"说明它的性质,就可以说明它如何着色成为审美的、道德的和逻辑的;至于独立地研究感觉本身,就无从说明那些返光和着色。

　　〔感觉中几个常见分别的意义〕　由此可以得出另一个结论:我们无须再保留一些著名的分别,例如价值或价值的感觉与只关快感不关价值的感觉的分别,无所为而为的快感与有所为而为的快感的分别⑤。客观的感觉与非客观的(即只是赞许或纯快感的)主观的感觉(可与德文 Gefallen 与 Vergnügen 的分别⑥参较)等等。这些分别原意在使真善美三种心灵的形式不与第四种形式相混，这第四种形式究竟是什么，还没有人知道，所以游离不定，酿成许多笑话。在我们看，这三种形式就已完备了，因为我们可以更直接地见出上述分别，如果把自私的、主观的、仅为愉快的感觉也纳入心灵的较有体面的几种形式中去⑦，从前把价值的感觉与仅为快感的感觉的对立，看成心灵性相与自然性相的对立(我们和旁人都这样看过)，以后我们就只把它看成价值与价值之中的分别了。

〔价值与反价值：对立面及其统一〕 感觉或经济的活动如上文所说，分为正负两极，快感与痛感；这可以拿"有用的"与"有害的"两词来代替。这正负两极如上文所说，是感觉的活动性的特征，而且在一切形式的活动中都可见出。如果这一切形式的活动都是价值，它们就各有"反价值"和自己对立⑧。无价值不一定就是反价值，要有反价值，必须活动与被动互相挣扎，互不相下；因此这种迷惑不知所措的受阻碍的活动就现出矛盾与反价值。价值是自由生展的活动，反价值则与此相反。

对这两个名词既下了这个定义，我们就可安心了，无须再进而讨论价值与反价值的关系，即诸对立面的问题(那就是它们是否应作两元的去看，看作两个实在或两类实在，如同善神与恶神、天仙和魔鬼，互相仇视，或是看作一个统一体，统一体其实也含有对立面)。我们的目的在阐明审美活动的性质，而且目前在阐明美学中一个最暧昧最惹争辩的概念，即美的概念，价值与反价值两词如上定义已经够用了。

〔美当作表现的价值或干脆地当作表现〕 审美的、理智的、经济的和伦理的价值与反价值，在流行语言中有各种称呼，例如"美"，"真"，"善"，"有用的"，"方便的"，"公平的"，"正确的"，等等，指心灵活动的自由生展，即成功的行动、科学研究和艺术创造；"丑"，"伪"，"恶"，"无用的"，"不方便的"，"不公平的"，"错误的"，等等，指迷惑的失败的活动。这些字在语言习惯上不断地从某一类事实移用于另一类事实。例如"美"不但用来指成功的表现，而且也用来形容科学的真理、成功的行动和道德的行动；例如说"理智的美"，"美的行动"，"道德的美"。要想适应这些变化无穷的习惯用法，就会闯进字面主义的迷途，许多哲学家和美学家们都曾这样迷过路。因为这个道理，我们一直到现在都小心避免用"美"字来指成功的表现这种正价值。但是既经许多说明，误解的危险已消灭了，而且我们也看得出，在流行语言中与在哲学中，占势力的倾向是把"美"字的意义限用于审美的价值，所以我们觉得以"成功的表现"作"美"的定义，似很稳妥；或是更好一点，把美干脆地当作表现，不加形容字，因为不成功的表现就不是表现。

〔丑，丑之中美的因素〕 因此，丑就是不成功的表现。就失败的艺术作品而言，有一句看来似离奇的话实在不错，就是：美现为整一，丑现为杂多。所以我们常听到有几分是失败的艺术作品的"优点"，这就是其中"一些美的部分"；完美的作品就没有这种情形，我们不能例举它们的优点，指出某某部分为美，因为它们既是完整的融会，通体就只有一种价值。生命流注于全体，不退缩到某某个别部分。

不成功的作品可以有各种程度的优点，甚至于最卓越的优点。美并没有程度上的差别，所谓较美的美，较富于表现性的表现，较恰当的恰当，是不可思议的。丑却不同，它有程度上的差别，从颇丑（或几乎是美的）到极丑。但是如果丑到极点，没有一点美的因素，它就因此失其为丑，因为它没有借以生存的矛盾[9]反价值就会变成无关价值；活动就会让位给被动，不和它争斗；有活动与被动对抗，才有矛盾冲突。

〔不美不丑的表现品不存在〕 分别美丑的意识所根据的是审美活动借以发展的冲突与矛盾，因此当我们从最繁复的表现品递降到简单的以至于最简单的表现品时，分别美丑的意识当然就逐渐薄弱以至完全消失。于是有一种错觉因之而起，以为有些表现品，即得来不费工夫，容易而自然的表现品，是不美不丑的。

〔真正的审美的感觉以及陪伴的或偶来的感觉〕 美与丑的奥妙都可以纳在"成功的表现"和"不成功的表现"这两个平易的定义里面。如果有人反驳说：世间有些完善的审美的表现品不引起快感，而其他甚至是失败的表现品却能引起极大的快感；我们就要奉劝他们集中注意于审美的事实，于真正的审美的快感。审美的快感往往为起于题外事实的快感所加强，或则毋宁说，所夹杂；这些快感只是偶然与审美的快感夹在一起。诗人或其他艺术家在初次见到（直觉到）他的作品，在他的印象获得形式，而他的面孔放射出创造者的神圣的喜悦的时候，他所感到的就是纯粹的审美的快感。就另一方面说，一个人做了一天工作，进戏院去看喜剧，他所尝到的就是一种混合的快感：休息与娱乐的快感，笑着在他的棺材上拔去一根钉似的快感，这种快感只是剧作者与演剧者的来自艺术的真正审美快感的陪伴。一个艺术家工作完成时，看着自己的工作所生的快感也是如此，在真正的审美的快感之外，他还尝到一种完全不同的快感，由于沾沾自喜的心情得到满足，甚至想到他的作品所能得到的经济的利益。⑩

〔评外表的感觉说〕 在近代美学中还另设一类审美的感觉，叫作"外表的感觉"⑪；它们不起于形式，不起于艺术作品本身，而起于作品的内容。人们常说：艺术的表象所引起的快感与痛感有无数变化。我们陪着戏剧或小说中的人物、图画中的形体或音乐的曲调一齐焦急发抖、欢欣鼓舞、胆战心惊、笑或想望。但是这些感觉却不像艺术之外实际生活所当引起的感觉那样;或则说,它们和实际生活的感觉在性质上相同,不过在分量上是冲淡了的。审美的外表的快感和痛感看来是较轻微些,浮浅些,流动些。我们在这里无须讨论这些"外表的感觉",理由是我们已经讨论得很多了;一直到现在,我们都在讨论它们。它们究竟是什么呢?可不就是一般感觉经过对象化,经过直觉和表现么?它们当然不能像实际生活中的感觉那样热烈生动地搅扰我们,因为那些感觉是素材,而它们是形式,是活动;那些感觉是真正生活中的感觉,而它们是直觉品,表现品。"外表的感觉"一词,在我们看,不过是一个赘词,我们可以毫无顾忌地把它一笔勾销。

第十一章　评审美的快感主义

　　快感与痛感本寓于一切经济的活动,而且陪伴着一切其他形式的活动。一般的快感主义就从此出发。我们反对这个学说,因为它把能容者与所容者①混为一事,除快感的作用以外不承认其他作用;因此我们也就反对这个学说的一个支派,审美的快感主义;这虽不把一切活动,至少把审美的活动,看成只是一种感觉②,而且把产生快感的表现品(这就是美的东西)和只是产生快感的(美感以外产生快感的)东西相混。

　　〔评美与高等感官的快感的混淆〕　审美的快感主义的看法有几种。一个最古的看法是把美的东西看作凡是可使耳目,即所谓"高等感官",发生快感的东西。从前人开始分析审美的事实时,总难免把一幅画或一曲乐看成视觉或听觉的印象那一个误解,并且很难正确地解释瞎子不能欣赏画,聋子不能欣赏音乐那一个浅显的事实。审美的事实并不依靠印象的性质,任何感官的印象都可以提升到审美的表现,却不一定就必须提升到审美的表现。要把这番道理显示出来,像我们所显示的,颇非易事,只有把这问题的一切其他可能的学说都试过以后,才会见出这道理。任何人主张审美的事实就是使耳目生快感的东西,都无法辩驳另一派人的主张,以为美的东西就是一般产生快感的东西,烹调术,或是(像有些实证主义者所称呼的)"胃口美",也应包括在美学里。

　　〔评游戏说〕　游戏说③是另一种审美的快感主义。游戏这个概念往往可助人了解表现的活动性:据说人在未开始游戏时，还不真正地是人（在开始游戏时，他才把自己从自然的机械的因果律解放出来，作心灵的活动），人类最初的玩艺就是艺术。但是"游戏说"既也指发泄身体的富裕精力所生的快感（这是一种实践的事实），它就不免要承认任何玩艺都是审美的事实，或承认艺术就是一种玩艺，因为像科学和任何其他东西，艺术也可以作为玩艺的一个节目。只有道德不能起于游戏的意志（道德永不会被人认为起源于游戏），相反地，游戏的行动却要受道德的节制。

〔评性欲说与胜利说〕 最后，有些人设法把艺术的快感看成性欲的快感的回响，还有些最近的美学家很有把握地把审美的事实溯源到征服和胜利的快感，或是像另一些人所补充的，溯源到男人要征服女人的欲念。④这个学说还有许多关于野蛮风俗的传闻做证，那究竟有多少可靠，只有天知道！其实并不必求证于野蛮人，在普通生活情况中，我们就常看到诗人们用他们的诗作自己的装饰，像公鸡耸冠，火鸡张尾那样。但是任何人这样做，就他这样做来说，就失其为诗人，变成一个可怜的傻瓜，一个像公鸡火鸡的傻瓜，而且征服女人的欲望也与艺术毫不相干。这种学说不正确，正犹如看到从前有宫廷诗人，而现在也有卖诗帮助生活，纵然不完全靠卖诗过活的诗人，就说诗是"经济的"产品。这种推理和定义已替唯物史观吸引了一些热烈的信徒。

〔评同情说的美学。内容与形式在同情说中的意义〕 另一个不像前一说那样粗俗的思潮把美学看成研究同情的科学，研究凡是我们所同情的，凡是能吸引、能引起欢欣、能引起快感和赞赏的东西。但是同情的东西不过是引起快感的东西的意象或表象。唯其如此，它是一个复杂的事实，其中有一个不变的因素，即表象的审美的因素，有一个变动的因素，即由种种不同价值所产生的无数种类的快感的因素。

在日常语言中,人们常不愿意把一个表现品称为"美的",除非那个表现品是表现同情的。因此,美学家和艺术批评家的见解与寻常人的见解常相冲突,寻常人很难相信苦痛和卑鄙的形象能够美,或至少怀疑这种形象有资格可以和产生快感的善的事物的形象比美。⑤

如果我们分出两种科学,一个研究表现,一个研究同情;如果同情的东西不像我们所说的那样复杂而是特种科学的研究对象;上述冲突也许可以化除。如果把重点放在表现的事实,它就归入美学,即表现的科学;如果把重点放在产生快感的内容,我们就回到关于本质是快感的(功利的)事实的研究,不管这些事实如何复杂。⑥还有一种主张把内容与形式的关系看成两种价值的总和,那也可以溯源到同情说。

〔审美的快感主义与道德主义〕 上述诸学说都把艺术看成只关快感的事物。但是审美的快感主义是站不住的,除非它结合上一般的哲学的快感主义,不承认快感之外有任何其他形式的价值。哲学家们若是承认一个或一个以上心灵的价值,如真理或道德,他们每遇到下列问题必须提出时,就不大肯接受这种快感主义的艺术观。这些问题是:艺术应做的事是什么? 它应该有什么用处? 它所生的快感是否可以放纵呢? 到什么程度为止呢? 如果美学当作表现的科学,"艺术目的"这个问题是不可思议的;如果美学当作同情的科学,这个问题就有一个明显的意义,需要解答。

〔道学否定艺术,教书匠辩护艺术〕 解答显然只有两种,一种是完全反对艺术的,一种是对艺术要加限制的。头一种可以叫作"道学的或苦行者的"答案,在思想史上虽不常见,却也见过几次。它把艺术看成感官的麻醉剂,所以不但无用而且有害。我们应该竭力使人类心灵解脱艺术的骚扰。另一个答案可以叫作"教书匠的,或道德兼功利的"答案,它收容艺术,但是要它合于道德的目的,用纯洁的快感推助人向作者所指的真与善两条路走,要它在装智慧与道德的杯口上涂上甜蜜。

如果把这教书匠的看法分为两种,一种是理智主义的,以艺术的目的在引人向真;一种是道德兼功利主义的,以艺术的目的在引人向实践的善,这种分别却是错误的。勉强把教育职责加给艺术,既是一个预求预计的目的,就不复纯是认识的事实,而是认识的事实变成实践行动的根据;所以它不是理智主义而是教训主义与实用主义。其次,教书匠的看法也不能分为纯粹功利主义的和道德兼功利主义的两种,因为人们若是只承认个人的满足(个人的欲望),他们就是快感主义者,正因为他们如此,他们就无须替艺术寻出一个究竟的目的。

我们讨论到现阶段,解释了这些学说,就无异于驳倒了它们。我们只须说:在教书匠的艺术观之中可以寻出另一理由,说明何以有人错误地主张艺术的内容必经选择,以求达到某些实践的效果。

〔评纯美说〕 艺术只关"纯美"说有时被人提出来反对快感主义的与教书匠的美学,而且为艺术家所热烈赞许:"上天把我们的一切欢乐都放在纯美里,诗就是一切。"⑦如果这一说是指艺术不应与感官的快感(功利的实用主义)相混,也不应与道德的实践相混,则我们的美学就应该可以戴上"纯美的美学"一个头衔。但是如果它是指(它实在常指)什么神秘的、超经验的、我们可怜的人类世界所不知道的、精灵的、神佑的东西,而不是表现,则我们必须回答说:我们既然认为美纯是心灵的表现,就不能想象到有哪一种美比这更高,更不能想象到美可以没有表现,美可以脱离它本身。

第十二章　同情说的美学和一些
假充审美的概念

〔假充审美的概念和同情说的美学〕　同情说曾引生一系列的概念,使它们流行于各派美学中(两种影响对它推波助澜,一是全凭幻想的形而上学的带神秘色彩的美学,一是假定在同一作者在同一著作中随便摆在一起的东西之中有逻辑的关联那一个盲目的传统看法),我们只须列举这些概念,就可以见出我们在本书中要坚决驳斥它们的道理。

这些概念的目录甚长,简直数不完:悲剧的,喜剧的,雄伟的,起怜悯的,动人的,可笑的,悲伤的,愁惨的,悲喜剧夹杂的,诙谐的,雄壮的,尊严的,郑重的,严肃的,有气派的,高贵,装饰的,秀美的,有吸引力的,激烈的,娇媚的,田园的,哀婉的,怡适的,暴烈的,直率的,酷虐的,卑鄙的,可恶的,可嫌的,可怕的,令人作呕的,这个名单可以任意拉长。

因为同情说以唤起同情的东西为特殊对象,它当然不会忘记这一类东西的一切变种、一切混种和一切等级,从唤起同情的东西最高贵最强烈的表现,一直递降到它的相反者,起反感的和起嫌恶的东西。起同情的内容既然被认为"美",起反感的内容既然被认为"丑",一些变种(如悲剧的,喜剧的,雄伟的,起怜悯的之类)对于这种美学就形成在美与丑之中的各种等级与各种细微差别了。

〔评艺术丑与征服丑的学说〕　同情说的美学既尽其所能,

列举这些变种,而且给它们下了定义,于是就来讨论丑在艺术中应占什么位置的问题。这问题对于我们却没有意义,我们不承认有丑,只承认有反审美的,或不表现的,这永远不能成为审美的事实的一部分,因为它是审美的事实的对立面。但是在我们所批评的这个学说中,这问题的提出与讨论就足见在它所根据的、谬误的有毛病的艺术观(把艺术简化为起快感的事物的表象)与范围较大的真正的艺术观之中,有设法调和的必要。因此它勉强设法确定某些"丑"(起反感的)的实例,为什么理由,用什么方法,可以容纳到艺术的表现里面去。

它的答案是:丑先要被征服,才能收容于艺术;不可征服的丑,例如"可嫌的"和"令人作呕的",就不能收容于艺术。还有一层,丑容纳于艺术时,它的职责在借反称来加强美的效果(美的就是起同情的),起快感的事物借这些反称而显得更有力,更叫人欢喜。快感来在禁戒与苦痛之后,愈见得强烈,这本是老生常谈。所以丑在艺术中也被看成对于美有功效,它对审美的快感是刺激剂和调味剂。①

同情说的美学倒塌了,那个改良的快感主义,称呼很堂皇的"丑的征服"说,以及上述那些与美学毫不相干的一些概念的名目和定义,也就随之倒塌了。美学不承认有起同情的,起反感的,以及它们的变种,它只承认有表现那种心灵的活动。

〔各种假充审美的概念属于心理学〕 不过上述那些概念在许多美学著作中既占过重要的地位,我们就应对它们的性质作一个较详尽的说明。它们应该有什么样的地位?从美学中排出了,它们应该被哪一部门哲学容纳呢?

它们实在无地可容身,因为它们都没有哲学的价值。它们不过是一些分类,这些分类可以用极不一致的方法去分,也可以随意增加,来把人生的一切价值与反价值的无穷组合与分别都归纳到一起。它们之中也有些具有特别积极的意义,例如美的,雄伟的,宏大的,庄严的,郑重的,重大的,高贵的,感发兴趣的之类;有些只具有主要的是消极的意义,例如丑的,起痛感的,可恶的,可怕的,过大的,奇怪的,枯燥的,夸张的之类;也有些具有混合的意义,例如喜剧的,温柔的,愁惨的,诙谐的,悲喜剧夹杂的之类。这种复合是无穷的,因为个别事物是无穷的;因此,我们无法建立这些概念;除非用自然科学的勉强求近似的方法,把它们既不能悉举又不能以哲理思考了解和征服的那个实在界,尽量作最妥善的分类。心理学既是一种自然科学,任务在就人的心灵生活建立一些类型与系统(这个科学的性格纯粹是经验的与描写的,现在已日渐明显了),上述诸概念既不属于美学,又不属于一般哲学,就只好交给心理学了。

〔这些概念不能有严格的定义〕 上述诸概念,像一切其他心理学的建构一样,不能有严格的定义,因此也就不能互相推演,由此得彼,也不能联络成为一个系统。尽管有人常作这样企图,也总是浪费时间而得不到好结果。替它们下哲学的定义既已公认为不可能,就是退一步找公认为真确的经验的定义也还是不可能,因为经验的定义总不是唯一的而是无数的,随下定义的情形和目的而异,不能为某一单独事实下一单独定义;很显然,如果只有一个唯一的定义有真理的价值,它就不是经验的定义而是严格的哲学的定义了。就事实说,上述诸名词中随便哪一个每次被人运用时,同时也就被人给了一个明白说出的或是默认的新定义。这许多定义彼此相较,在某一点上总有些差别,尽管差别很微,每一定义总是暗中针对某一个别事实,本来只是当时注意所及的特殊对象,却被提升到一个普遍类型的地位;所针对的个别事实不同,定义也就因而不同。因此,这些定义中没有一个能使作者或听者满意。因为过了一些时候,他又碰见一个新事例,看出原来那个定义用到这上面来,多少有一点不够,不恰当,需要略加修改。所以我们应让作者或说话者自由替雄伟的、喜剧的、悲剧的或诙谐的诸词下定义,随当前的时宜,适应当前的目标。如果要一个有普遍性的经验的定义,我们只能提出这样一个:雄伟的(或是喜剧的、悲剧的、诙谐的等等)就是由已用或将用这些字眼的人们这样称呼它或将要这样称呼它的一切事物。

〔实例:雄伟的、喜剧的、诙谐的诸词的定义〕 "雄伟的"是什么呢? 一种惊人的道德力量的不期然而然的出现:这是一个定义。但是另一个定义对于虽是惊人的而却是不道德的、破坏力量的出现,也承认它是雄伟的。这也并不比前一个定义差。这两个定义都含混而不精确,须等到一个具体的情境,有一个实例,才能把"惊人的"和"不期然而然的"所指的意义弄明白。它们都是量的概念,但是"量"也并不准确,因为没有方法可以测量它们;它们骨子里都是譬喻词,或是逻辑的赘词。②

"诙谐的"可以下定义说是泪中的笑,苦笑,从喜剧的到悲剧的或从悲剧的到喜剧的那种突然转变,浪漫式的喜剧的,雄伟的反面,对于每一种作伪的企图宣战,想哭而又害羞的怜悯,不针对事实而针对理想本身的笑。在这许多定义以外,你若乐意,还可以增加,看你要怎样借你所给的定义,来见出这个诗人或那个诗人,这首诗或那首诗的特殊面貌;这面貌,就它的特殊性来说,就是它本身的定义,虽是暂时的。有限定范围的定义,却是唯一恰当的定义。③

"喜剧的"定义有人这样下过:看到一种离奇古怪的东西起不快感,心里马上就有较大的快感按着来,由于本来期待看到一种重要事物而呈紧张状态,可是后来并没有看到这种重要事物,心力因此弛懈。比如说,在听一个故事,描写某人有意要做一件伟大的英雄事迹，我们在想象中预期一个伟大的英雄行动发生，于是集中心力准备着看它。可是突然间来的不是那伟大的英雄行动，像故事的开头和它的语气让我们所预期的，而是预料不到的变成一种渺小、卑鄙、愚蠢的行动，毫不能满足我们的预期。我们算是受了骗，这骗的发觉带来一阵不快感。但是这一阵不快感好像被马上接着来的东西征服了：我们从此可以弛懈我们的紧张的注意，把原来的积蓄起来的而此后是用不着的心力放松，自觉轻松而愉快。这就是喜剧和它的生理上的陪伴——笑——所生的快感。如果已发生的那件不愉快的事损害我们的利益，那就没有快感，笑就会马上闷住，心力就会被其他较重大的发觉拉得紧张，过度紧张。如果这种较重大的发觉不出现，而全部损失不过是我们的预先揣度略受欺骗，则有心力富裕的感觉跟着来，很够赔偿这轻微的失望。关于喜剧的一个最正确的近代的定义，用很少的话说出来，就是如此。④这定义自夸能包括过去许多喜剧的定义，加以证实或修正，例如古希腊到现代，从柏拉图在《斐列布司》对话里所下的定义⑤，更较明白的亚里士多德的定义（这把喜剧的看成"没有痛感的丑"）⑥，到霍布士的定义（这把它认成自己优于旁人的感觉）⑦，康德的定义（这把它认成紧张的弛懈）⑧，以及他人所提议的定义（这把它看成大与小，有限与无限等等的冲突）⑨。但是仔细一看，上述分析和定义在外表上虽很详尽精确，而所列举的诸特性则不仅可适用于喜剧的，也可适用于一切心灵的作用，例如痛感与快感的承续交替，以及意识到力量和它的自由扩张所生的愉快。上述定义只借一些不能确定限度的分量上的定性来作分别，所以它们仍是一些含混的字眼，要看所指的某某特殊的喜剧的事实，以及说话人的心理状态，才能见出几分意义。如果以太认真的态度对付这些定义，那就不免像约翰·保尔·芮希脱⑩关于一切喜剧的定义所说的话:那些定义的唯一的好处就在"它们自己是喜剧的",他们无法用逻辑的方法下喜剧的定义,于是在实在界中造成喜剧的事实。谁会用逻辑的方法定一个界线,来划分喜剧的与非喜剧的,笑与微笑,微笑与严肃呢?或是把生命所流注的有差别而却又相衔接的整体,割成无数分得清楚的部分呢?

〔这些概念与审美的概念的关系〕 尽可能地区分为上述那些心理学的概念的那些事实,除掉两点以外,与艺术毫无关系:第一点是普遍的,就是那些事实全体,就其为人生的材料而言,都可以成为艺术表现的对象;第二点是偶然的,就是审美的事实往往也能成为上述那些心理作用的对象,例如像但丁或莎士比亚那样大的艺术家的作品可以引起雄伟的印象,而一个庸俗作家的尝试可以引起滑稽的印象。

但是这里的心理作用也与审美的事实无关,审美的事实只关审美的价值(即美与丑)的感觉。但丁所描写的法利那[11]在审美的观点看是美的;如果这位角色的意志力也显得雄伟,或是但丁所给他的表现,由于他的伟大的天才,比起能力较薄弱的诗人的表现,显得雄伟,这些都出乎审美的看法范围之外。我们再申述一句:审美的看法始终只关心表现是否恰当,这就是说,它是否美。

第十三章 自然与艺术中的"物理的美"

〔审美的活动与物理的概念〕 审美的活动虽与实践的活动不同,它的表现却总是伴着实践的活动。因此它有它的功利的与快感主义的方面;有快感与痛感,即审美的价值与反价值(美与丑)在实践方面的回响。但是审美活动的这个实践的方面也有一种"物理的"或"心理与物理相混的"陪伴,如声音、音调、运动、线条与颜色的组合等等[①]。

审美的活动真正有这物理的方面呢,还是仅仅好像有这一方面,由于研究它时,我们援用物理科学所建立的观念,以及我们屡经表明只是经验的抽象的科学才用的那些有用而却牵强的方法呢? 我们的答复是毋庸迟疑的,我们必须赞成第二个假定。不过我们无妨暂置此点不论,目前并无必要对此点作更详尽的讨探。只提它一下,我们就可以(为简单明了和依照普通语言习惯起见)暂把这物理的成分看作一种客观存在的东西,免得对于心灵、自然以及心灵与自然的关系诸概念作匆促的结论。

〔表现:审美的意义与自然科学的意义〕 另一方面我们须作一个重要的说明:正如由于每个心灵活动都有快感主义的方面,人们便把审美的活动混为有用的或愉快的活动;这物理方面的存在,或则毋宁说,建立这物理方面的可能,也使人把审美的表现混为自然科学意义的表现,把一个心灵的事实混为一个机械的事实(不消说,把一个具体的实在混为一个抽象的或虚构的东西)。在日常语言中,有时只有诗人的文字,音乐家的乐曲,或画家的图形,叫作"表现",有时羞愧所常伴着的面赤,恐惧所常有的灰白面色,或怒时的咬牙切齿,快乐时的目光闪烁和口腮筋肉的某种运动,也叫作"表现"。我们也说,某度数的热是寒热病的"表现",风雨表的下降是雨的"表现",甚至于说汇兑率高"表现"国家纸币的贬值,社会不安"表现"革命的来临。我们很可以想象到,像这样顺从文字的习惯用法,把这样分歧的事实汇集在一起,我们会得到什么样的科学的结果。事实上一个人因盛怒而流露的怒的自然表现,和一个人依审美原则把怒表现出来,中间有天渊之别;一个人死了亲人而悲痛号啕,和他于"痛定思痛"时描写他的悲痛;情绪流露的自然姿态,和一个演员的扮演,也是如此。达尔文的"人与兽的情绪的表现"②一书并不是美学著作,因为心灵表现的科学与诊断学(无论它是医学的、气象学的、政治的、面相术的或手相术的)之中并没有共同点。

自然科学意义的表现之中简直就没有心灵意义的表现,这就是说,它没有活动性与心灵性,因此就没有美丑两极。它只是抽象的理智所定的一种因果关系。审美的创作的全程可以分为四个阶段:一、诸印象;二、表现,即心灵的审美的综合作用;三、快感的陪伴,即美的快感,或审美的快感;四、由审美事实到物理现象的翻译(声音、音调、运动、线条与颜色的组合之类)。任何人都可以看出真正可以算得审美的,真正实在的,最重要的东西是在第二阶段,而这恰是仅为自然科学意义的表现(即以譬喻口气称为"表现"的那种方便假立)所缺乏的。③

表现的历程尽于这四个阶段;除非它重新开始就新的印象,作新的审美的综合,产生新的陪伴。

〔表象与记忆〕 诸表现品或表象前后承续,后者起来,前者消逝,后者逐出前者。这种消逝,这种被逐出,实非毁灭或完全消除：没有一件东西既生出来，可以完全死去，完全死去就无异未曾生出。虽然一切事物都消逝，却没有事物能死亡。连我们所已忘记的表现品仍以某种方式留存于心灵中，否则我们就无法解释后天得来的习惯和才能。生命的力量其实就在这种表面的遗忘中见出：我们遗忘的就是已经吸收了的而生命已经找到替物的。

但是其他表象或表现品在目前心灵历程中仍是强有力的因素；不把它们遗忘掉，或是在必要时还能把它们回想起来，这对于我们是紧要的。意志总是常醒着，照管这种保留工作，把我们的心灵财产中较重大的部分保留住。但是意志的照管有时不够。记忆常以种种方式背叛我们或欺骗我们。因为这个缘故，人类心灵想出一些方法来补救记忆的弱点，来造一些备忘的工具。

〔备忘工具的制造〕　这些备忘工具如何可能，不难从上文所说的话推知。表现品或表象同时也是实践的事实，就它们可以让物理学区分归纳为类型来说，也可以叫作物理的事实。如果我们有办法使这些实践的或物理的事实以某种方式长住永在，我们看到它们时（假如一切其他条件都凑合），就可以把原已造成的表现品或直觉品回想起来。

假如把实践的陪伴④所借以起作用的东西，或是（用物理学的术语来说）运动轨迹所借以划开独立而能有几分永久性的东西叫作对象或物理的刺激物，假如用字母 e 来代这个对象或刺激物，则再造成回想的历程就依下列次序：e，物理的刺激物；d—b，原有艺术综合所伴着的那些物理的事实（如声音、音调、模仿的姿态、线条与颜色的组合之类）所生的知觉；c，快感或痛感的陪伴，这也是再造（或回想）起来的。⑤

那些叫作诗、散文、诗篇、小说、传奇、悲剧或喜剧的文字组合,叫作歌剧、交响乐、奏鸣曲的声音组合,叫作图画、雕像、建筑的线条组合,不过是再造或回想所用的物理的刺激物(e阶段)。记忆的心灵的力量,加上上述那些物理的事实的助力,使人所创造的直觉品可以留存,可以再造成回想。如果记忆随生理器官衰谢了,艺术的纪念碑毁灭了,则一切审美的宝藏,无数年代劳动的成绩也就逐渐衰落,很快地就消逝了。

〔物理的美〕 艺术的纪念碑,审美的再造所用的刺激物,叫作"美的事物"或"物理的美"⑥。这名称在字面上是离奇的,因为美不是物理的事实,它不属于事物,而属于人的活动,属于心灵的力量。但是从此可知,物理的东西和物理的事实本来只是帮助人再造美或回想美的,经过一些转变和联想,它们本身就被简称为"美的事物"或"物理的美"了。既已说明这是简称,我们也就不妨用它。

〔内容与形式:另一意义〕 "物理的美"参加进来,这件事实可以说明内容与形式两词的另一个为美学家所习用的意义。有些人把那内在的事实或表现称作"内容"(这在我们看却是形式),把那云石、颜色、节奏、声音叫作"形式"(这在我们看却是形式的对立面);因此把物理的事实当作形式,与内容可合可分。

"物理的美"参加进来,这件事实也可以说明所谓审美的"丑"的另一方面,有人本没有什么确定的东西要表现,却可设法借滔滔不绝的文词,声调铿锵的诗句,嘈杂震耳的音节,光彩夺目的图画,只能惹人惊怪而不能表达任何意义的堆砌成的建筑堆头,来隐瞒他的内在的空虚。依这样看来,丑是牵强任意的,"江湖气的";在实际上,如果没有实践性的牵强任意的念头闯入认识作用,那就只可以没有美,而不一定真正有值得叫作"丑"的东西。

〔自然美与人为美〕 物理的美通常分为自然美与人为美。我们因此碰到一个给思想家极大麻烦的事实:"自然美"。这名词常指只产生实践方面的快感的那些东西。凡是一个人遇到一片风景,眼睛看到青葱的草木,身体行动畅适,温暖的太阳晒着肢体,就说那风景美,他所说的就与审美的事实毫无关系。不过在其他场合,"美"这形容词加在自然事物或风景之上,却无疑地含有真正的审美的意味。

人们常说:要以审美的方式欣赏自然界事物,就必须抽去它们的外在的和历史的实在性,使它们的单纯的形象离开实际存在而呈现;如果我们把头摆在两条腿中间去观照自然风景,如此把物我之间习惯的关系消去,那自然风景就会以纯意象现于目前;只有对于用艺术家的眼光去观照自然的人,自然才现得美;动物学家和植物学家们认不出美的动物和花卉;自然的美是发现出来的(例如有眼光和想象力的人们对于自然风景所指点出来的各种观点,后来有几分知道审美的游人到那里朝拜时,就跟着那些观点去看,这就形成了一种集体的暗示[⑦]);如果没有想象的帮助,就没有哪一部分自然是美的;有了想象的帮助,同样的自然事物或事实就可以随心情不同,显得有时有表现性,有时毫无意味,有时表现这个,有时表现那个,愁惨的或欢欣的,雄伟的或可笑的,柔和的或是滑稽的;最后,没有一种自然的美,艺术家碰到它不想设法稍加润色。

这些话都很正确,并且完全证明自然的美只是审美的再造所用的一种刺激物,有再造就必先有创造。如果原先没有想象所形成的审美的直觉品,自然就绝不能提醒什么直觉品出来。对于自然的美,人就像神话中凝视泉水的那位纳西瑟斯[⑧]。雷奥巴尔迪说过:自然的美是"稀有的,零乱的,稍纵即逝的";它是不完全的,含糊的,变动的。每人根据自己心中的表现品去看自然的事实。这一个艺术家欢喜看带笑的河山，另一个欢喜看一家旧货店，另一个欢喜看一个年轻姑娘的漂亮面孔，另一个欢喜看一个老流氓的恶相。也许第一个人说那旧货店和那老流氓的丑面孔都是"讨人嫌的"；第二个人说那带笑的河山和那年轻姑娘的脸都是"干燥无味的"。他们可以永远争辩不休，永远不会同意。如果他们有一点美学的知识，他们就会明白双方都不错。人为的美提供了一种更灵活更有效的帮助。

〔混合的美〕 在上述两种美之外，美学家们在他们的著作里也往往提到"混合的美"。什么东西的混合呢？正是自然美与人为美的混合。无论是谁，只要把意象凝定而外射，都要借自然的资料起作用，而这些自然的资料却不是他所创造的，而是他所综合和改变的。就这个意义说，每一个人为的作品都是自然与人为的混合；那就没有理由特辟混合的美一类来谈。但是也有时自然中原有的组合有些可利用的多些，有些可利用的少些，比如我在设计一个美丽的花园时，可以把原有的树木池塘的组合用在设计里。在其他场合，要想全靠人为去产生某些效果，势不可能，于是外射作用就受到限制。比如我们能调配各种颜色，却不能创造出一种强大的声音，一个面孔，或一个身材，恰合剧中某某人物的身份。我们必须在原已存在的事物中去找，找到了，便利用它们。我们如果利用在自然中原已存在的许多组合，而这些组合，假如在自然中原不存在，是不能以人为的方式去创造的，这样产生出来的东西所以就叫作"混合的美"。

〔写作符号〕 我们应该把叫作"写作符号"⑨的那些再造的工具和人为的美分清；写作符号就是文字，音符，符篆，以及一切假充的文字，从花字旗语到十八世纪社会中所盛行的衲块组合语之类。写作符号并不是直接产生审美表现的印象的那些物理的事实；它们只能表示要产生这种物理的事实，先有什么事要做。一串文字的符号提醒我们须用发音器官做出某种动作，才能发出某种声音。如果由于经常练习的缘故，我们不开口也能听出文字，而且（比较更难）只用眼睛看着五线谱，也就能听到声音，这也并不能变更写作符号的性质，它们与直接的物理的美完全不同。说包含《神曲》的那部书，或包含《唐璜》⑩的那部乐谱是美的，这里"美"字的意义是一种；以譬喻的口气说包含米开朗琪罗的"摩西"⑪的那块云石，或是包含"耶稣现灵光"⑫的那块着色板是美的，这里"美"字的意义就是另一种。前后两组事物都有助于美的再造，但是前一组比后一组所走的路要较长较弯。

〔自由的美与非自由的美〕　另一个美的区分，在美学著作中仍可见到，就是自由与非自由的美的分别⑬。非自由的美是指含有两重目的的东西，一重目的是审美以外的，另一重目的是审美的（直觉的刺激物）；因为第一重目的对第二重目的加以限制与障碍，所产生的美就被人认为非自由的。

建筑品尤其是著例；所以建筑往往不列在"美术"里。⑭一座庙宇先要合宗教典礼的用；一座民房必须包含一切为生活方便的房间，而且必须根据这种方便去布置；一座堡垒必须建筑得能防御某种军队的攻势和某种武器的轰击。因此人们说建筑家的范围是有限制的：他可以使庙宇、民房、堡垒有几分"美化"，但是他为那些建筑物的目的所限，就只能在不伤害那些非审美的而却重要的目的范围以内去实现他的一部分美的理想。

另一些实例是所谓应用于工业的艺术。盘、杯、刀、枪、梳，都可以做得美，但是据说它们的美不宜过度，以免防阻我们用盘子吃东西，用杯子饮水，用刀子裁割，用枪射击，或用梳子理发。印刷术据说也是如此：一部书应该印得美，却不应美到令人难读或不能读。

〔评非自由的美〕　对于这一切，我们首先要说：外在的目的，正因其为外在的，对于刺激审美的再造那另一目的，不必定是一种限制或障碍。所以说像建筑的那种艺术在本质上就不完全，不自由，因为它须服从其他的实用目的，这见解并不正确；只是建筑中有许多好作品这个事实就可以打消这种误解。

其次，不仅两个目的并存，不一定就互相冲突，我们还要补充一句：艺术家总有办法防止这种冲突。怎样办呢？只须把有实用目的的事物的用场当作材料，摆进他的审美的直觉和外射作用。他无须另加什么到那事物上去，才能使它产生审美的直觉品；如果它完全能适合它的实用的目的，它就会产生美的直觉品了。乡村住房和宫殿，教堂和营房，刀和犁头之所以美，并不因为它们经过装饰和美化，而是正因为它们能表现它们实用的目的。一件衣服美，就因为它恰合某种身份和某种身材的人。柔情的亚美达替战士李纳尔多⑮在腰间挂的那把刀并不美，"装饰得只像一件无用的装饰品，不像战争用的可挥扫自如的武器"；或是它纵然算美，也只是就那位女魔术家的眼光和幻想来说，她爱看她的情人像那样女性地装备起来。审美的活动和实践的活动常能并行不悖，因为表现就是真理。

有一点却不能否认：审美的观照有时确实妨害实用。比如说，一个普遍的经验是看到新的物件很适合实用目的，很美，令人往往舍不得糟蹋它们，舍不得放弃观照来使用它们。就是为了这个缘故，普鲁士国王威廉极不愿意派他的漂亮的炮兵队上火线，尽管他们挺会打仗；他的儿子费立特里克大帝没有他那样爱美，就借那些炮兵们立了很大的战功。

〔创造所用的刺激物〕　我们把物理的美当作再造内在美（或表现品）的助因，也许有人这样反驳：艺术家着手去画、刻、写才作成他的表现品，所以物理的美往往在审美的美之前而不在后。⑯这对于艺术家的程序不免是一种肤浅的看法,艺术家在实际上从来不着一笔,如果先没有在想象中把所要着的一笔看清楚;如果他先没有看清楚而就着笔,那就不是使他的心里表现品(还不存在)外射,而是当作一种尝试,要找向前再思索再凝神的出发点。物理的出发点并不是在物理上为美的再造的工具,而是一种可以叫作"引路"或"触机"的媒介;例如退隐到寂静处,或是艺术家和科学家所常用的其他很奇怪的办法,各人有各人的癖性,也就有各人的办法。老美学家鲍姆嘉登⑰劝诗人借骑马,喝不过量的酒,并且(如果他们无邪念)看美人,来找灵感。

第十四章　物理学与美学的
混淆所生的错误

不了解审美的事实(艺术的见界)与物理的事实(帮助艺术再造的工具)之间的关系纯是外在的,这就产生一系列错误的学说,我们在此应提一提,并且依据上文的道理略加批评。

〔评审美的联想主义〕　把审美的事实认为两个形象的"联想"的那一种联想主义①,就起于不了解上面的道理。审美的意识是完全整一的意识,不是两股合成的意识,这联想说与审美的意识所以极不相容。这种错误是怎样来的呢?正因为把物理的事实和审美的事实分开来看,当作两种不同的形象,甲形象拉着乙形象走进心灵,甲走在前而乙走在后。一幅画分为画的形象和画的意义的形象;一首诗分为文字的形象和文字的意义的形象。但是形象并不是二元的,物理的事实并不以形象的资格进入心灵,它只帮助形象(这形象是唯一的,也就是审美的事实)的再造或回想,因为它盲目地刺激心理组织,产生出相当于原已形成的审美表现品的印象。

联想主义者(现在美学园地的僭越者)想逃脱这个困难,想把他们的联想原则所破坏了的整一重新建立起来。他们的企图是很有意思的。他们有些人认为那回想起的形象是无意识的,又有些人不要无意识,认为那形象是含混的、朦胧的、依稀仿佛的;这样就把记忆的弱点变成审美事实的优点。但是这一说却陷入两难之境:不是保留联想而放弃整一②,就是保留整一而放弃联想，没有第三条逃出困难的路。

〔评美学的物理学〕 由于不能彻底分析所谓自然美，认清它只是审美再造中的一个事件，由于把自然美认成已在自然中天生成就，于是许多美学著作中都有一部分讲所谓"自然美"或"美学的物理学"③；甚至再分为美学的矿物学、植物学和动物学。我们也不否认这些著作里有很多正确的话，并且它们本身往往就是艺术作品，很美丽地表现作者的想象、幻想或印象。但是我们必须说，追究狗是否美，鸭嘴兽是否丑，白莲是否美，葵菜是否丑，从科学观点看，这都是荒谬的。这错误其实是双重的。第一，美学的物理学和文艺种类说犯同样的含糊，想把审美的性质勉强加诸理智的抽象品④。其次，我们已经说过，它没有认清所谓自然美是如何形成的。如果明白自然美如何形成，某某动物、花或人是美还是丑的问题就根本不能成立。凡是不由审美的心灵创造出来的，或是不能归到审美的心灵的东西，就不能说是美或丑。把自然事物安排在完整的形象里，才有审美的作用。

〔评人体美〕 这双重错误在"人体美"的问题中也可以见出。这问题有许多整部书籍讨论过。我们首先要把讨论这问题的人们从抽象引到具体，要问他们：你们所指的人体是什么呢？男人的，女人的，还是"阴阳人"的？姑且假定他们回答说要分两种研究，一种研究男性美，一种研究女性美（真有些作家郑重其事地讨论是男人还是女人比较美）；我们就再问：男性美也好，女性美也好，你们所要挑选的是哪一个种族呢？白种、黄种、黑种或是任何存在的种族？姑且假定他们说限于白种；我们又追问下去：白种中哪一个民族呢？我们把他们逐渐缩到白种世界中某一角落，比如说，从意大利人逐渐递降到塔斯堪省人，西安那市人，卡摩利亚门区人；我们就再问：很好，但是哪种年龄，哪种境遇，哪种姿态的人体呢？新生下地的、小孩的、青年的、成年的、中年的呢？休息时的，像保尔·鲍特所画的牛，还是像伦勃朗所画的甘尼米德那样忙着的呢？⑤

用这种递降的方法，我们就达到毫无定性的个体，或是用手指出来的"这里这个人"。到了这里，我们就不难见出那第二重错误，我们只须回想上文关于自然的事实所说的话，就是自然的事实有时美，有时丑，随所取的观点和艺术家的心境为转移。那不勒斯海湾还有人说不美，还有艺术家们说它不能表现什么，说它还不如北欧海岸的"阴森的枞林"和"云雾和大风刮着不歇的北方"。从此可知美丑原是相对的，人体既是无穷暗示的源泉，是否也有这种相对性呢？

〔评几何图形美〕 几何图形美的问题也与审美的物理学相关。如果几何图形是指几何上的概念（如三角形、方形、锥形的概念），正因其为概念，便无美丑可言。如果它们是指有一定几何图形的物体，那就要看它们安排在什么完整的形象里而定美丑，如同一切自然的事实一样。有人以为几何图形凡是向上指着的就美，因为暗示坚定与力量。这也许对，我们并不否认，但是另一方面我们也不能否认，有些事物引起不稳定与柔弱的印象，也可以美，因为所要表现的恰是不稳定与柔弱。并且在这情况之下，直线的坚定和锥形或等边三角形的轻俊反而成为丑的成分。

关于自然美，几何美，以及类似的史迹美和人体美之类问题，在同情说的美学中，确实不显得那么荒谬，因为同情说把"审美的美"认成起快感的事物的表现。但是要用科学的方式来断定什么样的内容才可引起同情，什么样的内容才绝对不能引起同情，这种企图仍不免错误，纵然还站在同情说的范围以内，并且接受它的前提。我们解决这一类问题时，只须复述贺拉斯诗集第一卷第一章赋体诗的"有些人"，和雷奥巴尔迪给卡罗·泊波里的信中"有些人"那两段话，⑥附上一个无限长的书后。各人有各人的美的事物（即引起同情的事物），犹如各人有各人的情人。恋爱学并不是科学。

〔评模仿自然说的另一面〕 艺术家在造作人为的工具或物理的美时，当然有客观存在的事实摆在眼前，如物体、布匹、花卉之类的"模范"（模特儿）。我们姑且看看艺术家的速写稿、练习稿和笔记等：达·芬奇在作《最后的晚餐》时，在他的笔记簿里记下："乔凡丽娜，一副奇异的脸，住在圣卡特林教堂的宿舍里；喀斯蒂里昂，住在慈悲寺，他的头很好；耶稣的像，可以用乔凡孔德，摩塔罗主教的随员……"如此等等。从此就有艺术家模仿自然那个错觉，其实更精确一点，应该说自然模仿艺术家，服从艺术家。"艺术模仿自然"说，以及它的变相，即比较近理的"艺术理想化自然"说⑦，往往都从这个错觉得到根据与支援。艺术理想化自然说把艺术的程序弄得颠倒错乱了；因为艺术家并不是从外在现实出发，改变它，使它逼近理想；而是从外在自然的印象出发，达到表现，这表现就是他的理想；然后再从表现转到自然的事实，用它做工具去再造理想的事实。

〔评美的基本形式说〕 审美事实与物理事实的混淆还有一个后果，就是美的基本形式说。表现，即美本身，虽不可分划，而它所借以外射的物理事实却可以分而又分：例如一幅图画的平面可分为线条和颜色，线条的组合与曲度，颜色的种类等等；一首诗可分为章、句、音步、单音等等；一篇散文可分为章、段、标题、长句、短句、单字等等。这样分出来的各部分都不是审美的事实，而是勉强划分的较小的物理的事实。如果朝这条路一直走下去，老是不把审美的与物质的事实分清，我们终必达到的结论就是：真正的美的基本形式就是些"原子"。

美必有体积⑧，这个审美的规律曾经三令五申，它就与这原子说不合。小至不可知觉,大至不可分辨,都不能为美。但是由知觉而不由测量所定的大小所指的概念是和数学的概念大不相同的。所谓不可知觉和不可分辨的东西确实不能产生一个印象,因为那就不是一个真事实而只是一个概念⑨;所以说美须有体积,就等于说它须有物质的事实,可引起美的再造。

〔评寻求美的客观条件〕 继续寻求美的物理的规律或客观条件,于是有这样的问题:美相当于何种物理的事实呢?丑相当于何种物理的事实呢?相当于哪些可以数学方式决定的声音、颜色、大小的配合呢?作这种探讨正无异在经济学中从贸易品的物理性质去寻贸易的规律。这种企图的不断失败应使人明白它的无用。尤其在我们的时代,人们常扬言要有归纳的美学,或是由下而上的美学,遵照自然科学的程序,不随便下结论。归纳的吗?但是美学像每一种哲学的科学一样,总是既是归纳的,又是演绎的;这两个方法并不能分开,任何一种方法都不能单独地成为真科学的特征。这"归纳"一词却也不是随便说出的,用意是指审美的事实不过是一种物理的事实,要用物理科学和自然科学所特有的方法去研究。

根据这个假定和信念,归纳的美学,由下而上的美学(这谦虚中有多少骄傲!)就开始它的工作了。它很慎重地开始搜集一些"美的事物",例如许多形状不同、大小不同的信封,于是问哪些产生美的印象,哪些产生丑的印象。可以想象到,归纳的美学家马上就感到一种困难,因为同一事物从某一方面看是丑,从另一方面看却美。一个公文信封用来装情书未免太丑,用来装印刷传单却恰合式;这印刷传单若是装在英国纸制的方信封里,也就不好看,至少有点滑稽。这个根据简单常识的考虑应该可以提醒归纳的美学家:美不是物理的存在;这样就可使他们不再作那无益而可笑的探讨了。可是不然,他们想出了一个方便法门——这是否属于自然科学的谨严的方法却很难说——把那些信封传给许多人看，要来一个全民票决，用大多数的票来决定美的东西美在哪里，丑的东西丑在哪里。

我们不再在这题目上浪费时间了，恐怕我们不是在阐明美学和它的问题，而是在说滑稽故事。事实上归纳的美学家们连一个规律都还没有发现。[⑩]

〔美学的天文学〕 没有医好病而对医生绝望的人容易把命交给江湖骗子；相信可以替美找出自然科学规律者正是如此。艺术家们往往也采用经验的教条，例如关于人体各部比例的，关于黄金段的（一线分为二段，短段与长段之比，等于长段与全线之比 bc：ac＝ac：ab 名为"黄金段"[⑪]）。这种教条很容易变成他们的迷信，他们以为作品之所以成功，即由于此。例如米开朗琪罗留下一个秘方给他的徒弟马柯德宾纳，教他"常画一个金字塔形的蛇形的形体，以一，二，三，乘它"。这秘方并没有能挽救这位徒弟的平凡，那不勒斯城所藏的他的许多画可以为证。另一些人把米开朗琪罗的话当作另一秘方的根据，就是蛇形曲线是真正的"美的线条"。许多整部著作都讨论这些美的规律，黄金段，蛇形曲线。我们以为这些都应该看作美学的天文学。

第十五章　外射的活动。各种
艺术的技巧与理论

〔外射是实践的活动〕　我们已经说过,物理的美的造作须有一种清醒的意志,常注意照管,不让某些见界、直觉品或表现品遗失了。这种意志可以极迅速地发动,好像出诸本能,也可以需要长久而辛苦的意匠经营。无论如何,以这种方式,而且只以这种方式(即造作备忘的记录或物理的对象),实践的活动才与审美的活动发生关系,这就是说,实践的活动不复只是审美活动的陪伴,而是它的一个真正有分别的阶段。[①]我们不能凭意志去起,或是不起,某种审美的直觉;但是我们能凭意志要,或不要,把那直觉外射出去;那就是说,要不要把已造成的直觉品保留起来,传达给旁人。[②]

〔外射的技巧〕　外射是一个意志的事实,它须根据许多繁复的知识,像一切实践的活动都须根据知识一样。这些知识叫作"技巧"。因此谈"艺术的技巧",如同谈物理的美,都是用譬喻的简略的说法,如果说得比较精确一点,艺术的技巧就是"服务于实践活动的知识,用来产生审美的再造的刺激物"。[③]我们既已把它的意义懂清楚了,为着避免冗长的字句,我们在此也无妨利用这个普通的术语。

技巧的知识为艺术的再造服务,这可能性使人错误地认为内在的表现也有一种审美的技巧,这就是"内在的表现手段"说[④]。这内在的表现手段是绝对不可思议的。理由很清楚:表现本身是一种基元的认识活动，所以它先于实践的活动以及为实践活动服务的理性知识，而不依存于它们。它也可以帮助决定实践的活动，但是它自己不为实践的活动所决定。表现没有手段，因为它没有手段所要达到的目的。它对事物起直觉，不对事物起意志，所以它不能分析为意念、手段、目的那一些抽象的元素。人们往往说某作家发明了小说或戏剧的新技巧，或某画家发明了一种配光的技巧，这里所谓"技巧"是随便用的，因为所谓新技巧其实就是那小说本身或是那幅新画本身，不是什么其他东西。配光是那幅画的直觉本身里面的事，而一个剧作者的技巧也就是他所构思成的戏剧本身。"技巧"又有时用来指一个失败的作品的某某优点和劣点；人们委婉地说：构思不好，技巧却好；或是构思本好，技巧却坏。

在另一方面，我们在谈油画、锌板蚀刻、石膏雕刻的各种方法时，用"技巧"这名词就很恰当；但是这里如果用"艺术的"形容词，就只是取它的譬喻的意义。一种戏剧的技巧，在审美意义上说，虽不可能；一种舞台的技巧，或则毋宁说，外射某某审美的作品的手续，却并非不可能。比如说，十六世纪后半期意大利舞台开始用女演员代替男扮女演员；后来十七世纪威尼斯的舞台经理们完成了迅速换景的机械，这些确是舞台技巧上真正的发明。

〔各种艺术的技巧方面的理论〕 艺术家们外射他们的表现品所应用的技巧知识，集合在一起，可以分成各组，称为"艺术分论"。例如建筑的理论（包括机械学的规律，材料力学的知识，以及和合石灰水泥的方法的手册），雕刻的理论（包括关于刻什么石头用什么工具，如何混合铜锡成青铜，如何使用刻刀，如何精确地塑成石膏或黏土模型，如何使黏土保持潮润之类的指示），图画的理论（讨论胶画、油画、水彩画、粉笔画的种种技巧,以及人体的比例,透视的规律),演说的理论(包括发音和练习培养音调的方法,以及装腔作势之类的教条),音乐的理论(讨论声调音质的配合与同化之类),如此等等。这种教条规箴的汇集在各国典籍中都很多。因为我们难说某种东西知道了有用,某种东西知道了无用,这类书籍往往成为一种大辞典或"须知事项"。维屈鲁维司⑤在他的建筑学论著中说建筑师须有文学、图画、几何、数学、光学、历史、自然科学、伦理哲学、法学、医学、天文学、音乐之类知识。一切都值得知道;且把建筑学本身学会就完事大吉吧!

这种经验之谈的汇集,显然不能成为科学。它们包括从各种科学与各种训练取来的知识,而它们的哲学的与科学的原则也就须在这些科学与训练中找出。提议要替各种艺术建立一种科学的理论,就无异要把本质是杂多的东西化为单一,要使本为汇集才放在一起的东西失其为汇集。如果我们要把建筑家、画家或音乐家的手册化成科学的形式,除掉力学、光学或声学的普遍原则之外,显然就不会剩下什么。如果我们要把散在这些手册中的真正是艺术的见解抽出来独立,使它们成为科学的系统,我们就须离开个别艺术的范围,而进到美学的范围,因为美学总是普遍的美学,或则说,美学不能分为普遍的与特殊的两种。科学本能很强而且自然倾向于哲学的人们如果动手建立这些理论,写这些手册,就会发生上述情形(开始要讨论一种技巧,结果写成一部美学)。

〔评个别艺术的美学理论〕 每种艺术有什么限度?什么东西可以用颜色表现?什么东西可以用声音表现?什么东西可以用单色线条表现?什么东西可以用各种颜色的配合表现?什么用调质,什么用音律与节奏?形体的艺术与听觉的艺术,图画与雕刻,诗歌与音乐,这些中间各有什么界限?如果人们幻想个别艺术的美学理论可以回答这些问题,物理学与美学的混淆就达到极点了。

翻译成科学的语言,这就无异于问:声学与审美的表现有什么关系？光学与审美的表现有什么关系？如此等等。从物理的事实到审美的事实既无路可通,从审美的事实到特种组别的物理的事实,如光学或声学的现象之类,如何有路可通呢？[6]

〔评各种艺术的分类〕 所谓"各种艺术"并没有审美的界限,如果有,它们也就应各有各的审美的存在。[7]我们已经说明过,各种艺术的区分完全起于经验。因此,就各种艺术作美学的分类那一切企图都是荒谬的。它们既没有界限,就不可以精确地确定某种艺术有某某特殊的属性,因此,也就不能以哲学的方式分类。讨论艺术分类与系统的书籍若是完全付之一炬,并不是什么损失(尽管在说这话时,我们对于在这上面花过工夫的那些作者们怀着极大的敬意)。

这种系统化的许多企图都可以证明系统化是不可能的。第一个最普通的区分是把艺术分为"听""视""想象"三类[8];好像眼、耳、想象三者站在平等地位,可用同一逻辑标准或分类基础推演出来。另一批人提议把艺术分为"空间的"与"时间的","静的"与"动的"诸类[9];好像空间、时间、静、动这些概念能确定特种审美形式的属性,而且与艺术(就其为艺术而言)有什么相干。最后,又有一批人把艺术分为"古典的"与"浪漫的",或是分为"东方的""古典的"与"浪漫的"[10];因此就把单纯的历史名词认成有科学概念的价值,这就陷于上文已批评过的修辞品类的区分那一个错误。此外又有人把艺术分为"只能从一面看的",例如图画;与"可从各面看的",例如雕刻。还有许多类似的妄诞的区分,无论如何,都说不通。

有一派人相信一种表现品可以改作成为另一种表现品,例如把《伊利亚特》或《失乐园》⑪那部诗改作成为一系列的图画；他们并且从是否可以让画家翻译为画，来断定一首诗的价值大小。艺术的界限说，在当初提出时，对于这一派的见解也许是一种有益的批评。但是这批评虽然合理而且胜利了，这却不能证明这批评所用的论点和所建立的系统就是对的。

〔评各种艺术的联合说〕 艺术联合说是艺术界限说的附庸，界限说倒塌，联合说也就倒塌了。既承认个别艺术有分别与界限，就不免要问：哪种艺术是最强有力的呢？把几种艺术联合在一起，我们是否得到更强有力的效果呢？我们对此毫无所知，只知道在每个事例中，某某艺术的直觉品需要某种物理的媒介，某某其他艺术的直觉品需要他种物理的媒介，作再造的工具。有些剧本只借阅读就可以见出它们的效果，另一些剧本却要借表演和布景。有些艺术的直觉品为着完满的外射，需要语文、歌、乐器、颜色、雕像、建筑和演员；另一些艺术的直觉品只须寥寥数笔，略见轮廓，就已很完全。如果以为表演，布景和上述其他诸事项摆在一起，要比单纯的阅读和寥寥数笔的轮廓更强有力，那就是错误的想法；因为上述诸事项或诸组事项中，每一种都各有不同的目的，目的不同，手段的力量就无从比较。

〔外射的活动与效用和道德二者的关系〕 最后，只有把真正审美的活动和外射的实践活动分得清楚严密，我们才能解决"艺术与效用"和"艺术与道德"的关系那些繁难的问题。

我们前已说明，艺术就其为艺术而言，是离效用、道德以及一切实践的价值而独立的。如果没有这独立性，艺术的内在价值就无从说起，美学的科学也就无从思议，因为这科学要有审美事实的独立性为它的必要条件。

但是以为艺术家的见界、直觉或内在的表现品的这种独立性，应该推广到外射与传达的实践活动去，那也不免错误；这些实践活动可以随审美事实而起,也可以不随它而起。如果艺术是指艺术的外射,效用与道德就有资格加入,就有权作自家房屋的主人了。

我们其实并不把在心中造就的许多表现品或直觉品全部都表现出来;我们并不把心中每个思想都大声说出,写下,印起,画起,拿它向大众展览。我们从已构思成就的或至少是想好纲要的许多直觉品之中加以"选择",而这选择就须受经济情况与道德意向的原则约制。所以我们在已经凝定了一个直觉品之后,是否要把它传达给旁人,传达给谁,何时传达,如何传达等等都是还待裁决的问题;这些考虑全要受效用与伦理的原则约制。

因此,我们觉得"选择""兴趣""道德""教育目的""得大众欢迎"之类概念也有几分道理;虽然拿它们勉强加诸就其为艺术而言的艺术,它们就没有道理。我们自己已把它们从纯粹的美学中排去了。错误常带有几分真理。人们发出那些错误的美学议论,本来是着眼于实践的事实,这些事实是外加到审美事实上面去的,其实属于经济的和道德的生活范围。

为发表审美再造用的工具⑫争较大的自由,这本是很好的,我们也赞同这个意见,赞同把立法的事宜和裁制不道德的艺术的法律行为都让给伪君子、傻瓜和浪费时间者。但是宣告这种自由,以及定这种自由的界限,无论这界限多么宽,却都是道德范围以内的事。在任何情形下,艺术独立那一个最高的原则,那一个美学的基础,总不能援引来为虎作伥。一个艺术家在外射他的想象时,如果像不道德的投机者,逢迎读者的不健康的趣味,或是像小贩子在公共场所出卖淫画淫像,都不能援引这最高原则来洗刷罪状,维护自由。后一个事例是警察的事,前一个事例则应受道德意识的审判。对某艺术作品所下的审美判断,与作者作为实践者的道德是毫不相干的,它和预防艺术被用去做坏事(这也就违反艺术纯为认识观照的本质)的措施也是毫不相干的。

第十六章　鉴赏力与艺术的再造

〔审美的判断,它与审美再造的统一〕　全部审美的和外射的过程既已完成了,一个表现品既已造成,而且凝定于一种固定的物质的材料了,什么才算判断它呢?"把它在自己心中再造出来。"艺术批评家们同声回答。这回答很好。为彻底了解这事实,我们且用一个表格来说明它。

某甲感到或预感到一个印象,还没有把它表现,而在设法表现它。他试用种种不同的字句,来产生他所寻求的那个表现品,那个一定存在而他却还没有找到的表现品。他试用文字组合M,但是觉得它不恰当,没有表现力,不完善,丑,就把它丢掉了;于是他再试用文字组合 N,结果还是一样。"他简直没有看见,或是没有看清楚",那表现品还在闪避他。经过许多其他不成功的尝试,有时离所瞄准的目标很近,有时离它很远,可是突然间(几乎像不求自来的)他碰上了他所寻求的表现品,"水到渠成"。霎时间他享受到审美的快感或美的东西所产生的快感。丑和它所附带的不快感,就是没有能征服障碍的那种审美活动;美就是得到胜利的表现活动。

我们从语文范围里举出这个实例,因为它比较平易近人,因为我们人人都说话,虽然不都作画。现在如果另有一个人,我们称他为乙,要来判断那个表现品,决定它是美还是丑,他就必须把自己摆在甲的观点上,借助于甲所供给他的物理的符号,再循原来的程序走一过。如果甲原来看清楚了,乙(既已把自己摆在甲的观点)也就会看清楚,看见这表现品是美的。如果甲原来没有看清楚,乙也就不会看清楚,就会发现这表现品有些丑,正如甲原来发现它有些丑。

〔二者不可能有分歧〕 也许有人说:我们没有考虑到两种其他情形:甲看见清楚而乙看见却不清楚,甲看见不清楚而乙看见却清楚。严格地说,这两种情形都不可能。

表现的活动,正因其为活动,不是随意任便,而是心灵的必然,它只有一个正确的方法,去解决某一固定的审美的问题。有人对这句平常话也许反对说:有些作品在艺术家自己看原是美的,后来在批评家看却是丑的;也有些作品为艺术家自己所不满意,认为不完善或失败的,后来批评家们却以为它们美,完善。但是在这种事例中,必有一方面是错误的,不是艺术家,就是批评家;有时是艺术家,有时是批评家。一个表现品的作者有时并不完全认清在他的心灵中发生的东西。匆忙,虚荣心,省察的缺乏,理论上的偏见,都叫人们说,而且甚至相信,自己的某些作品是美的,其实如果他们真正向心中省察一番,就会见出它们是丑的,因为它们本是丑的。比如可怜的堂吉诃德很郑重其事地把纸板制的遮面甲安在他的头盔上,头一次搏斗就见出那块遮面甲的抵抗力薄弱,下一回碰到一刀很准确地戳过来,就不敢再用它来遮挡,只宣告它是(据作者说)“戴起来原来倒是挺美的”。在其他事例中同样理由,或是相反而可例推的理由,使艺术家昏头昏脑,把自己的成功的作品估价过低,或是把自己在艺术的自然流露中已经做得很好的作品丢开另做,反而做得没有原来那样好。塔索丢开《耶路撒冷的解放》,去做《耶路撒冷的征服》,便是一个实例。同理,批评家们也往往因为匆忙,懒惰,省察的缺乏,理论上的偏见,私人的恩怨以及其他类似的动机,把美的说成丑的,丑的说成美的。如果他们能消除这些扰乱的因素,他们就会如实地感觉到艺术作品的价值,不把它留给后世人(那个较勤勉而且较冷静的裁判者)去给奖,去主张他们自己不曾主张的公道。

〔鉴赏力与天才的统一〕 从上述道理,我们可以看出批评和认识某事为美的那种判断的活动,与创造那美的活动是统一的。唯一的分别在情境不同,一个是审美的创造,一个是审美的再造。下判断的活动叫作"鉴赏力"①,创造的活动叫作"天才";鉴赏力与天才在大体上所以是统一的。

有一句常谈:批评家要有几分艺术家的天才,而艺术家也应有鉴赏力,这句话可约略见出天才与鉴赏力的统一。另一句常谈也是如此:鉴赏力有主动的(创造的)和被动的(再造的)两种。但是另有一些也是常说的话却否定天才与鉴赏力的统一,例如说有鉴赏力而无天才,或有天才而无鉴赏力。这些话是无意义的,除非它们只是指分量的或心理的差别:有些人创造艺术作品,其中主要的部分出于灵感,次要的部分疏忽有缺点,就叫作有天才而无鉴赏力;有些人在片段的或次要的方面有优点,却没有足够的力量作一个伟大的艺术综合,就叫作有鉴赏力而无天才。其他类似的话也容易作类似的解释。但是如果在鉴赏力与天才,艺术的创造与再造之中,设立一个根本的分别,则传达与判断就都变成不可思议了。我们如何能对陌生的东西下判断呢?用某种活动造成的东西,如何能用另一种活动去判断呢?批评家也许是一个小天才,艺术家也许是一个大天才;但两人的天才的本质必仍相同。要判断但丁,我们就须把自己提升到但丁的水平,从经验方面说,我们当然不是但丁,但丁也不是我们;但是在观照和判断那一顷刻,我们的心灵和那位诗人的心灵就必须一致,就在那一顷刻,我们和他就是二而一。我们的渺小的心灵能应和伟大的心灵的回声,在心灵的普照之中,能随着伟大的心灵逐渐伸展,这个可能性就全靠天才与鉴赏力的统一。②

〔与其他各种活动的类比〕 我们无妨趁便提及,以上关于审美的判断一番话,也可适用到任何其他活动和任何其他判断;科学的、经济的和伦理的批评也都可作同样看法。姑且只提伦理的批评来说,我们只有设身处地,去体会某人作某种决定的动机,才能判断那人的决定是否为道德的,否则一种行为就无从了解,也就无从判断。一个杀人者可以是坏蛋,也可以是英雄;这分别在某种限度以内对社会的防卫是无关宏旨的;无论他是坏蛋还是英雄,社会对他都要同样惩处;可是我们如果要从道德的观点去辨别判断,杀人者是坏蛋还是英雄的问题就不是无关宏旨了;所以我们不能不把杀人者的个人心理研究出来,以便确定他的行为的真相,不仅是它的法律方面,尤其是它的道德方面。在伦理学里人们也往往提到道德的鉴赏力或应付能力,相当于普通所谓道德的意识,即善良意志本身的活动。

〔评审美的绝对主义(理智主义)与相对主义〕 上述关于审美判断或再造的一番说明,对于绝对主义者与相对主义者,承认鉴赏力的绝对性者与反对鉴赏力的绝对性者,既赞同而又指责。

绝对主义者肯定美是可以判断的,这并不错;但是这肯定所根据的理论却不能成立,因为他们把美(即审美的价值)认成不在审美活动里面的一种东西,认成一种概念或模型,艺术家在他的作品里就实现这概念,而批评家后来判断那作品本身时,也还利用这概念。其实这类概念和模型在艺术中并不存在;因为既已承认每种艺术都要从它本身上去判断,而且它本身就是它的模型,这其实就已否认有美的客观的(外在的)模型,无论这种模型是理智的概念,还是在形而上学的天空悬着的观念。

在提出这意见时,他们的论敌,相对主义者,是很对的,比绝对主义者算是进了一步。但是他们的主张开始虽有理,后来却也变成一种错误的理论。援引"谈到趣味无争辩"那句古话,他们相信审美的表现品与一般产生快感和不快感的东西性质相同,每个人对它有每个人的感觉,无从争辩。但是我们明知产生快感和不快感的东西是功利的实践的事实。从此可知相对主义者否认审美的事实有特殊性,又把表现混为印象,认识的活动混为实践的活动了。③

真正的解决办法在把相对主义(心理主义)和错误的绝对主义都丢开,承认鉴赏力的标准是绝对的,但是不是像理智借理性化而显现的那样绝对,而是因为想象有直觉的绝对性。因此,真正是表现活动的东西都应承认其为美,表现的活动和被动④两方面还在冲突而未解决的东西都应承认其为丑。

〔评相对的相对主义〕 在绝对主义者与相对主义者之间还有第三类人物,可以叫作相对的相对主义者。他们承认其他范围内有绝对价值,却否认美学范围内有绝对价值。他们以为辩论科学或道德问题是合理的,可辩护的,因为科学全靠共相,而共相对于一切人是共同的,道德全靠责任,而责任也是一个普遍的人性的规律;至于艺术全靠想象,怎样能辩论它呢?但是不然,不仅想象的活动仍有普遍性,仍与逻辑的概念和实践的责任一样伏根于人性,而且这相对的相对主义还有一个首先就碰到的难点。如果我们否认想象的绝对性,就必同时否认理智的或概念的真理的绝对性,骨子里也就否认道德的绝对性。道德不要假定先有逻辑的分别么?逻辑的分别可不要借文字表现,借想象的形式,才可以让人明白么?如果想象的绝对性取消了,心灵的生活就必从基础倒塌下来。一个人就不能了解另一个人,或是一顷刻以前的自己(这在一顷刻以后看,已另是一个人)。

〔以刺激物与心理情况的多样化为理由,对本说的反驳〕

不过判断的分歧却是一个无可置疑的事实。人们对于逻辑的伦理的和经济的估价,意见常相左;对于审美的估价还是如此,或则更甚。我们在上文所举的理由(匆忙,偏见,情欲等等)纵然可以减少这种分歧的重要性,却不能消除它。在谈再造的刺激物时,我们曾加了一句警告说:"如果一切其他条件都凑合",再造才会发生。它们是否凑合呢? 这假设是否符合事实呢?

它好像并不符合。要凭借一个合宜的物理的刺激物,多次去再造一个印象,还有两个重要的条件:第一,这刺激物始终一样;其次,希望再造的印象原来在什么样心理情况发生,现在主体还要维持什么样的心理情况。事实却不然,物理的刺激物常在变动,心理情况也常在变动。

油画变黑暗,壁画褪色,雕像失掉手脚和鼻子,建筑全部或局部毁坏,乐曲的演奏法失传,诗的正文被不高明的抄录或印刷弄得错脱,这些是物理的刺激物天天遇到变故的著例。至于心理情况,我们不消多说聋盲之类消失某某整个方面的心理印象,更重要的是那些基本的、日常的、不可避免的、无终止的社会的变动,以及我们个人生活的内心状态的变动。但丁的《神曲》的文字声音对于参与第三罗马⑤时代政治的那些意大利公民所生的印象,和它对于见闻较确,接触较密的与诗人同时的人们所生的印象必不相同。挂在新圣玛丽教堂里的契玛布⑥所画的《圣母像》,对现在的游客和对十三世纪佛罗棱斯市民,意味是否相同呢? 纵然它没有因古旧而黑暗,我们不应该猜想它现在所生的印象大不如前吗? 就拿同一诗人来说,他的早年作品,老年再读时,心理情况完全变了,能否产生同样的印象呢?

〔评自然符号与习成符号的分别〕 有些美学家想在刺激物与刺激物,自然的符号与习成的符号之中立出分别,说自然的符号对于一切人有一致的效果,而习成的符号则只对于某一部分人才能生效果。他们相信:图画所用的符号是自然的,诗所用的符号是习成的。但是这种分别至多也只是程度上的。人常说图画是人人了解的语言,诗就不然;例如达·芬奇就觉得图画的特长在"不像文字,不需要各种语文的传译者",对于人和动物都能引起快感。他谈到一个家庭中父亲的画像的故事,说"孙子们还在襁褓中就知道爱它,连家里的猫狗也爱它"。但是也有另一些故事似乎使小孩和猫狗都懂图画这个信念要动摇,例如一个野蛮人把一个兵士的画像认成一条船,把一个骑马人的画像认成只有一条腿。幸而人们不用辛苦研究,就可以明白画、诗和一切艺术作品,只是对于有训练的懂得它们的人们才能发生效果。自然的符号并不存在;一切符号都是习成的,说得更精确一点,都是受历史条件决定的。

〔情况差别的克服〕 承认了这一点,我们如何能凭借物理的东西把表现品再造出来呢?情况已不同了,如何能得到同样效果呢?尽管有为再造而设的物理的工具,尽管所谓再造都是新的表现品,我们是否就必断定表现品不能再造呢?如果物理的和心理的情况的差别在本质上就不可克服,这就会是当然的结论。但是它们既没有必不可克服的道理,我们就要断定:只要我们能,而且愿把自己摆在原来造作那刺激物(物理的美)时的那个情况中,再造总会发生。

我们能把自己摆在那个情况中,这不仅是一种抽象的可能,而且事实上我们确常这样办。假如不这样办,个人的生活(这就是我们与过去自我的交接)和社会的生活(这就是我们与旁人的交接)就都成为不可能了。

〔修补还原与历史的解释〕 至于艺术再造所凭借的物理的东西,把那些诗文的正文修补还原的古文字学者与语文学者,图画雕刻的修补还原者,以及其他勤勉的工作者所努力做的事,正是要使那物理的东西保持或恢复它原有的一切力量。这些企图固然有时不成功,或不完全成功,因为想叫修补还原的东西与原物铢两悉称,是不可能或难能的;但是这里不可克服的也只是偶然才有,不应使我们忽略确实有些修补还原是成功的。

历史的解释努力把在历史过程中已经改变的心理情况在我们心中恢复完整。它使死的复活,破碎的完全,以便我们去看一个艺术品(一个物理的东西)如同作者在创作时看它一样。

这个历史的工作有一个条件,就是传统文献⑦,借它才能把分散的光线集中于一个焦点上。我们借记忆的帮助,搜集那物理的刺激物(作品)所由发生的一些事实,拿来摆在那刺激物的四周,因此使它影响我们,如同它从前影响创作者本人一样。

传统文献如果断绝了,解释就得停顿;在这种情形之下,过去的作品对于我们就默然无语。因此,爱屈拉斯康⑧或墨西哥的碑刻那些表现品就是捉摸不着的。我们常听到人种学者们讨论野蛮人的一些艺术作品是图画还是文字;考古学家和史前史学家们有时没有把握去确定在某区域的陶器或其他用具上所发现的图形是宗教性的还是世俗性的。但是解释的停顿,像修补还原的停顿一样,向来不是一个绝对不可克服的障碍。新史料逐日发现,运用旧史料的较好的新方法也逐日发现,而且这些方法还可望永在进步,这些都可以把断绝的传统文献连接起来。

我们也不否认,错误的历史解释往往产生所谓"涂去旧字写新字"的情形,把新表现品勉强安放在旧表现品上面,这是艺术的幻想而不是历史的再造。所谓"过去时代的令人留恋",一部分就由于我们把自己的这类新表现品织到历史的表现品里面去。因此人们在希腊造型艺术中发现到希腊人对于人生的静穆的直觉,其实希腊人也很尖锐地感觉到人类尽有的愁苦;人们近来又在拜占庭⑨的圣像的面孔上发现"第一千年的恐怖",其实这恐怖是起于一种误解，或是后来学者们所造的传说。但是历史的批评恰恰就要限制这样的幻想，要精密地确定我们应该采取的观点。

　　用上述方法，我们常和古人和今人维持着交际；我们绝不应该因为我们偶尔，甚至常常，遇到一个不知道的或知道不清楚的东西，就断定说：所以我们自信在与旁人对话时，其实只是在独语；或是说：我们就连过去向自己说的独语，现在也无法复述。

第十七章　文学与艺术的历史

〔文学与艺术中的历史批评,它的重要性〕　用什么方法才能把艺术作品所由产生的原来情况完整地恢复过来,因而使再造与判断可能,上文已作了简单的说明;从这说明中可以见出,艺术与文学作品的历史的研究负有如何重要的职责,这种研究就是通常所谓文学与艺术的历史的批评或历史的方法。

如果没有传统文献和历史的批评,人类所造成的全部或几乎全部艺术作品的欣赏就会丧失而不可恢复,我们就会不比动物好多少,全困在现时或最近的过去中。一个人重新整理一部书的可靠的文本,解释已被遗忘的文字和风俗,研究一个艺术家的生活情况,完成一切工作,使艺术作品的品质和本来色调复活,他是不应受到鄙视与嘲笑的。

历史的研究往往受到鄙薄或否定,因为假定了或证明了这些研究在多数事例中,不能使我们真正了解艺术作品。但是我们首先要说明,历史的研究并不以帮助再造和判断艺术作品为唯一的目的;比如说,一个作者或艺术家的传记和一代风俗的研究,都有它们自己的用处,对艺术的历史虽是题外事,对别种史学却并非题外事。如果说有些研究好像没有什么用处,不能实现什么目的,我们必须回答:历史学者往往不得不担任一个搜集事实者的有用而却不甚荣耀的任务。这些事实在暂时尽管是无形式的,不连贯的,无意义的,对于未来的史学家和需要用它们的人们却是宝藏。如同在一个图书馆里,人不常看的书籍还是编目摆在架上,因为有时也许有人要看它们。固然,正如一个聪明的图书馆长比较重视他所认为比较有用的书籍,把它们采购来,加以编目,聪明的学者们也有一种本能,在所考核的许多事实材料中,认出哪些比较有用;至于另一批学者们,资禀较差,智力较弱,比较急于生产,却堆积一些无用的七杂八拉的渣滓垃圾,迷失在琐细节目与无聊讨论里。但是这是关于研究的经济的考虑,与我们不相干。它至多只影响到选择那些题材的主人,花钱印刷的发行人,和被邀请来赞扬或指责这些研究工作者的批评家们。

在另一方面,历史研究的目的在阐明艺术作品,显然不能单独地就能使那作品在我们的心中复活起来,把我们摆在可以判断它的地位;它须先假定有鉴赏力或灵活的有修养的想象力。最渊博的历史学问可以伴着粗疏的或有其他缺点的鉴赏力和迟钝的想象力,或是像人们所说的,一颗不通艺术的冷硬的心。哪一个坏处较小呢?学问渊博而鉴赏力低劣,还是天生成有鉴赏力而无学问呢?这问题常有人问,最好的方法也许是否认它有任何意义,因为我们不能说哪一个坏处较小,也不能说这问题究竟怎样讲。仅仅有学问的人永不能与伟大人物有心灵的交通,他总不免徘徊于伟大人物的宫殿外天井里,楼梯上或外接待室里;至于有天资而无学问的人们则经过艺术杰作不得其门而入,或则不从本来面目上了解艺术作品,只凭幻想虚构另一些艺术作品。前一种人的工作至少可以帮助旁人了解,后一种人的天才对于知识却毫无裨补。从科学方面说,我们如何能不宁愿要小心谨慎的学问家,而不要虽有资禀而却不能令人置信的批评家呢?如果这种批评家自甘徘徊于离真理很远的地带,他其实也就不算真正有天才了。

〔文学与艺术的历史,它与历史批评的分别,与审美判断的分别〕　我们须把三件事精确地分别出来:(一)艺术与文学的历史与(二)使用艺术作品为材料,而目的却不在审美的那种历史工作和(三)准备作再造的审美综合用的那种历史的学问。

头两项的分别是明显的。艺术与文学的历史以艺术作品本身为主要的对象,第二项那些工作把艺术作品当作证人传讯,要发现不属审美范围的事实真相。第一项与第三项的分别好像没有那样深奥,却仍是很大的。用来帮助了解艺术作品的那种渊博学问只有一个目的,就是引起某种内在的事实,某种审美的再造。只有这种再造实现了以后,艺术与文学的历史才可以出现,所以历史是进一步的工作。

像一切其他历史一样,文艺史的目的在据实记载真正发生过的事实,这就是艺术和文学的事实。一个人在得到了必需的历史知识以后,在自己心中把一个艺术作品再造出来,加以玩味;这种人可以只是一个具有鉴赏力的人,或是至多只能用一声赞赏或责骂来表出他的感觉。这并不足以造成一个文学与艺术的历史家。要做这种历史家,他还须在这简单的再造之后,接着有一种新的意匠经营。这就要另产生一种表现品,再造的表现品,即历史的描写,叙述或表象。因此具有鉴赏力的人与历史家有这样一个分别:前者只在自己心中把艺术作品再造出来,后者在再造之后,再用历史的方式去表现它,或是应用我们说过的历史所以别于纯艺术的那些范畴。[①]艺术与文学的历史所以就是一个历史的艺术作品,建筑在一个或一个以上的艺术作品基础上。

"艺术的"或"文学的"批评家一个名称有各种意义:有时它指研究文学的学者,有时它指阐明过去艺术作品真相的历史家,更普通的是指两种人合而为一。有时"批评家"作狭义用,专指当代文学作品的判断者与描写者,而"历史家"则专指讨论时代较远的作品者。这都是语文的习惯用法和经验的分别，可以略而不论；因为真正的分别只在"学者""具有鉴赏力者"与"艺术史家"。这些名称指先后衔接的三个阶段的工作，每一阶段都是后依前而前不依后。我们已经说过，一个人可以只是学者而却不很能了解艺术作品；他也可以具备学问与鉴赏力，却只能感觉艺术作品，而不能重新衡量它，写出一页艺术与文学的历史来。但是真正完备的历史家一方面以具备学者与具有鉴赏力者的双重本领为必有的基础，一方面在这些本领以外，还有历史的识见与历史叙述的才具。

〔艺术史与文学史的方法〕　艺术与文学的历史方法论有种种问题和难点，其中有些通于一般历史的方法论，有些从艺术概念本身生出，所以专属于艺术与文学的历史。

〔评艺术起源问题〕　历史通常分为人类史、自然史、人类自然混合史三种。在这里姑且不讨论这区分是否稳妥，艺术与文学的历史显然必属于第一种，因为它涉及心灵的活动，人所特有的活动。这种活动既是它的题材，讨论"艺术起源"那个历史问题就显然妄诞；而且我们还要指出，这个名词在不同的时候指不同的事物。"起源"往往指艺术事实的本质或性格[②]；就这个意义说，人们所企图讨论的就是一个真正的哲学或科学的问题，也正是本书所要解决的问题。"起源"又往往指观念的产生[③]。寻求艺术的理由，从兼包心灵与自然两概念的最高原则推出艺术的事实。这也是一个哲学的问题，对前一问题是补充，实在就和前一问题相同。可是人们往往凭借牵强的半幻想的形而上学把这问题解释得很奇怪，解决得也很奇怪。但是艺术起源问题的目的如果在发现艺术的功能恰以何种方式在历史上形成，就不免我们所说的妄诞。表现既是意识的最初形式，我们如何能替本非自然的产品，而且须先假定有它才能有人类历史的那件东西④寻历史的起源呢？一切历史的程序和事实都要借艺术这一个范畴才能了解，我们如何能替这个范畴溯历史的起源呢？这种妄诞起于拿艺术和人类各种制度作比较，这些制度曾在历史过程中形成，曾在或可在历史过程中消灭。艺术的事实与人类制度（例如一夫一妻制，佃田制）有一个分别，与化学中原子与化合物的分别相似。原子的形成是不能指出的，如能指出，它就不是原子而是化合物。

艺术起源问题作历史意义解释，只有一件事有理由可做，就是不去探讨艺术范畴的形成，而只探讨在何时何地艺术第一次出现（这就是说，很明显地出现），出现在地球上某一点或某一区域，在历史上某一点或某一时期；这就是说，它的研究对象不是艺术的起源，而是艺术的最初的或原始的历史。这问题与人类文化何时出现于地面的问题其实相同。解决的资料固然还缺乏，但是在抽象理论上还可能有解决，事实上试探性的和依假设的解决方案已经很多。

〔进步原则与历史〕　人类历史的每一个叙述都用"进步"这个概念做基础。但是"进步"不应指那个想象的"进步律"⑤；人们假想有这进步律以不可抵御的力量，在引着一代又一代的人类，按照我们先仅猜测到而后才能理解到的天意安排的计划，朝着一个未知的命运走。这种假设的规律就是否定历史本身，否定使具体事实有别于抽象观念的那种偶然性、经验性和不可确定性。同理，进步与所谓"进化律"⑥也无关，进化律如果是指实在界常在演变（实在界之所以为实在界，就因其常在演变），那就不能叫作一个"规律"；如果把它当作一个规律看，那就和上述意义的进步律是一件事。我们在这里所说的"进步"不过就是人类活动那个概念本身，这人类活动运用自然所供给的材料，克服了那材料的障碍，使它屈就自己的范围，完成自己的目的。

把进步看成应用于某种已有材料的那种人类活动,这个看法才是人类历史家的观点。除非一个只是散漫的事实的搜集者,一个单纯的古董家,或是一个不求连贯的编年纪事者,一个人如果没有一个确定的观点,对于他要预备写的历史要用的事实没有他自己的一种看法,他就不能就人类事实作出丝毫的叙述。没有人从生糙的事实的乱堆出发,可以做出一部历史的艺术作品,除非他能从一个确定的观点作全面观察,从那生糙的无形式的顽石堆中雕出一个有定形的雕像。叙述实践行为的历史家须知道经济是什么,道德是什么;数学史家须知道数学是什么;植物学史家须知道植物学是什么;哲学史家须知道哲学是什么。如果他实在不知道这些东西,他至少也要有一种幻觉,自以为知道,否则他就连妄信自己是在写历史也不可能。

每一篇人类事务的叙述,每一篇人类行动与经历的叙述,都必有这种主观的原则或标准(这与处理事实资料的极端的客观、公正、谨慎,都为可以并行不悖,其实主观的原则就是组成这些史德的一个要素),这道理我们在这里无须再加详说。只消打开任何一部历史一读,马上就可以发现作者的观点,如果他是一位名副其实的历史家,知道他的任务。在政治史家或社会史家之中,有自由派,反动派,理性派和正统派;在哲学史家之中,有形而上学派,经验学派,怀疑派,唯心派和精神派。纯然历史的历史学家不存在,也不能存在。杜拾迪德斯[7]和鲍立布斯[8],立维[9]和塔息特斯[10],马岂埃维里[11]和癸伽帝尼[12],嘉南勒[13]和伏尔泰[14]诸史家丝毫没有道德的和政治的见解么?在我们的时代,居佐[15]或蒂埃尔[16],麦考莱[17]和巴尔波[18],冉克[19]或冒姆生[20],不也是如此?在哲学史方面,从黑格尔(他是第一人把哲学史的地位提得很高)[21]到芮特[22],采勒[23],库塞恩[24],路易斯[25]

和我们意大利的斯巴文陀^㉖，有哪一位没有他的对于进步的看法和判断的标准呢？在美学史方面，哪一部有价值的著作不是从某某观点，某某倾向（黑格尔派或是侯巴德派）^㉗，某某观点（感官主义的，调和折中的，或某某其他的）写成的呢？如果历史家要避免不可避免的左右袒，他就必变成一个政治的或科学的阉宦，而历史并非阉宦的勾当。这种人至多只能编纂一些大部头著作，包含一些虽非无用而却软弱无力的渊博学问，有人说它们有"僧侣气"，并非无理。

　　一个进步的概念，一个观点，一个原则或标准既然是不可少的，最好的办法就是不要避免它而尽量地去找一个最好的。每人在郑重辛苦地形成自己的见解时，都朝着这个目标走。自认只审问事实而不参加己见的历史家们都不可靠。他们说这话，就最好的意义来说，也是由于他们的呆笨和错觉。如果他们真是历史家，就不免要参加一点己见，尽管他们自己不觉得，或则他们自以为曾设法避免己见，因为它们只暗示己见；这其实是最委婉、透辟、有效的表达己见的办法。

　　〔艺术的与文学的历史中的进步不是一条单线的〕　艺术与文学的历史并不比他种历史较易丢开进步原则。我们不能说明某一个艺术作品是什么，除非从某一个艺术的概念出发，确定该作品的作者所要解决的艺术问题，再看他是否把那问题解决了，或是在某一点他想要解决而失败了，失败的程度如何。但是有一点须注意：进步原则在艺术与文学的历史中所取的形式，与它在科学的历史中所取的（或是人们相信它所取的）形式，并不相同。

　　人们通常把全部科学的历史看成沿着一条单线前进或后退。科学是共相，它的问题都安排成一个大系统，或是一个兼容并包的大问题。凡是思想家们都同是在讨探一个问题，即实在与知识的性质；无论是沉思的印度人和希腊哲学家，基督教徒和伊斯兰教徒，光头和包巾的头，还是戴假发的头和戴学院制帽的头（像海涅㉘所说的）。未来的人们也会像我们一样在这问题上劳心焦思。这种单线的看法对于科学是否正确，不是短时间所能讨论的。但是它对于艺术却是错误的；艺术是直觉，直觉是个别性相，而个别性相向来不复演。把人类艺术造作的历史看成沿一条前进和后退的单线发展，所以完全是错误的。

带几分概括和抽象的意味，我们至多只能说：审美的作品的历史见出一些进步的周期㉙，但是每周期有它的特殊问题，而且每周期只能就对于那问题说，是进步的。许多人都按照一个大致相同的方式，在同一题材上用工夫，没有能给它一个恰当形式，但是总在逐渐逼近恰当形式，那据说就是进步；等到一个人出来找到了那个恰当形式，那周期据说就已完成而进步也就终止了。一个典型的例证就是意大利文艺复兴时代从波尔岂㉚到阿理奥斯托（姑举此为例，请宽恕过度的简单化）那时期运用骑士风为题材的风气的进步。在阿理奥斯托以后，运用那个题材的结果就只是复述和模仿，缩简或夸张，把前人所已做到的加以损毁，总之，只是衰颓。阿理奥斯托的仿效者可以为证。一个新周期开始，进步也就开始。塞万提斯可以为证，他有较开朗的自觉的讽刺风味。十六世纪末叶意大利文学的普遍衰颓由于什么呢？全由于没有新的话可说而只复述和夸张已经发现过的母题。如果这时期的意大利人只要能表现他们自己的衰颓，那就不会完全是失败，就会预兆复兴时期㉛的文学运动。如果题材不一致，进步的周期便不存在。莎士比亚不能看作对于但丁的进步，歌德也不能看作对于莎士比亚的进步。不过但丁对于中世纪的灵见派作者㉜，莎士比亚对于伊丽莎白朝的戏剧作者，歌德以他的《维特》和《浮士德》第一部㉝对于狂飙突进时代㉞的

128

作者,都可以说是进步。这种叙述诗歌和艺术的历史的方式,前已声明,含有几分抽象的,纯是实践的意味,没有严格的哲学的价值。不仅是野蛮人的艺术,就其为艺术而言,并不比文明人的艺术逊色,只要它真正能表现野蛮人的印象,而且每个人,乃至每个人的心灵生活中每一顷刻,都各有它的艺术的世界;这些世界彼此不能在价值上作比较。

〔一些违反这个规律的错误〕 许多人曾违反而且仍在违反艺术史与文学史的进化原则的这个特殊形式㉟。例如有些人说琪奥托㊱时代意大利艺术还在幼稚期,到了拉斐尔和蒂香㊲才达到成熟期;好像是说琪奥托还没有十分完善。就他的心灵所得到的感觉材料来说,他确实不能像拉斐尔那样画人物,或是像蒂香那样着色;但是拉斐尔或蒂香能否创作《圣佛兰西斯与贫穷结婚》或《圣佛兰西斯之死》那样的作品呢?琪奥托的心灵并不感觉到人体美,而文艺复兴时代的艺术家们则抬高人体美而致力研究,拉斐尔和蒂香的心灵对十四世纪人们所眷恋的热烈与温柔已不感兴趣。比较的根据既不存在,如何能作比较呢?

艺术史的著名分类把艺术分为(一)东方时期,理念与形式不平衡,形式溢于理念;(二)古典时期,理念与形式平衡;(三)浪漫时期,理念与形式又不平衡,理念溢于形式㊳;这也是犯了上述错误。又有人把艺术分为(一)东方艺术,形式不完善;(二)古典艺术,形式完善;(三)浪漫艺术,形式内容都完善;这还是犯了同样的错误。"古典的"与"浪漫的"两词,在它们的许多意义之外,又得到进步的或退步的时期那么一个意义,所谓进步或退步是看它能否实现某一种假定的艺术理想。

〔进步对于美学的其他意义〕 因此,人类在审美方面是无所谓进步的。不过"审美的进步"往往并不指上下两词连在一起所真正指的东西,而是指我们的历史的知识永远在增加积累,使我们对一切时代一切民族的艺术都能同情，或是像人们常说的，使我们的趣味更普遍。如果拿十八世纪和我们的时代相比，这分别就显得很大；十八世纪很故步自封，而我们对于希腊罗马艺术（现在比从前懂得较清楚），拜占庭、中世纪、阿拉伯和文艺复兴的艺术，十五世纪艺术，巴洛克艺术[39]，十八世纪艺术，都一律欣赏。埃及、巴比伦、爱屈拉斯康诸地艺术，甚至史前艺术，都一天一天地研究得渐深。野蛮人与文明人的分别实不在人类天赋能力方面。野蛮人有语言、理智、宗教和道德，和文明人一样，他也是一个完全的人。唯一的分别在于文明人用认识和实践的活动，在宇宙中探寻到而且掌握到的疆域，比野蛮人的要广大些。我们不能说我们比伯里克里司[40]时代（举例来说）的人们在心灵方面更灵活，但是也没有人能否认我们比他们更丰富些——我们有了他们的财产，再加上许多其他民族和其他时代的财产，还不消说我们自己的财产。

审美的进步还另有一个也不正确的意义，就是指某一时代比另一时代所产生的艺术作品比较多，不完善或低劣的作品比较少。例如意大利在十三世纪末或十五世纪末[41]可以说是有一种审美的进步，或艺术的醒觉。

最后，审美的进步往往当作第三个意义用，指的是最文明的民族的艺术作品所表现的心灵状态的精微与繁复，比起文明程度较低的民族和野蛮人的较为进步。但是这所谓进步属于一般心理条件与社会条件，而不属于艺术的活动；对于艺术的活动，材料如何是无关紧要的。

关于艺术与文学的历史方法，应该说的要点如此。

第十八章 结论：语言学与美学的统一

〔**本书提要**〕 把已走过的路回看一下，就可见我们已完成本书的全部计划了。我们研究了直觉或表现的知识的性质，这就是审美的或艺术的事实（第一、二章）；描写了知识的另一形式，理性的知识，以及这两种形式的渐次的错综（第三章）；因此，我们就能批评一切错误的美学理论，这些错误都起于混淆直觉的形式与理智的形式，以及把甲形式的特质转置于乙形式（第四章）。我们于是趁便把在理性知识和史学理论中一些反面的错误也指出（第五章）；进一步探讨审美的活动与心灵的其他活动（不是认识的而是实践的）的关系。我们说明了实践活动的本质，以及它对认识活动所占的地位，因此批评到实践的概念对于美学理论的侵越（第六章）。我们于是把实践活动辨明为经济的与伦理的两种形式（第七章），而且达到一个结论：除掉所分析的四种以外，心灵没有其他形式；因此批评到各种神秘的或幻想的美学（第八章）。既没有其他心灵形式与上述四种形式平行，这已成立的四种也不能再分。由此说到表现品不能分类，批评了把表现品分为简单的与雕饰的，以及作其他类似分类与再分类的修辞学（第九章）。但是依照心灵的统一律，审美的事实同时也是实践的事实，唯其如此，它引起快感与痛感。这就引我们研究一般价值的感觉，尤其是审美的价值的感觉（第十章）；批评审美的快感主义的各种形态和错综复合（第十一

131

章），并且把从前侵越美学的许多心理学的概念排出美学的系统之外（第十二章）。从审美的创造进到再造的事实，我们开首就研究审美的表现品的外射；这是为再造而设的，它叫作"物理的美"，无论是自然的或人为的（第十三章）。根据这个分别，我们批评了混淆物理事实与审美事实的错误（第十四章）。我们确定了艺术技巧的意义，技巧是为再造用的；因此批评到各种艺术的区别、界限和分类，并且确定了艺术、经济、道德三者的关系（第十五章）。因为物理的东西并不足以充分刺激审美的再造，我们必须回忆那刺激物原来活动的情况，才能再造，所以我们就研究到历史学的功能在于建立想象与过去作品之中的交通，作为审美判断的根据（第十六章）。我们结束时说明这样得来的再造品后来如何被思想的范畴阐明，这就是探讨文学与艺术的历史方法（第十七章）。

总之，我们就审美的事实本身研究过，又就它与其他心灵的活动，快感与痛感，物理的事实，记忆和历史处理的关系一一研究过。审美的事实在我们面前由主体变成对象，这就是说，由它产生的时刻，逐渐变成对于心灵来说是历史的题材。

如果从外表上拿本书和通常讨论美学的大部头著作比较，本书也许是很单薄。但是它并不单薄，如果我们看出那些大部头著作十分之九都是些不相干的材料，例如假充审美概念的心理学的或形而上学的定义（雄伟的、喜剧的、悲剧的、诙谐的之类），关于所谓美学的动物学、植物学和矿物学的叙述，以及用审美方式评判过的普通历史；具体的艺术史与文学史也整部地拉进美学里来，而且通常是割裂过的；它们备载对于荷马和但丁，阿理奥斯托和莎士比亚，贝多芬和罗西尼[1]，米开朗琪罗和拉斐尔的评判。如果这一切都从那些大部头著作中一笔勾销，我们就颇可自豪地说，本书不但不能算是太单薄，反而比普通美学书籍丰富得多，它们或完全忽略了大部分美学所特有的难问题，或仅约略提及。这些问题是我们认为在职责上应该研究的。

〔语言学与美学的统一〕　我们虽已把美学当作表现的科学加以四面八方的研究，现在还应说明我们为什么替本书加上"普通语言学"一个别名；说明我们何以主张艺术的科学与语言的科学，美学与语言学，当作真正的科学来看，并不是两事而是一事。世间并没有一门特别的语言学。人们所孜孜寻求的语言的科学，普通语言学，就它的内容可化为哲学而言，其实就是美学。任何人研究普通语言学，或哲学的语言学，也就是研究美学的问题；研究美学的问题，也就是研究普通语言学。语言的哲学就是艺术的哲学。

如果语言学真是一种与美学不同的科学，它的研究对象就不会是表现。表现在本质上是审美的事实；说语言学不同于美学，就无异于否认语言为表现。但是发声音如果不表现什么，那就不是语言。语言是声音为着表现才连贯、限定和组织起来的。从另一方面说，如果语言是美学中一门特种的科学，它就必须有一类特种的表现。但是我们已经说明了表现不能分类的道理。

〔语言学的问题化成美学的公式：语言的性质〕　语言学所要解决的问题，和它所常犯的错误，也正和美学中的相同。把语言学的哲学问题化成美学的公式，有时虽不是易事，却总是可能的。

关于语言学的性质的争辩也和关于美学的性质的争辩相同。例如人们常争辩：语言学是一种历史的训练，还是一种科学的训练。历史的与科学的既有分别，于是人们又问：语言学属于自然科学，还是属于心理科学？所谓心理科学同时指经验的心理学和关于心灵的各种科学。美学也有这种情形。有人把美学认成一种自然科学（把"表现"一词的审美的和物理的两种意义混淆起来），又有人把它认成一种心理科学（把就普遍性相而言的表现和诸表现品的经验的分类混淆起来），另外又有人否认这种题材有成为科学的可能，把美学看成只是历史事实的结集。这几种人都没有认识到美学是一种讨论活动或价值的科学，即一种心灵的科学。

语言学上的表现品，即语文，似常被人看成"惊叹"的事实，属于感觉的生理表现，是人与动物所共有的。但是人们不久就看出：在只是痛感的生理反射的那一声"哎哟！"与一句话之中，以及在这个发泄痛感的"哎哟！"与当作一句话用的"哎哟！"之中，都有一个鸿沟。于是"惊叹"说就被放弃了（德国语言学家们戏称为"哎哟说"），联想说或约定俗成说就接着起来了。驳倒了一般审美的联想主义的理由也就可驳倒这个联想说：语言是诸意象的整一体，不是它们的复合体，复合不能解释表现，而须先假定尚待解释的表现。语言学的联想主义还有一个变相，就是模仿说，或形声说，德国语言学家们讥为"喔唔说"，这是由模仿犬吠声来的。依主张形声说者看，犬就由它的吠声得名。[②]

现代最普通的关于语言的学说（粗浅的自然主义除外）是一种调和折中，即上述诸说的混合。语言据说一部分由于惊叹，一部分由于形声和约定俗成。由于十九世纪后半期哲学的衰颓，才有这种折中的学说产生。

〔语言的起源与发展〕 最明白语言活动性的那些语言学家们也还犯了一个错误，我们在这里应该指出，他们以为语言在起源时是一种心灵的创造，但是后来借联想而扩充光大。这分别并不确实，因为这里所谓起源只能就性质或性格说；如果语言是心灵的创造，它就应永远是创造；如果它是联想，它也就应从始就是联想。已成就的表现品必须降到印象的地位，才能产生新的表现品；没有抓住这个美学基本原则，才会有这个错误。我们开口说新字时,往往改变旧字,变化或增加旧字的意义;但是这过程并非联想的而是创造的,虽然这创造所用的材料,并不是假想的原始人的印象,而是许多年代以来都在社会中生活着的人的印象,这社会的人已经在他的心理机构中储蓄了许多东西,其中有同样多的语言。

〔文法与逻辑的关系〕 审美的事实与理智的事实的分别问题,在语言学中就是文法与逻辑的分别问题。这问题曾以两种片面正确的方式解决过,即逻辑与文法的不可分性和可分性两说。但是完善的解决是:逻辑形式虽然不能离开文法(审美的)形式,而文法形式却可离开逻辑形式。

〔文法中词的种类〕 如果我们看一幅画,例如描写一个人在乡间路上走的画,我们可以说:"这幅画表示一个运动。这运动如果看成出于意志的,就叫作动作;因为每个运动须有一个物体,每个动作须有一个发动作的人物,这幅画也表示一个物体或人物。但是这运动发生在一个固定的地方,一颗固定的行星(地球),说精确一点,地球上叫作'陆地'的一部分,再说精确一点,陆地上有草木的一部分,叫作'乡间',乡间自然地或人为地划成一种形式,叫作'路'。叫作'地球'的那颗行星只有一个:它是个体。但是'陆地''乡间''路'都是总类或共相,因为此外还有旁的陆地、乡间和路。"同样的考虑还可以继续下去。如果用一句话来代替我们所假想的画,我们可以说:"彼得在一条乡间路上走。"复述上文的话,我们就得到"动词"(运动或动作),"名词"(物体或动作者),"专门名词","普通名词"之类的概念。③

在这两个事例中,我们在做什么呢? 不过是把原来只以审美形式出现的东西,加以逻辑的阐明;这就是说,我们毁了审美的东西,来换上逻辑的东西。但是在普通美学中,如果要从逻辑的回到审美的,追问运动、动作、物体、人物、普通、个别等等的"表现"是什么,那就错误了。在语言中也是如此,如果把运动或动作叫作"动词",人物或物体叫作"名词";如果语言学的范畴,即词的种类,被看成由这些名词、动词等等组成,那也就错误了。词的种类说其实就是艺术与文学的种类说,这后一说已经批评过了。

如果说名词或动词用固定的字表示,真与其他词类有别,这就是错误。表现品是一个不可分的整体。名词或动词并不存在于这整体里,而是我们毁坏唯一的语言实在体——句——以后所得的抽象品。句不能像文法书通常所讲的,它是表现一个完整意义的有机体,可以包含一句最简单的惊叹,也可以包含一首大诗。这话听起来好像怪诞,其实是最简单的道理。

如同在美学中,由于上述错误,某些人的艺术作品被认为不完善,因为在这些作品中,那些假定的种类没有分清,或是有一部分缺乏;在语言学中,词的种类也引起类似的错误,把语言的表现认成有"成形的"和"未成形的"的分别,看其中有无那些假立的词的种类中某一种类(例如动词)而定。

〔语言的个性与语文的分类〕 语言学肯定了字就是从口里说出的东西,没有两个字真正相同,同时也就发现了审美事实的不可简化的个性。因此同义字或同音异义字都被取消了,真正以某字翻成另一字,从所谓方言翻译成所谓语文,或从所谓国语翻译成所谓外国语,都已证明为不可能了。

但是区分语文为类别的企图,与这个正确见解就不相容。语文就是某时期某民族真正写出或说出的文句或文句的组合,此外语文便不存在。一个民族的艺术若不是全部艺术作品,是什么呢?一个艺术的性格(例如希腊艺术或法国普洛旺斯的文学)若不是那些作品的整个面相,是什么呢?除非详述那个文学的历史,即那语文的实在的历史,这问题如何得到答案呢?

也许有人想:拿这个论点来反对语文的许多寻常分类,虽有道理,拿来反对历史兼谱系的分类(分类中的主脑,比较语文学的光荣),就没有道理。这话确实不错,但是理由何在呢? 就正是在历史兼谱系的方法不仅是分类。一个人写历史,就不去分类;语言学家们自己就要赶快承认:凡是可以安排于历史体系里的语文(凡是已确定属于某体系的语文),就不是各成一种,彼此分立,而是一个包含许多事实的整体,在它的发展过程中见出各种阶段。

〔规范文法的不可能〕 语文有时被认成一种出于意志的或任意的作为;但是有时人们也看得清楚,凭意志来勉强创造语文,是不可能的。"你,恺撒,你能公布法律于民众,却不能公布语文于民众。"有人曾经向一个罗马皇帝说过。表现品的审美性(唯其是审美的,所以是认识的,与实践的相对立)就可以显出:如果要有一种规范文法去定出正确的语言规律,从科学观点看,这就是一个错误的观念。聪明人总要反抗这个错误。据说伏尔泰说过:"该文法倒霉。"就是反抗的例证。但是文法教师们也承认过规范文法的不可能,他们招供说:写得好的作品是不能依规矩学来的,文法的学习应取实践的方式,从读物例证下手,以便养成文学的鉴赏力。这种不可能性有一个科学的理由,就是我们所已说明的那个原则:认识活动的技巧是一个自相矛盾的名词。规范文法不正是语文表现的技巧(即认识活动的技巧)吗?

〔含教导意味的著作〕 如果把文法只看作一种经验的训练,一种便于学习语文的格式的汇集,不要求它有哲学的真理,那就与上文所说的情形不同。在这种情形之下,连词的种类那些抽象品也是可容许的而且有用的。有许多叫作"语言学论著"的书籍对什么都谈一点,从发音器官以及模仿发音器官的人为的机械(录音机)的说明,以至印欧系,塞密蒂克系,考卜蒂克系④,中国系,或其他系语言学的最重要的成果的撮要;从语言的起源或关于语言性质的哲学泛论,以至关于书形、书法、语言学著作中笔记的安排等等教训;我们对于这类著作也应当看作含有教导意味的东西而宽容它们。但是在这些著作里,这一大堆零乱的观念——关于语文本质的,语文看成表现品的——终于要化为美学的观念。美学供给关于语文性质的知识,经验的文法供给为教导而设的方便法门,此外就别无讲语文的学问,除非算上语文的历史,根据活着的实在的语文所写成的历史,这就是具体的文学作品的历史,其实也就是文学的历史。

〔基本的语言事实:字根〕 误以物理的事实为审美的事实,才去寻求美的事物的基本形式;寻求基本的语言事实,也是犯了同样错误,所谓基本的语言事实就是指把较长组的物理的声音分为较短组;其实单音,母音,子音,以及叫作"字"的音组这一切语言要素,如果单提出来说,都没有确定的意义,都不能叫作"语言的事实",都只是声音,只是从物理方面抽象出来,分成类的声音。

"字根"说犯了同样错误,现在一般最有名的语言学家们都不很看重字根了。既已混淆物理的事实与语言或表现的事实,又以为观念的次第必先简而后繁,人们于是就以为最小的物理事实就是最简单的语言事实。因此他们假想最古的最原始的语言必定是单音的,历史的研究必定终于发现单音的字根。但是依这假想推下去,最初人类所构思的表现品也许不是一种声音,而只是一种模仿的生理的反射动作;也许不外射为一种声音,而只外射为一种姿势。纵然假定它外射为一种声音,我们也没有理由假定那声音必是单音的而不是复音的。语言学家们不能把复音字溯源到单音字,往往自责无知与无能,而信赖将来人可以办到这一点,但是他们的信念实无根据,他们的自责也是起于错误假定的谦卑举动。

此外,音节的界限,和字的界限一样,也完全是勉强的;多少是借经验的用法分别出来的。原始的语言,或是未受教育者的语言,是一个连贯体,他们不曾意识到把一句话分成单字或单音那些经院派所造成的不实在的东西。真正的语言学的规律不能根据这种单字单音的区分。语言学家们的口供可以为证,他们承认关于"母音重叠","破音字","两母音相连而都发音","两音合成一音"之类现象,并没有真正的语音学的规律,只有凭趣味与方便所定的规律,那就是审美的规律。"文字"的规律如果不就是"风格"的规律,是什么呢?

〔审美的判断与模范语言〕 最后,有人要寻求一种模范语言,寻求一种方法,使语言的习惯用法归于统一,这是由于迷信美的事物可凭一个理性的标准去测量,即我们所称为"错误的审美的绝对性"⑤那一个概念。在意大利,这叫作"语言的统一"问题。

语言是常川不断的创造。已用语言表现过的东西就不再复演,除非根据已创造成的东西再造。生生不息的新印象产生音与义的继续不断的变化,即生生不息的新表现品。寻求模范语言,就是寻求动的不动。每个人都说话,而且都应依照事物在他的心灵中所引起的反响,即他的印象,去说话。所以最热心维护语言统一问题的任何一个解决方案者(无论他主张采用近似拉丁的标准意大利语,十四世纪的习用语,或是佛罗棱斯的方言),在他们说话传达思想要人了解时,都不很愿意实践他们的理论。因为他们觉得用拉丁,十四世纪的意大利语,或是佛罗棱斯语的字,来代替根源不同而恰合他们的自然印象的那种字,就不免牵强失真。那样办，他们就会成为自语自听者而不是说话者，是学究而不是认真的人，是戏子而不是诚实人。依照一种理论去写作，就不是真正写作，至多只是"炮制文学品"。

语言统一问题常再蹶再起，因为照它的字面看，它所根据的是错误的语言概念，所以它是不可解决的。语言并不是一种军械库，装了已制好的军械；不是一部字典，搜集了一大堆抽象品；也不是坟园中抹油防腐的死尸。

我们对于模范语言或语言统一问题的排斥似颇突然，但是我们不能不这么办，这并非对意大利许多世纪以来争辩这问题的一长串作者不表示敬意。那些热烈争辩的对象原只是审美性相而不是审美的科学，是文学而不是文学原理，是有效力的写作和说话而不是语言的科学。它们的错误在把一种需要变成一种科学的主张，比如说，把有方言隔阂的人民应能容易互相了解那一个念头，变成要有一个唯一的理想的语言那一个哲学的要求。这种寻求正如寻求一种普遍的语言⑥一样荒谬，所谓普遍的语言就是和概念与抽象一样有固定性的语言。人与人应该更好地互相了解那一个社会需要，只有借普及教育，改良交通，与交流思想这些方法才能得到解决。

〔结论〕 这些零散的话应该已够说明，语言学的一切科学问题和美学的问题都相同；两方面的真理与错误也相同。如果语言学与美学似为两种不同的科学，那就由于人们把语言学看作文法，或一种哲学与文法的混合，一种牵强的备忘表格，一种教书匠的杂凑，而不把它看作一种理性的科学，一种纯粹的语言哲学。文法，或是与文法不是无关的东西，也在人心中引起一个偏见，以为语言的实在性可以在分散而可合并的单字上见出，而不在活的言语文章上（即于理为不可分划的表现有机体上）见出。

凡是有哲学头脑的语言学家们在彻底深入语言问题时,常发现自己很像掘地道的工人们(用一个陈腐而却有力的譬喻),到了某个地点,他们必能听到他们的伙伴美学家们从地道的另一头在挖掘的声音。在科学进展的某一阶段,语言学就其为哲学而言,必须全部没入美学里去,不留一点剩余。

注　释

第　一　章

①　"直觉的知识"(Intuitive knowledge)：见到一个事物,心中只领会那事物的形象或意象,不假思索,不生分别,不审意义,不立名言,这是知的最初阶段的活动,叫作直觉。直觉是一切知的基础。见到形象了,进一步确定它的意义,寻求它与其他事物的关系和分别,在它上面作推理的活动,所得的就是概念(Concept)或逻辑的知识(Logical knowledge)。

②　西文把直觉的心理活动和直觉所得到的意象通称为 Intuition,不加分别,颇易混淆。现在把直觉的活动叫作"直觉",直觉的产品叫作"直觉品"。"表现"与"表现品"由此类推。这犹如写文章叫作"作",写成的叫作"作品"。在意义不致混淆时,即不作此分别。

③　《约婚夫妇》(*I Promessi Sposi*)是十九世纪意大利作家孟佐尼(Alessandro Manzoni,1785—1873)的一部著名小说。

④　"知觉"(Perception)：见一事物形象而知觉其为某某,明白它的意义,叫作"知觉"。它在直觉之后,概念之前。知觉的对象仍是个别事物,概念则须涉及许多事物的共相或共同属性。不过事实上这三种活动常可辨别而不可分割。比如说"那是一个人",直觉得到"那"所代表的形象,知觉得"那是一个人"的认识,而"人"则为凡人的共同属性,由概念作用得来。

⑤　西文 Sensation 一字普通的译名是"感觉"。既成"觉",即与"知觉"无别。克罗齐用这字的意义与一般用法不同,它只是事物触到感官而感官起作用,还没有到"觉"的程度。它应译为"感受",意即"感官领受",或刺激在感官上起作用。"感受"还是被动的,未由心灵领会的,心灵主

动,把"感受"的东西察觉,于是才成知觉。

⑥　本书常用"具体"(Concrete)和"抽象"(Abstract)两个相对立的形容词,但与通常的用法稍有分别。依通常的用法,实物是"具体"的,属性是"抽象"的。克罗齐用这两字,颇受黑格尔的影响。一个整个的东西就其全体来说,是"具体"的;在其中单抽出某一部分来说,是"抽象"的。例如内容与形式融化成一体,才是"具体"的艺术作品;如果单就内容说,或单就形式说,那就成了"抽象"。换句话说,"具体的"是"全面的","抽象的"是"片面的"。

⑦　伊索(Aesop):公元前六世纪菲里几亚人,原是奴隶,后以写寓言著名。他的寓言在公元后四十年始用希腊文译成诗。

⑧　"表象"(Representation):事物投射一个形影在心里,心里那个形影便"代表"事物本身,它就是事物在心中的"表象"。"意象"或"形象"(Image),是一个比较通行的名词。

⑨　"表现"(Expression):克罗齐用这个字,和一般的用法大异。普通是:心里有一个意思,把它说出来(用文字或用其他媒介)叫作"表现"。例如说某人在某作品里"表现"他的情感和思想,这正犹如说某人面红耳赤,声色俱厉,"表现"他的怒,把藏在心里的东西"现"在"表"面来。据克罗齐的意思,事物触到感官(感受),心里抓住它的完整的形象(直觉),这完整形象的形成即是表现,即是直觉,亦即是艺术。这一点是他的基本原理,对于了解他的美学极为重要。参看本书第十三章注②。

⑩　拉斐尔(Raffaello,1483—1520):意大利文艺复兴时期画家。他画的圣母像很多,最著名的是在罗马西斯丁教堂的圣母像,现藏德国德累斯顿博物馆。

⑪　米开朗琪罗(Michael Angelo,1475—1564)与拉斐尔、达·芬奇同为当时意大利三大画家,成就最大。他的杰作是罗马西斯丁教堂的壁画,用"创世记"做题材的。他的雕刻和建筑也极有名。

⑫　达·芬奇(Leonardo da Vinci,1452—1519)所画的《最后的晚餐》,是画在米兰慈悲圣母修道院(Santa Maria della Grazia)的斋堂壁上的一幅壁画。

⑬　贝多芬（Ludwig van Beethoven, 1770—1827）：德国大音乐家。他的《第九交响乐》是他晚年的重要作品。

⑭　本书常用"心灵的事实"和"物理的事实"之类名词。"事实"在英文为Fact，在法文为Fait，有"做成"或"成就"的意思。"心灵的事实"即"心灵所成就的东西"。下仿此。

第 二 章

①　"印象"（Impression）：即事物印在心中的像，起于感受（Sensation）。事物刺激感官，所起作用名"感受"，感受所得为印象。感受与印象都还是被动的，自然的，物质的。心灵观照印象，于是印象才有形式（即形象），为心灵所掌握。这个心灵的活动即直觉，印象由直觉而得形式，即得表现。表现是在心内成就的工作。一般人以为表现是把在心内的已经心灵综合掌握的印象（即直觉品）外射出去，即借文字等媒介传达于旁人。克罗齐反对此说，以为印象经心灵观照、综合、掌握、赋予形式，即已得到表现。传达是另一回事，是下一步的事。

②　雷奥巴尔迪（Giacomo Leopardi, 1798—1837）：意大利诗人，他的短诗极有名，颇富悲观色彩。

③　克罗齐这段话的意思是艺术作品不能有质的分别，只能有量的分别。比如莎士比亚的某一首十四行诗如果自身是完美的，某一部悲剧如果自身也是完美的，虽然它们在量上很悬殊，我们却不能说在质上此优于彼，因为它们同是艺术，同是直觉的成就，同是恰如其分的表现。直觉虽有大小的分别，却没有本质上的分别。

④　莫里哀（Molière, 1622—1673）：法国最伟大的喜剧家。这里所引的故事见《醉心贵族的小市民》一部喜剧。剧中主角茹尔丹先生有了钱，想充绅士，请一位哲学教师教他读书。那位哲学教师告诉他说话就是作散文，他大为惊讶，说自己作了四十年的散文还不知道（见该剧第二幕第四景）。

⑤　"天才"（Genius）在浪漫时代的德国特别受人崇拜。人们以为艺

术家须有非凡人所可高攀的天才,才能有大成就。克罗齐以为艺术的天才是人人都有的,只是分量多寡不同,一般人的与大艺术家的天才在本质上并没有分别。

⑥ "无意识"(Unconscious)是意识所不能察觉到的心理活动。近代心理学家大半都以为"天才"是"无意识"的心理活动的成就,最显著的是弗洛伊德派的学说。

⑦ "反省的意识"(Reflective consciousness)是就已意识到的事物,加以反省,即由直觉进入逻辑的思考。

⑧ "审美的"(Aesthetic)一词起源于希腊文 Aisthētikos,原义为"感觉",即见到一种事物而有所知。这种知即克罗齐所谓直觉的知,与逻辑的思考有别。因此研究直觉的知识的科学叫作 Aesthetic,研究概念的知识的科学叫作 Logic(逻辑)。Aesthetic 应译为"感觉学",它原来丝毫没有"美"的含义。但是凡是"美"的感觉都由直觉生出,所以一般人把 Aesthetic 和"美学"(The science or philosophy of beauty)混为一事。本译沿用已流行的译名,深知其不妥,所以特将原义注明。又 Aesthetic 也当作形容词用。这有两个意义:一是"美学的",例如美学的原理、美学的观点、美学的学派之类;一是"审美的",例如审美的经验、审美的态度、审美的活动之类。现在一般人常把"美学的"和"审美的"两个意义混淆起来,例如说音乐是"美学的对象",所指的实是"审美的对象"。"美学的对象"应该指美学这门科学所研究的对象。

⑨ 形式与内容是文艺思想史上一个大争执。一般人以为要作品好,先要选择好内容(即题材);批评作品的好坏也要从内容着眼。克罗齐和一般哲学家都以为艺术作品是完整的有机体,内容与形式不能分,犹如人的形体和生命不能分。艺术之所以为艺术,就在内容得到形式。未经艺术赋予形式以前,内容只是杂乱的印象,生糙的自然,我们就无从从艺术的观点去讨论它。既经艺术赋予形式之后,内容与形式混化为一个有生命的东西,我们也就无从从艺术的观点把内容单提出讨论。

⑩ "模仿自然"是欧洲美学思想中很古的一个信条,它可以溯源到柏拉图的《理想国》和亚里士多德的《诗学》,到了十七八世纪假古典主义

时代，一般学者把"模仿自然"当作一个基本的信条。

⑪ "认识"（Theory）：旧译一律为"理论"，甚不妥，详见本书第六章注①。

⑫ "感觉"（Feeling）：旧译为"感情"。这字在西文本有"触摸"的意义，"触摸所得的知觉"也还是用这个字来表示。在心理学上这字的较确定的意义是指"快"与"痛"的感觉（The feelings of pleasure and pain）。由此引申到温度感觉（例如说"我感觉冷"），再引申到情感发动时种种生理变化的感觉（例如说"她感觉害羞""他感觉恐惧"）。Feeling 大半指器官变化所生的感觉，这种感觉向来没有像对外界事物的知觉那么清楚，所以近于"知觉"（Perception）而仍不是"知觉"；可是它比"感受"（Sensation）又进一步，"感受"只是"感官领受"，实际上在这阶段时我们还没有"觉"，"感觉"则于"感"时即有明暗程度不同的"觉"。这"感觉"的对象有时有"情"的成分，有时却不一定有。比如我们可以说有"痛的感觉""冷的感觉""身体不适的感觉"，却不能说有这些生理状态的"感情"。参看本书第十章。

⑬ "形象"（Appearance, Schein）：是事物本身现于感官的形状，得到这形状由于直觉。

⑭ "审美的感官"（Aesthetic senses）：旧美学家把感官分为高级的（视觉的与听觉的）与低级的（其他）两种，把高级的感官特定为"审美的感官"，以为嗅触味诸感官不能审美。也有人不赞成这种看法。

⑮ 但丁（Dante Alighieri, 1265—1321）：意大利伟大诗人，著有《神曲》。

⑯ 阿基米德（Archimedes）：公元前三世纪希腊的大数学家和自然科学家。

⑰ "奥林比亚神的静穆"（Olympic serenity）：据希腊神话，文艺之神阿波罗（Apollo）居奥林比亚山的高峰，凭视人寰，一切事物经过他的巨眼的光辉，才得到形象，他对于悲欢美丑，一例观照，无动于衷。有人以为古典派的文艺理想就是这种"静穆"。

第 三 章

① 这就是哲学上"个例"与"公性"、佛典中"自相"(殊相)与"共相"的分别;孟子所说的"白马之白无以异于白玉之白"也是指这个分别。这匹马或这块玉的白色,在一时一地眼可见到的白色,是个例或自相,它由感受起印象,生知觉。一切白马及白玉的白,与一切白色物的白,在白之所以为白上相同,是公性或共相,它是由理智分析与综合所得的概念,可适用于任何时任何地任何白色物的普遍属性。

② 维柯(Giovanni Battista Vico, 1668—1744):十八世纪意大利哲学家,克罗齐最为推崇,自认他的思想渊源于维柯。《新科学》(Scienza Nuova)就是讨论美学与哲学问题的一部名著。

③ 近代象征派诗人是最好的例子。中国魏晋人玄谈,也往往以简隽见高远。

④ 引拉丁诗人贺拉斯的《诗论》中的话。

⑤ 亚里士多德在《诗学》里就已说明诗与散文的分别不在音律形式方面。

⑥ "双度"(Double degree):克罗齐把知的心灵活动依出现的先后次第分为第一度(First degree),即直觉,由此进一步的第二度(Second degree),即概念。直觉可以离概念,概念却必先经过直觉。

⑦ "母传语言"(Mother tongue):意为生下来就从母亲学得的语言,普通叫作"国语"。

⑧ "认识的心灵"(Cognitive spirit):克罗齐所用的 Lo spirito,英译即用 Spirit,中译通常为"精神"。这个字与德文的 Geist 相同,与英文 Mind 相当,应译为"心"或"心灵"。Spirit 源于拉丁,本义为"呼吸"。古人迷信人的神魂就是呼吸的气,人死了,气断了,神魂就随之飞散,因此 Spirit 又有"神魂"的意思。

⑨ "戏论"(Sophism):意为故作离奇的议论,用佛典中"戏论"一词来译很妥。戏论是不正确的推理结果。

⑩ "再现"(Represent):参见本书第一章注⑧,再现所得的为表象。

⑪　"意象性"（Ideal nature）：Idea源于希腊文，意指心眼所见的形象（Form），一件事物印入脑里，心知其有如何形象，对于那事物就有一个Idea，所以这字与"意象"（Image）意极相近。形容词是Ideal。艺术的特性也是Ideal，因为它所给的是具体的形象。

⑫　"对象与主体"（Object and subject）：我们所知所想所应付的事物是"知""想""应付"这些活动的"对象"，作这些活动的主人叫作"主体"，在文法上这分别通常叫作"宾词"与"主词"。这两字的形容词通常译为"客观的"与"主观的"。

⑬　凡是发生过的都是实在的，幻想还是在心里发生过的事实，所以有它的实在性；历史记录已发生的事实，所以一个人的生命史也要包含他的幻想在内。

⑭　克罗齐的历史哲学在他的"历史学"里说得比较详明，宜参看。这里所说的只是粗枝大叶。

⑮　哲学与科学许多人以为是对立的，其实一切运用理智作分析、综合、推理以求真理（概念，原则）的活动都可以叫作"哲学"，也都可以叫作"科学"。"知"有许多种类，每一类的"知"是一科学问，所以有"科学"的名称。依克罗齐看，只有哲学才是真正的完善的科学，因为它所用的完全是逻辑的推理，所研究的完全是万事万物的共相，所得到的完全是可推证的原理大法（概念）。所谓"自然科学"只是经验科学，还要靠由感官得来的个别事物的知觉，还要假设一些概念如"原子""能力"之类，这些概念本身尚待证明，由它们推断出来的结论当然也还是尚待证明的。

⑯　攸克里特（Euclid）：公元前三世纪希腊数学家，对于物理学多所贡献。

⑰　现象与本体：这两个名词对不同的哲学派别就有不同的意义。比如说，康德以为我们所知道的都是现象，而现象后面的本体，我们却无法知道。依克罗齐，用直觉知道的是现象，用推理知道的是本体。

第　四　章

①　"合理"（Probability）：这词源于拉丁，与"证明"（Prove）一词同

根,凡是不能说必定而却可以理证其为当然的都是 Probable。在文艺方面,人物故事尽管是虚构,尽管有时涉及神仙鬼怪,妄诞不经,而人物仍须符合所要写的性格,故事仍要首尾连贯,没有自相矛盾处,这就是"合理的"。"合理的"就是"当然的"。

②《耶路撒冷的解放》(Jerusalem Delivered):意大利十六世纪大诗人塔索(Tasso,1544—1595)的著名史诗,叙述十字军解放基督教圣地的故事。

③ 荷马史诗指《伊利亚特》和《奥德赛》两部史诗。前诗叙述希腊大军渡海到小亚细亚围攻特洛亚要夺回海伦的十年战争,后诗叙述希腊一位将领奥德修斯在战后航行十年回国的经过。

④ "典型"(Type):从个例可见共相的人物。例如莎士比亚的夏洛克,巴尔扎克的葛朗台虽都是个别的角色,可以见出一切守财奴的特点,就是守财奴的"典型"。

⑤《堂吉诃德》(Don Quixote)是西班牙大作家塞万提斯(Cervantes,1547—1616)的名著,也是近代欧洲的第一部长篇小说。书中主人翁堂吉诃德醉心于浪漫的骑士风,带了一个现实主义的仆人桑丘到处寻求奇遇,闹了很多笑话。它的主旨是讥嘲封建时代浪漫的骑士风。

⑥ "象征"(Symbol):一件实物可代表或暗示一个抽象概念,叫作"象征"。

⑦ "寓言"(Allegory):一个故事后面带有一种伦理政治宗教或哲学的意义,叫作"寓言"。

⑧ 马锐纳(Marino,1569—1625):意大利诗人,写过一首长诗《阿端勒》(Adone),以浮华俗艳著名。

⑨ "种类"(Kinds,Genres)的观念在各国都很盛行,例如中国诗分古、律、绝、四言、五言、七言、杂言、乐府、歌行、宴享、游历、酬赠之类。这种分类其实只是一种实用上的方便,往往没有逻辑的根据。

⑩ 意大利的悲剧作者指阿尔菲爱里(Vittorio Alfieri,1749—1803),他作了十九部悲剧,大半属古典型。

⑪《亨利歌》(Henriade):十八世纪法国文豪伏尔泰(Voltaire)的长

诗,赞扬法皇亨利四世的功绩。

⑫　"仿英雄体"(Mock‐heroic):史诗大半用"英雄体"(Heroic verse)。在希腊拉丁为每行六音节,在英文为无韵五音节格。史诗之称英雄诗,因为叙述的是英雄故事。假古典主义时代诗人喜作"仿英雄体诗"。

⑬　《桶的强夺》(*Secchia Rapita*)是意大利诗人塔索尼(Tassoni, 1565—1635)的仿英雄体诗。《神的侮慢》(*Scherno degli Dei*)是意大利诗人勃腊契阿里尼(Bracciolini,1566—1640)的仿英雄体诗。两诗都不著名。

⑭　"牧歌体"(Pastoral,Eclogus):公元前三世纪希腊诗人第阿克里塔斯(Theocritus)创"牧歌体",拉丁诗人维吉尔(Virgil,公元前70—前19)也做了一些牧歌,后来有许多诗人仿效。

⑮　《阿民塔》(*Aminta*):意大利诗人塔索的田园诗剧,不甚成功。

⑯　《亚尔契奥》(*Alceo*):意大利诗人福斯果洛(Ugo Foscolo,1778—1821)的一部不甚成功的诗。

⑰　"种类的生展":法国十九世纪文学批评家勃吕纳节(Brunetière, 1849—1906)曾著一书述"种类的生展"(Evolution des Genres)。

第 五 章

①　社会学的创始人要推法国学者孔德(Comte,1798—1857)。他把科学由简而繁列为数学、天文学、物理学、化学、生物学(包含心理学)、社会学。后一阶段科学都要根据前一阶段科学,所以社会学是最高的科学。应用社会学于美学的以法国学者居友(Guyau,1854—1888)为最著。他著有《艺术,从社会学观点去看》一书。

②　克罗齐早年对马克思主义还有些赞成,后来却竭力反对。

③　"子曰"原则(Ipse dixit):拉丁语,意为"老师曾经说过",恰当于中文"子曰"。爱引古圣哲的话做自己的根据,不管它对不对,就是迷信"子曰"原则,译作"教条主义"亦可。

④　亚里士多德的《工具论》(*Organon*):形式逻辑学的祖宗。"工具"意谓学问的工具。它偏重思想的抽象形式,如判断的形式以及三段论

法的形式之类,所以称为"形式逻辑学"。克罗齐讥其为"字面主义"(Verbalism),因为它离开思想的实质而专在字面上推敲。

⑤ "唯名主义派","唯实主义派","唯概念主义派"(Nominalists, Realists, Conceptualists):这是中世纪哲学上的大争执。他们的问题是殊相(个别事物)与共相(概念,总类)有什么关系,究竟哪一项是真实的。唯实派说:共相是真实的,愈普遍的愈真实。唯名派说:殊相是真实的,共相或概念不过是同类个别事物的总名。唯概念派折中这两派说:共相不仅是名字,它是真实的,在个别事物前,它存于上帝的心中的概念;在个别事物本身中,它是个别事物的共同点;在个别事物后,它存于思想者的心中当作概念;个别事物自然也是真实的;因此,共相以殊相显,殊相以共相存。

⑥ 伽利略(Galileo,1564—1642):意大利数学家和天文家,在实验科学上有许多发明,著有《关于两门新科学的对话》,讨论科学方法。培根(Francis Bacon,1561—1626):英国哲学家,著有《新工具论》,反对亚里士多德的形式逻辑学,提倡观察实验与归纳法。

⑦ "先经验的综合"(A priori synthesis):先经验是对后经验的(A posteriori)而言。据莱布尼兹和理性派学者,知识的来源分两种。一是"先经验的",即于理必然,不待经验证实的,例如数学及几何学的自明公理。这是一切经验所依据的,一切知识都借先经验的自明的普遍的必然的真理生发出来,它是理智所了解的,用不着感官。其次是后经验的,即由感官察觉的,由经验得来的,它以经验的当时当境为真实,没有普遍性和必然性,所以也叫作"偶然的"(Contingent)。"综合"是判断的一种形式。综合的判断与分析的判断对立。判断的宾词的意思已含在主词里面,可以由主词分析出来,叫作分析的判断。例如"物体是有体积的","物体"中即含有"有体积的"意思。这种判断也是由理智获得,无须假道于经验的。它既只发挥主词已有的意义,所以不能增加新知识。综合的判断则不然,它的宾词是由经验得来的新知识,不能从主词分析出来。例如"这物体是热的","物体"不一定含"热"的意思。哲学上理性主义(Rationalism)和经验主义(Empiricism)的大争执就在这先经验的与后经验的、分析的与综合的两大区分上面。理性主义着重先经验的分析的判断,经验主义是着重

后经验的综合的判断。很显然,这两大区分——先经验的,分析的,理智的,必然的,普遍的与后经验的,综合的,感觉的,偶然的,特殊的——之中有一大鸿沟。二者如何交会融合,是有哲学史以来的首要问题。十八世纪德国大哲学家康德的大企图就在把这鸿沟塞起。他所用的工具就是所谓"先经验的综合判断"。他认为根据经验的综合判断如果没有一些先经验的成分即不可能。例如数学的前提是综合的,因为最后都必须根据知觉得来的东西。可是它们的必然性与普遍性不能由经验证实,要证实它们的必然性与普遍性,就必须证实它们有先经验的成分。康德认为空间时间之类观念——数学所依据的——为一切经验所必需,而却不由经验获得;所以一切经验中都必假定有先经验的成分。再比如说逻辑的判断"凡人皆有死",把实质除开,它必须有"全""偏""肯""否"之类形式的关系,也是不由经验而却为经验所必有的。这就是"先经验的综合的判断"的大意。

⑧ "绝对唯心主义"(Absolute idealism):重要的倡导者是德国哲学家谢林(Schelling,1775—1854)。他发挥康德唯心哲学,在心灵与自然,主观与客观之上立一最高原则,名为绝对(Absolute),所以他的唯心主义叫作绝对唯心主义。在把"绝对"认为宇宙最高统一原则一点,他的思想颇近于黑格尔。

⑨ 侯巴德(Herbart,1776—1841):德国哲学家。

⑩ "叙述的判断"(Narrative judgement):一切记载经验的判断,例如"今天下雨""我感觉愉快""张三到了上海"之类。

⑪ 例如"人"一个概念可适用于任何个别的人。你是"人",我是"人",他是"人",字面的形式尽管有变化,而"人"的概念却恒一不变。那概念存于思想中是无法表现的。"人"——它的表现品——不过是一个字,符号或引得。这字("人")的真正意义并不在思想中抽象地存在,每人当时当境用这字时才付与它一个具体的意义,你所了解的"人"和我所了解的"人"不完全一样。

⑫ "非确有所阐明的判断"(Non-enunciative judgement):例如"我愿你来",只表示一个愿望而不是阐明一个真理。

⑬　这是指上文所谓审美的前提。

⑭　这是指上文所谓历史的前提。

⑮　"人文主义者"(Humanists)：人文主义指文艺复兴时代回到希腊自由思想和反对中世纪崇拜权威的文化运动；它产生了近代科学。

⑯　"数理逻辑"(Mathematical logic)：即符号逻辑(Symbolic logic)，要旨在根据很少的基本的思想的公理和定律，如同数学的推理方式，逐渐推证引申一切思想的形式出来。所以它仍是一种形式逻辑学。

⑰　莱布尼兹(Leibniz, 1646—1716)：德国大数学家和哲学家，首先看到逻辑学可以走数学符号的路径。

⑱　"柏拉图的理式"(Platonic ideas)：依柏拉图，经验界无真理，感官所接触的事物全是虚幻，它们只是"理式"的影子，唯有理式是真实的，长存不变的。比如雪的"白"可以消化，而"白"一个理式则无时空性，永远地普遍地可以应用凡是"白"的事物上去。凡是"白"的事物都是模仿"白"的理式那个原型而产生的。"理式"不是观念或概念，这些都是心灵活动的产品，而柏拉图的"理式"是独立的客观存在。

第 六 章

①　"认识的活动与实践的活动"(Theoretical activity and practical activity)：西文 Theory 一字通常一律译为"理论"或"学理""学说"，它的形容词则为"理论的"。这些译名在本书中就不妥当。这字根是从希腊文 Thea 来的，与"戏院"(Theatre)一字同源，原义只是"见"或"观"，推到"所见""所观"。戏院里的戏是一种"所观"。在中西文中，"见"都有"了解"或"知"的意思。见而有所知，就是 Theory。所以如果拿中文习用词"认识"来译，甚为恰当。"认识"包含一切"知"的活动，依克罗齐说，这只有"直觉"和"概念"两种。"直觉"是只见事物对象本身而知其形象，"概念"则见到事物中的关系，运用推理作用而有所了解。所谓"理论的"只能应用到知的概念阶段而不能应用知的直觉阶段，其实直觉仍是 Theoretical，所以"理论的"只能译出 Theoretical 的片面意义，不很妥当。

②　这是指叔本华一派的哲学;尼采的见解也大致相同。

③　这是法国哲学家比朗(Maine de Biran,1766—1824)一派人的主张。柏格荪的"生力"说与弗洛伊德的"来比多"(Libido)说与此亦相近。

④　普罗米修斯(Prometheus):希腊神话中反抗天神,偷火与人类而被天神严谴的一位神人,他成为革命与反抗的象征。

⑤　哈姆雷特(Hamlet):莎士比亚的名剧中的主角。他的母亲私通他的叔父,把他的父亲谋杀了。他要报仇,徘徊犹豫,思量这样,思量那样,不容易下一个决心。他是沉醉于思考而不能行动者的代表。

⑥　"实践的判断"(Practical judgment)或"价值的判断"(Judgment of value):这是康德用的名词,意义看下文所举例自明。

⑦　"规范的科学"(Normal science):指伦理学、政治学、法律学之类科学,这类科学给人规范,使他们在实际行为上有一个标准。不过近代科学愈发达,自然科学的方法愈占势力,从前所谓"规范的科学"都逐渐变成自然科学了。自然科学研究事物之所以然,规范科学研究事物之所当然。

⑧　这段在克罗齐的美学中很重要。他把"表现"和"传达"分开,前者是艺术的活动,后者是实践的活动。他把"传达"叫作"外射",即一般人所谓"表现";他所谓"表现"完全在心里完成,即一般人所谓"腹稿"。胸有成竹,竹已表现;把这已表现好的竹写在纸上,这是"传达"或"外射",是实践的不是艺术的活动,它有"给别人看"或"备自己后来看"那一个实践的目的。参看本书第十五章注②。

⑨　阿纳克里昂(Anacreon):公元前六世纪希腊诗人,他的诗大半歌唱醉酒妇人。

⑩　亚屈鲁斯(Atreus):希腊的一个王族,其中有一个国王阿伽门农(Agamemnon)和他的子女的悲剧,是希腊的第一个大悲剧家埃斯库罗斯(Aeschylus,525—556)的题材。阿尔岂第斯(Alcides):希腊大力士赫克里斯(Hercules)的别名。希腊大悲剧家索福克里斯(Sophocles)和欧里庇得斯(Euripides)都用过有关他的故事为题材。

⑪　维纳斯(Venus):罗马神话中的爱神。

154

第 七 章

① 马岂埃维里(Machiavelli, 1469—1527):意大利佛罗棱斯的政治家和政治哲学家。他的《君主论》一书在政治思想史中占很重要的地位。他在这部书里主张在政治上要达到目的,可以不择手段。恺撒·包济亚(Cesare Borgia, 1476—1507)是教皇亚历山大第六的私生子,极残酷不仁,可是极能干。马岂埃维里把他看成君主的模范。

② 亚古(Iago):莎士比亚的悲剧《奥赛罗》(Othello)中一个奸猾的角色。他用种种诡计谋害他的长官奥赛罗,说他的夫人有奸情,以致奥赛罗把自己纯洁的妻子杀死。

③ 薄伽丘(Boccaccio, 1313—1375):意大利文艺复兴的重要作家之一。他的最著名的作品是《十日谈》(Decameron),欧洲最早的短篇故事集。齐亚柏勒陀(Ser Ciappelletto)是书中一篇故事的主角,一个典型的坏人。

④ "不关道德的"(Amoral):指"在道德范围以外的","不能从道德观点说好坏的",既非"道德的",亦非"不道德的"。

⑤ 耶稣会学派(Jesuits):天主教会中的一个派别。

⑥ 这段的主旨在说明经济与道德有像直觉与概念的双度关系。人类的活动不外认识与实践两种,每种各有先后两度关系。先可离后,后不可离先;直觉可离概念,经济可离道德;而概念却不能离直觉,道德却不能离经济。科学(即概念或逻辑)统治直觉品,因为科学内含直觉品;道德统治经济的活动,因为道德内含经济的活动。科学借审美的形式具体地出现,因为共相基于殊相,有殊相才能见共相;道德借经济的形式具体地出现,因为有理性的活动(道德的)要在个别的经济的活动中见出。

⑦ "功利主义"(Utilitarianism):英国经济学家边沁(Jeremy Bentham, 1748—1832)和穆勒(James Mill, 1773—1836)所创始的,要旨是"最大多数人的最大量的幸福是衡量是非的标准",苦与乐是人类行为的最重要的动机,道德的和有用的是一回事。

⑧ 克罗齐有专著详论经济学和伦理学,即《心灵的哲学》第三卷,叫

作"实践活动的哲学:经济学和伦理学",或简称"实践哲学"。

⑨　在殊相中所见的共相,在个别的人中所见的普通人性。

⑩　"绝对的自由"(Absolute freedom):自由与必然(Necessity)对立,犹如心灵与自然对立。心灵实现它的真自我,不受自然的必然性所限制,于是得到"绝对的自由"。

第　八　章

①　"四阶段或四度"(Four moments or degrees):认识的活动有直觉与概念的双度,实践的活动有效用与道德的双度,共为四度。包括一切心灵的活动,已如前述。"度"又叫作"阶段",都是譬喻词,"度"如寒暑表上的度数,"阶段"如阶梯的段落,都是从低级转到高级,上一层都要假定下一层。心灵活动的四阶段由低而高为认识的(直觉→概念)→实践的(效用→道德)。克罗齐著了四部哲学著作:一、"美学",讨论第一度认识活动,即直觉;二、"逻辑学",讨论第二度认识活动,即概念;三、"实践活动的哲学",讨论经济的和道德的双度实际活动;四、"历史学",讨论对已成事实的直觉。这四部著作就组成他的"心灵哲学"的全体。

②　"意旨的定向"(Direction of intention),来源待考。

③　"理性主义者"(Rationalists):基督教的神学旧分两派:一派以为教会的一切信条,如《圣经》所载的话,都是上帝启示给人的,人的理智不够了解,只应相信;这普通叫作"神启的宗教说"(Revealed religion)。一派以为神启的就是合理的,人的理智所可了解承认的,宗教是可用哲学说明的;这普通叫作"自然的宗教说"(Natural religion)。后一派较新,流为理性主义派。在近代,这一派想用学理来打破宗教与自然科学的冲突。

④　"实证主义"(Positivism):法国孔德所倡导的哲学。这派哲学以为人类进化必经神学的、形而上学的、实证科学的三阶段,它放开最初因和最终目的诸问题不谈。

⑤　"形而上学"(Metaphysics):这字源于希腊文,原义为"在物理学之后"。亚里士多德最初用这个名词,他写完《物理学》之后,把《物理学》

所不能讨论的一些关于宇宙全体原则大法的问题另写成一书,叫作《形而上学》。它讨论普遍性相,不讨论诸科学所讨论的感官经验的个别事实。但是后世有人把形而上学看成诸个别科学的哲学,如历史的哲学、自然科学的哲学之类。克罗齐不赞成这个办法,以为历史的哲学其实只是历史的方法论,自然科学的哲学只是研究概念的逻辑和认识论;哲学只研究普遍原理,不研究特殊事实,所以不能与历史及自然科学争地盘,因此他自称为"反形而上学者"。从黑格尔以来,"形而上学的"指与"辩证的"相对立的哲学方法。

⑥ "直觉的理智"或"理智的直觉"(Intuitive intellect or intellectual intuition):理智与直觉像克罗齐所再三说明的,是两种不同的认识活动,是理智的就不能同时是直觉的。但是从前哲学家(如康德是著例)认为人类心灵有"理智的直觉"一种机能,把两种不同的认识活动合在一起,可能察觉本体。

⑦ "神秘的美学"(Mystical aesthetic):特别指新柏拉图派的美学,重要的代表是泼洛檀纳斯(Plotinus,205—270)。

⑧ 亚尔契那花园(Alcina):亚尔契那是意大利诗人阿里奥斯托(Ariosto,1474—1533)的杰作《疯狂的奥兰陀》中的一个女巫,她住在一个妖园里,把她的情人都变成禽兽木石。

⑨ 阿斯陀尔浮(Astolfo):上述书中一个人物,游过乐园和月球,在月球上找到地球所丢掉的东西,连奥兰陀的神智在内。

第 九 章

① "类性、种性和个性"(Genera,species and individuality):例如动物是类,人类是种,张三李四是个体。这里认识的活动是类,直觉的活动与理性的活动各是种,每个直觉品是个体。

② "修辞品类"(Rhetorical categories):修辞学在欧洲从古希腊到现在都是一门重要的学问。修辞学者喜欢把作品风格分类,古今中外皆然。我们只要记起钟嵘的《诗品》、刘勰的《文心雕龙》以及司空图的《二十四

诗品》之类文学批评要籍,就可以明白修辞品类的重要性。在欧洲情形亦复如此。克罗齐承认这些品类名目在经验上有它们的方便,但是否认它们在哲学上有任何价值。

第 十 章

① "感觉"即 Feeling,见本书第二章后半及注⑫。

② 审美事实的非逻辑性和非历史性,见本书第三章,但是克罗齐在那里并未用"感觉"这个名词。

③ 心灵活动,原文只是"活动"(Activity)。克罗齐以为只有心灵才有活动,活动即认识与实践的总称。它与"被动"对立,"被动"是"自然"的特征,所以心灵与自然对立。被动是素材,活动才有形式,所以素材与形式的对立,也就是自然与心灵的对立。这里我们用心灵活动,以便读者易于了解,读者须记住克罗齐所谓活动都是心灵活动。

④ "快感主义"(Hedonism):要旨是人类行为都受快感与痛感的决定,不是趋乐,就是避苦。英国功利主义派哲学家边沁和穆勒都提倡快感主义。在美学上快感主义把艺术所产生的快感与一般感官方面的快感混为一谈。这种看法从古希腊到现在都有人主张。这字普通译为"享乐主义",带有纵欲的意味,不妥。

⑤ "无所为而为的快感与有所为而为的快感"(Interested and disinterested pleasures):Interest 这字有实际利害的意义,关系实际利害,带实用目的的活动是"有所为而为的",不关系实际利害,不带实用目的的活动是"无所为而为的"。这个分别是康德提出的,他认为审美只产生无所为而为的快感。

⑥ 德文 Gefallen 与 Vergnügen 的分别是被动与主动的分别,前者可译"物使我怡悦",后者可译"自己怡悦"。

⑦ 指上文所说的真善美。

⑧ "价值"(Value)与"反价值"(Antivalue):例如"善"是价值,"恶"便是它的反价值。心灵活动自由发展,则有成功的表现、理解或道德行

为,即有价值;它与被动矛盾冲突而不能克服,则有不成功的表现、理解或道德行为,即有反价值。

⑨　极丑失其为丑,丑是一种反价值,起于活动与被动的矛盾,极丑则活动消失,全是被动,没有矛盾,它就不是对价值而言的反价值,只是无关价值(Non-value)。

⑩　这段主旨在说明审美的快感与非审美的快感的分别。审美的快感起于见到成功的表现,非审美的快感起于实用需要的满足,例如有些颜色使我们生快感,完全由于它适合生理要求或唤起愉快的联想,青色就是如此,眼睛喜看青色,因为它的刺激适合眼睛的组织,而且唤起田园宁静新鲜的联想。这不能算是审美的快感。在一幅画中青色是一个完整谐和的形象之中一个因素,有表现性,才能唤起审美的快感,近代实验美学的一个根本错误在于忽视这个分别。

⑪　"外表的感觉"(Apparent pleasures):也许叫作"同情的感觉"(Sympathetic pleasures)还更妥当。例如看《水浒传》武松打虎一段,未把虎打杀以前我们和武松一样提心吊胆,既把虎打杀,我们和他一样兴高采烈。这些都是实际生活中的感觉冲淡了的。

第十一章

①　能容者指各种心灵活动,所容者指痛快感觉。

②　这就无异于不承认有一种特殊的活动为审美的活动。

③　"游戏说"(The play theory):发源于德国诗人席勒(Schiller,1759—1805)。主旨在以为艺术与游戏相同,都是过剩精力发泄于自由活动。后来英国学者斯宾塞(Spencer,1820—1903)也主张游戏说。

④　奥地利心理学家弗洛伊德是性欲说的著名的倡导者。他以为性欲本能最强,受道德、宗教、法律等等社会力量的压抑,于是沉到隐意识里去;力量仍在,时图爆发,文艺把这种潜力引导发泄于社会所允许的途径。胜利说的倡导者是弗洛伊德的弟子爱德洛(Adler),要旨在人发觉自己有缺陷,便起"在上意志"(The will to be above)或"男性的抗议",不但把缺

陷弥补起来,而且还超过没有缺陷时所能做到的程度。

⑤　"同情说的美学"(The aesthetic of the sympathetic)主张艺术的题材须能引起观众的道德的同情。十八世纪英国的波尔克(E. Burke)是同情说的代表。

⑥　这段主旨在反对把道德的同情所生的快感与审美的活动所生的快感混为一事。

⑦　意大利诗人邓南遮(Gabriele d'Annunzio, 1864—1938)的话。

第十二章

①　丑被征服以后才能收容于艺术,产生"雄伟的""喜剧的"之类印象,这是十九世纪德国学者梭尔格(Solger, 1780—1819)、梵依斯(Weisse, 1726—1804)诸人的主张。

②　"雄伟的"(The sublime):讨论"雄伟"的学者以波尔克、康德、黑格尔诸人为最著。

③　"诙谐的"(The humorous):普通译为"幽默"。

④　"喜剧的"(The comic):这里的定义虽是综合的,大体上是康德和叔本华的学说。

⑤　见柏拉图的《斐列布司》(Philebus, 47—50):"拿朋友的愚蠢作笑柄时,我们一方面有妒忌所伴的痛感,一方面又有笑所伴的快感。"

⑥　见亚里士多德的《诗学》(Poetics, 1449:32—35):"喜剧描写人们比常人坏些,坏并非指任何一种和每一种过失,只是指一个特种的过失,就是可笑的,这原是丑的一种;丑就是一个误失或残缺,对旁人不生痛感或伤害的。"

⑦　霍布士(Thomas Hobbes, 1588—1679):英国哲学家,主张人性本恶,在他的名著《人性论》里说:"笑的情感只是在发现旁人的弱点或自己过去的弱点,突然念到自己的某优点所引起的'突然荣耀'的感觉。"

⑧　见康德的"审美判断的批判":"一种紧张的期望突然消失,于是发生笑的情感。"

⑨　这是十九世纪德国美学家立普司(Theodor Lipps,1851—1914)的看法。

⑩　约翰·保尔·芮希脱(John Paul Richter,1763—1825):德国小说家,以诙谐著名,有专著论美学。

⑪　法利那(Farinata):但丁的《神曲·地狱》中的一个角色。他生前是佛罗棱斯的保皇党的首领。

第十三章

①　这就是通常所谓"艺术的媒介"(Medium),即表现的手段,克罗齐把它们看成"物理的"(Physical)东西,不属于审美活动或表现。

②　达尔文的《人与兽的情绪的表现》(The Expression of the Emotions in Man and Animals):一八七五年出版。达尔文用"表现"一词是取克罗齐所谓"自然科学的意义"。"表现"一词的意义大要有三种:第一即这个"自然科学的意义",如面红耳赤是羞的表现;表现等于流露,不经过心灵的造作。第二即一般所谓"传达",把审美活动借物质的媒介外射于可以使旁人见闻的作品,比如说把心里要说的话借文字"表现"出来,这个用法最普通。第三即克罗齐所说的表现,这和直觉、审美的活动、心灵的审美的综合、艺术创作等词实在都是同义,即通常所谓"腹稿"。把这"腹稿"用文字写在纸上——第二个意义的表现——克罗齐以为只是实践的活动,因为有叫旁人看或自己后来看那一个实践的目的;而它的成就则是物理的事实。一本书或一幅画本身不能算是艺术,但是人可借它窥见艺术,"窥见"就是心灵的活动。参看本书第一章注⑨。

③　克罗齐的学说在叙述这四个阶段时说得最简单明了,但是第四阶段与第二阶段是否可以完全割开,即构思或表现时是否不运用传达媒介,颇为问题。

④　这里实践的陪伴即传达的活动,物理的刺激物即传达的媒介,例如文学所用的文字。

⑤　上文所说的四阶段是就作者创造来说,本段所说的五阶段是就

读者再造或欣赏来说。

⑥ "物理的美"（Physical beauty）：指借物理的媒介如声音、颜色、文字等传达出来的普通叫作"作品"的那东西的美。

⑦ "集体的暗示"（Collective suggestion）：例如大家都说某一部书好，或是它哪几点好，我也跟着觉得好，就是受集体的暗示。

⑧ 纳西瑟斯（Narcissus）：希腊神话中的美少年，他看见自己的形影投在泉水里，就爱上它，看着不肯丢，以至落到水里溺死；据说他死后变成了水仙花。

⑨ "写作符号"（Writings）：这与普通所谓"写作"略有分别，"写作"着重"作"的活动，这里着重用文字符号记载下来的痕迹。从这文字符号我们窥见作者的意思，再从作者的意思窥见他的艺术形象。这比看图画雕刻窥见艺术形象要多一层手续，即从符号见意义的那个手续。

⑩ 《唐璜》（*Don Juan*）：奥地利大音乐家莫扎特（Mozart，1756—1791）的著名歌剧。

⑪ "摩西"（Moses）：米开朗琪罗的著名的雕像，原来是替教皇朱里乌司二世的墓园做装饰的。

⑫ "耶稣现灵光"（Transfiguration）：指耶稣在山上变形象的故事，详见《马太福音》第十七章。文艺复兴时代画家用这题材作画的甚多。

⑬ "自由的美与非自由的美"（Free and non-free beauty）：前者不带实践的目的，后者带实践的目的。"非自由的美"也叫作"依存的美"（Dependent beauty），"自由的美"也叫作"纯粹的美"（Pure beauty）。这个分别源于康德。

⑭ "美术"（Fine arts）：指文学、音乐、图画、雕刻之类艺术，与"工业艺术"（Industrial arts）相对立。建筑、陶瓷、刺绣、金工、木工之类属于工业艺术。这个区分是很古的，但是有时颇牵强。

⑮ 李纳尔多（Rinaldo）：塔索的《耶路撒冷的解放》里面的一个要角；亚美达（Armida）是他的爱人。

⑯ 这是通俗的看法，先着手画，经过摸索尝试，才发现所要画的。先着手画，就要先利用物理的美。

162

⑰　鲍姆嘉登（Alexander Baumgarten，1714—1762）：德国美学家，第一个用 Aesthetic 称呼研究美与艺术的科学的人。

第十四章

①　"联想主义"（Associationism）：旧心理学的一个基本原理是"观念的联想"，要旨是甲、乙两观念因性质的类似或经验的接近而生联想，看到甲，乙就被连带地想起来。旧心理学家拿这原则解释知觉、记忆、思想以至于情感、意志。审美的联想主义以为物理的事实（例如文字）是一种形象，以联想作用，引起审美的事实（例如文字后面的意义），这是另一形象。两形象凑合，于是有审美的意识。克罗齐反对此说，理由有二：（一）审美的意识是整一的，我们意识不到甲、乙两形象的凑合；（二）物理的事实不以形象的资格入意识，它只刺激心理组织，使原有的唯一的审美的形象再现于意识。

②　整一即指审美的意识的整一，联想主义假定这意识是二元的。

③　"美学的物理学"（Aesthetic physics）：十九世纪德国美学家费薛尔（Vischer）在他的名著《美学》中，有一部分叫作"美学的物理学"，讨论光、热、水、土、动物、植物等等自然界事物的美。

④　"理智的抽象品"指种类。某一类的概念是生于理智的，审美的性质是得于直觉，不是得于理智。所以我们不能把审美的性质"美"加诸理智的抽象品。

⑤　保尔·鲍特（Paul Potter，1625—1654）、伦勃朗（Rembrandt，1606—1669）都是荷兰名画家，前者以画动物著名，后者以人物画像著名。甘尼米德（Ganymede）是希腊神话中的美少年。

⑥　贺拉斯（Horace，公元前 56—前 8）是罗马人；他的《赋体诗》（Odes）第一章开头有这样一句话："有些人唯一的快乐是在奔车上搜集俄林波斯神的灰尘。"意思与"吸古人之糟粕"相近。雷奥巴尔迪给卡罗·泊波里（Carlo Pepoli）的信待考。本段的大意是说各人嗜好不同。

⑦　"艺术理想化自然"说：这一说仍以为艺术模仿自然，不过加以改

变,使自然近于理想。

⑧ 美必有体积(Bulk),此说首见于亚里士多德的《诗学》。依他看,美的事物必有合式的体积,太小不能察觉,太大不能分辨,我们都不起美感。

⑨ 太大太小,都不能为直觉的对象,但仍能成为概念。

⑩ "美的客观条件":这个观念来源甚久,从古希腊到现在,许多文艺理论著作都为这个问题所纠缠不清。一个作品有哪些条件才能美呢?已往的答案甚多,文艺上许多规律和教条都是这样起来的。近代实验美学也是在这问题上绞脑浆。克罗齐根本否认美有"客观条件"。

⑪ "黄金段"(Golden section)之说是从达·芬奇就主张起,近代德国实验美学家斐希纳(Fechner,1801—1887)才就它作了许多实验。

第十五章

① 实践活动在为快感时,只是审美活动的陪伴;在受意志的指使,造作艺术再造的物质的工具,使表现品可保留传达时,就是审美活动的一个真正有分别的阶段。

② "外射"(Externalization):即把内在的审美的直觉品(克罗齐所谓表现品,是已在心中成就的"腹稿"),借物理的媒介,如语文、颜色、声音、线条之类,放射到外面去,留下可以让旁人欣赏的痕迹。克罗齐所谓"外射"其实就是一般人所谓"表现"或"传达"。

③ "技巧"(Technique):外射例如把画画在纸上,诗写在纸上,或像雕在石上(这就是产生审美的再造的刺激物),这画、写、雕等的实践活动都依靠一些知识,这就是"技巧"。技巧是知识的应用,不能算是艺术本身的一个因素。

④ "内在的表现的手段"说:"手段"就指"技巧",外射可以有技巧,直觉先于理性的知识和实践的活动,所以不能有所谓"手段"或"技巧"(技巧是理性的知识,而运用技巧是出于意志的实践活动)。

⑤ 维屈鲁维司(Vitruvius):公元前一世纪罗马作家,他的《建筑学》

是古代仅存的一部讨论建筑的著作。

⑥　依克罗齐,我们不能说:什么东西可以用颜色"表现",却可以说:什么东西可以用颜色"外射"。颜色是物理的事实,而表现是心灵的审美的事实,二者之中没有通道。

⑦　如果图画、音乐等各有审美的界限,则图画有图画的美,音乐有音乐的美,这两种美就没有共同点。其实图画的美是这个"美",音乐的美也还是这个"美"。所以美学总是普遍的美学,不是某个别艺术的美学。克罗齐因此不赞成艺术的分类。

⑧　这是十九世纪德国美学家哈特曼(E. von Hartmann,1842—1906)的主张。他把艺术分为视觉的(造型艺术与图画),听觉的(音乐、语言、歌)以及想象的(诗)。

⑨　这是十八世纪德国剧作家和批评家莱辛(Lessing,1729—1781)的主张。在他的名著《拉奥孔》(Laokoon)里,他把艺术分为空间的——即静的(图画、雕刻),和时间的——即动的(诗歌),以为图画、雕刻只宜于描写物态,诗歌只宜于叙述动作。

⑩　这是十九世纪德国大哲学家黑格尔的主张。在他的《艺术哲学》里,他把艺术分为象征的、古典的和浪漫的。象征的艺术的特色在物质超过心灵。古典的艺术的特色在物质与心灵混化谐和;浪漫的艺术的特色在心灵溢出物质。"象征的艺术"主要地是东方的。

⑪　《失乐园》(Paradise Lost):是英国十七世纪诗人弥尔敦(Milton,1608—1674)的仿史诗。西方常有画家根据文学作品的题材作画。

⑫　这就是一般所谓发表作品。

第十六章

①　"鉴赏力"(Taste):有时译为"趣味",就是对于文艺的鉴别美丑的能力。"天才"(Genius)在这里指文艺的创造力。

②　"艺术的判断":就是艺术的批评。一般人以为创造靠天才,批评靠鉴赏力,是两件不同的事。克罗齐以为批评须假道于再造,设身处地把

原作者创作时心理过程在想象中再经历一遍,然后可以判断作品的美丑,在批评但丁时,就要了解但丁,就要把自己提升到但丁的地位,再造他所曾创造的作品,因此天才与鉴赏力、创作与批评,并没有根本的分别。

③　克罗齐在这里所说的绝对主义(Absolutism)与相对主义(Relativism),即文学批评中的教条主义与印象主义。前者相信美有客观的标准,艺术有固定的规律,批评家拿这标准与规律去衡量作品,如同裁缝拿尺去量布;后者相信美无客观的标准,艺术不应有固定的规律,嗜好人人不同,批评家如果诚恳坦白,就只能凭他自己在作品中所得的印象,批评是"心灵在杰作中的冒险"。克罗齐对这两种主张都反对。

④　被动(Passivity)是自然或物质的特征,犹如活动(Activity)是心灵的特征。活动与被动尚在冲突,即心灵尚未克服自然或物质。

⑤　第三罗马:古罗马为第一罗马,中世纪天主教会为第二罗马,近代意大利为第三罗马。

⑥　契玛布(Cimabue,1240—1302):意大利名画家。他的"圣母像"画成后曾轰动一时,成千成万的群众从他的画室把那幅画送到新圣玛丽教堂。

⑦　"传统文献"(Tradition):普通这字译为"传统",这里译为"传统文献",意思较为醒豁,它指过去的史料。

⑧　爱屈拉斯康(Etruscan):这字源于Etruria,罗马时代的一个古国,在意大利中部。世界上有好些地方,像这种古国,都有碑版出土,碑版上的文字尚待考古学家与古文字学者去发现。

⑨　拜占庭(Byzantium):东罗马帝国的都城,古代及中世纪东方艺术的中心。传说黑暗时代的欧洲人相信耶稣纪元第一千年就要见到末日的审判,所以有"第一千年的恐怖"的话。

第十七章

①　详见本书第三章"历史——它与艺术的同异"一节,要点在纯粹的直觉品没有实在的与非实在的分别;历史的直觉品有这个分别。

②　"起源"指艺术的事实的本质或性格,这普通叫作"心理的起源",以别于"历史的起源"。亚里士多德在《诗学》里谈诗起源于"模仿本能"和认识"某即为某"的快感,就用"起源"的这个意义。克罗齐以为艺术起源于直觉,并且主张"起源"只能这样当作"本质"解释,不能当作历史的意义讲。

③　"观念的产生"(Ideal genesis):指从观念或原则推出艺术所以存在的理由。

④　先有不分别实在与不实在的纯艺术的直觉品,然后才能有分别实在与不实在的历史的直觉品,所以艺术先于历史。艺术既先于历史,我们就不能替艺术寻历史的起源。

⑤　"进步律"(The law of progress):有些学者——尤其是十八世纪的学者——相信人类逐渐向完善方面走,所以天天在进步。人类史仿佛有一个天意定的目的,人类行动都不知不觉地沿着一条直线向那目的走。克罗齐反对此说。

⑥　"进化律"(The law of evolution):Evolution 一词原义只是"演变",从达尔文的《物种源始》起,"演变"和"进步"两个观念遂联合起来,于是一般人遂把它译为"进化"。

⑦　杜拾迪德斯(Thucydides,公元前 471—前 400):希腊大史学家,他最大的历史著作叙述雅典与斯巴达的战争。

⑧　鲍立布斯(Polybius,公元前 205—前 125):罗马大史学家,他的历史著作叙述公元前二六四年到前一四六年的史事,全书四十卷,现仅存五卷。

⑨　立维(Livy,公元前 59—公元 17):罗马大史学家,著有罗马史。全书一百四十二卷,现仅存三十五卷。

⑩　塔息特斯(Tacitus,55—117):罗马大史学家,著作甚多,重要的有《日耳曼民族》《编年纪事》诸作。

⑪　马岂埃维里著有《佛罗棱斯史》。

⑫　癸伽帝尼(Guicciardini,1483—1540):意大利史学家,他的历史著作叙述文艺复兴时代的意大利。

⑬　嘉南勒（Giannone，1676—1748）：意大利史学家，他的历史著作叙述那不勒斯的立法的经过。

⑭　伏尔泰（Voltaire，1694—1778）：著名的法国哲学家，著有《路易十四的世纪》。

⑮　居佐（Guizot，1787—1874）：法国政治家和历史家，著有《英国革命史》《欧洲文化史》《法国文化史》诸书。

⑯　蒂埃尔（Thiers，1797—1877）：法国历史家。

⑰　麦考莱（Macaulay，1800—1859）：英国历史家，著有《英国史》。

⑱　巴尔波（Balbo，1789—1853）：意大利史学家。

⑲　冉克（Ranke，1795—1886）：德国大史学家，著有《世界史》和《罗马教皇史》。

⑳　冒姆生（Mommsen，1817—1903）：德国大史学家及考古学家，他的《罗马史》是近代一部史学名著。

㉑　黑格尔著有《哲学史》。

㉒　芮特（Ritter，1791—1869）：德国哲学史家。

㉓　采勒（Zeller，1814—1908）：德国学者，希腊哲学史的权威。

㉔　库塞恩（Cousin，1792—1867）：法国哲学家，著有《哲学通史引端》。

㉕　路易斯（Lewes，1817—1878）：英国作家，著有《哲学的传记史》及《歌德传》。

㉖　斯巴文陀（Spaventa，1817—1883）：意大利的黑格尔派哲学史家。

㉗　黑格尔派美学史家大半从唯心主义哲学出发。侯巴德派反对这种出发点，主张就艺术而论艺术，比较近于自然科学的态度。

㉘　海涅（Heine，1797—1856）：德国著名诗人，引语见他的一首诗：《问题》。

㉙　"进步的周期"（Progressive cycles）：依这个看法，文艺史上的进步并非直线的，而是有波折起伏的。例如中国诗，四言、五言、七言、古体、律体、词、曲各自成一周期；在它的周期内，五言（或其他体）萌芽，兴盛以至于衰落，有进步的程序；后起的诗体对于它不一定是进步。

㉚ 波尔岂(Pulci,1432—1484):意大利浪漫式史诗的创始人。从他起一直到阿理奥斯托,罗兰(Roland,意大利文为 Orlando)及其他骑士的事迹是诗人最爱写的题材。

㉛ "复兴时期"(Risorgimento):指意大利在十九世纪中叶进行统一运动的时期。那时文学界领袖是曼佐尼。

㉜ "中世纪的灵见派作者"(The visionaries of the middle ages):意大利在中世纪抒情诗最发达,大半受法国南部普洛旺斯省诗人的影响,爱情是主要的题旨。Vision 原义为宗教信徒在默想中所见的境界,Visionary 有过信幻想不察事实的意思。中世纪意大利的典型的灵见派人物是圣佛兰西斯(St. Francis of Assisi,1182—1226),一位极虔诚的宗教家,著有《日颂》,对当时诗坛颇有影响。

㉝ 《维特》(Werther)和《浮士德》第一部都是德国大诗人歌德的早年名著。前者是书信体小说,后者是诗剧,都很富于当时的浪漫主义的色彩。

㉞ "狂飙突进"(Sturm und Drang):指德国在十八世纪末的文学运动,即浪漫运动的高潮。主要的领袖是歌德、席勒和海尔德(Herder)。

㉟ "这个特殊形式"指上文所说的"进步的周期"。

㊱ 琪奥托(Giotto,1276—1337):意大利早期大画家,他的画在技巧上虽还幼稚,所表现的宗教热情却很深厚。

㊲ 拉斐尔(Raphael,1483—1520)和蒂香(Titian,1488 或 1490—1576)都是意大利文艺复兴末期的大画家。意大利画在他们的时代技巧成熟到了最高峰。

㊳ 这是黑格尔的主张,详见他的《艺术哲学》的导言。

㊴ "巴洛克艺术"(Baroque art):巴洛克的原义为粗糙不完美的珍珠,后来用来形容文艺复兴时代雕饰得过分而且奇怪的艺术。这种艺术在十八世纪意大利和法国极盛。

㊵ 伯里克里司(Pericles):纪元前五世纪雅典鼎盛时代的执政,希腊的哲学文学和艺术在当时都到了最高峰。

㊶ 即但丁的时代和阿里奥斯托的时代。

第十八章

① 罗西尼（Rossini，1792—1868）：意大利大音乐家。

② 关于语言的起源，希腊时代即有自然与人为两说。近代德国语言学者马克司·缪洛（Max Müller）把近代学说分为三种：（一）喔唔说，以为人的语言是模仿动物的叫声；（二）哎哟说，以为人的语言是由发泄情感的惊叹声发展成的；（三）哟嘻呵说，以为人的语言起源于共同劳动时大家同发的声音。

③ 文法中词的种类即普通文法书所谓 Parts of speech，通常分为名词、动词等八类。本章须与本书第九章参看。

④ 语言的重要系统有：印欧系（Indo-European），包含欧洲及印度各种言言；塞密蒂克系（Semitic），包含犹太阿拉伯各国语言；考卜蒂克系（Coptic）即埃及系语言；中国系，有时称为蒙古系。

⑤ "审美的绝对性"见本书第十六章。

⑥ 寻求一种普遍的语言：十七世纪哲学家莱布尼兹就有这个意思，近代"世界语"是一个实例。

美学纲要[*]

〔附编〕 两门世俗的科学：
美学和经济学

〔意〕克罗齐 著

韩邦凯 罗芃 译

---

* 《美学纲要》——克罗齐为赖斯学院准备的一篇开学讲稿。作者贝内戴
托·克罗齐是意大利王国的终身参议员、几个皇家专门调查委员会的成
员、《批评》杂志主编及基奥莱梯内阁的教育部长。（英译本注）

意文版序

　　去年十月，为隆重庆贺得克萨斯州的新大学，赖斯学院的成立，院长爱德华·奥戴尔·勒维特教授邀我就构成这本小册子内容的，并且能给听众关于美学主要问题指导的题目去讲授一些课程；我以事务缠身不能到墨西哥湾远行予以推辞。但邀请极为客气地重申说，身体之行可以免除，只索求课程的"手稿"以便译成英文（后来果然被译出了），好放入建校纪念文集里。这样，用不长时间，我便写出了这本《美学纲要》。起初，我只是应命而作，但工作完成之后，也不无精神上的满足之感。因为我认为，这本小册子不仅浓缩了关于同样内容的、原来的我的著作的较重要概念，而且这些概念的表达也有着更好的内在联系和更加明晰，而这在我十二年前的旧《美学》中是不足的。此外，我还想，收集成这本小册子的四节课程对研究诗，一般地讲，也研究艺术的青年可能是有益的；甚至可以作为文学和哲学教学的辅导性读物而服务于中等学校。我认为，教授得法的美学可能比哲学的任何其他学科都能带来对哲学的理解，因为作为艺术和诗的教材能很快地引起青年人的兴趣和思考；而假定出科学研究练习的逻辑学，就其理论的大部分来讲，对青年人都是极为抽象的；伦理学，一般地讲，只是令人生厌的说教（至少在意大利，由于明显的历史原因，它并没有刺激宗教精神去研究人生的目的）；所谓的心理学，与其说是进步，不如说是迷离哲学正轨。相反，艺术问题不仅能更方便、更自然地引导人们养成思辨的习惯,而且还能抽取逻辑学、伦理学和形而上学的主旨。因为,别的暂且不论,理解艺术中内容和形式的关系,就已开始理解先验综合;理解直觉和表现的关系,就正在克服唯物主义和唯心主义的二元论;理解文学艺术种类划分的经验性,就有自然主义的进程和哲学的进程之不同的想法;等等。这可能是我的猜想,它产生于中学的少量实践(事实上,对中学的少量实践,我现在仍怀有既遥远而又亲近的回忆,而我依据的也只是它们);但正是这样的猜想促使我用意大利文发表我的课程的同时,也让拉泰尔查出版社的朋友把它们放入"教学丛书"里,我祝其成功。

那不勒斯,1931 年元旦。

在这四节课程之后,又加上了一些论文,它们和这四节课程结合,一并使论述臻于完善。

那不勒斯,1946 年 11 月。

B. 克罗齐

英译者序

一九〇九年,我首次访问那不勒斯时,并没有期望要发现一位新的哲学家,远没有想到要在讲英语的国家里当他的一名宣扬者。可是这样的事竟发生了。

如果允许我使用譬喻,把人类心灵的永恒活动看作同柏拉图的永恒理式一样,而且更真实,因为人类心灵活动是内在固有的,而不是超验的,如果我可以把这一譬喻推得更远一点,把这些心灵活动看成行星,那就可以说,克罗齐是哲学界的亚当斯[①]和勒维里耶[②],而他的美学理论则好比对海王星的发现。那两位天文数学家通过观察海王星给整个行星体系造成的摄动,证明了当时尚未被人知道的海王星的独立存在,克罗齐和他们一样,也证明了美学的独立存在。美学——人类心灵的伟大行星活动中最后一种同思想协调一致的活动。正如海王星的活动曾被误认为由于别的原因,美学的活动也曾被误认为同伦理、经济及逻辑的活动相混。而克罗齐则把它们区别开来,从而证实了审美活动的独立性。我们现在可以说天上已不存在尚待发现的其他行星[③],同样,我们现在也可以说不存在尚待发现的其他心灵活动。

再回到一九〇九年我对那不勒斯的访问,不久,我就找到一本《美学》,刚读完一遍,我就十分清楚地看到了它的极端重要性。尽管它在一九〇一年就已出版,但在用英语的地区,还根本没有人注意到它。用不着去猜测这种状况还可能持续多久。但是上世纪中叶出版的最伟大的(德·桑克提斯④的)意大利文学史至今尚待翻译,在大不列颠几乎尚无人知道这部著作。这一事实使人们能估计到,要发现克罗齐也许将要面临同样的命运。

现在总算避免了这种命运,因为我已经有幸向使用英语的读者奉献我的译文了。我译出了四卷本的《心灵哲学的完整体系》,此外,我还译出了这位大师的其他著作,例如应用美学理论来分析欧洲最伟大的诗人:但丁⑤,阿里奥斯托⑥,莎士比亚,高乃依⑦(以年代为序)。

目前这本小册子完全是新写的。正如作者自己说的,它集中概括了作者在美学上的最重要的思想。作者相信,对于年轻人以及愿意认真研究诗乃至艺术的人来说,这本书可能有用处。他认为,比起哲学中其他部门⑧,美学也许更适合于理解哲学,因为没有一种学科能像艺术和诗那样早就唤醒年轻人的兴趣。逻辑学或许较严肃、较抽象,伦理学听起来容易像"说教",而被叫作"心理学"的那门学科与其说引人走向哲学,不如说引人离开哲学。另一方面,艺术的问题不仅更容易地形成对艺术问题本身的思维习惯,而且还可增强食欲、磨快牙齿去咀嚼其他问题的精髓。那些问题既然都包括在心灵里,就同心灵构成了一个理想的整体。

剩下就没有什么可说了,只消提一下这一点。一九一二年为庆祝得克萨斯州休斯敦的赖斯学院成立,克罗齐亲自写了《美学纲要》一书,由我译成英语。本来是邀请克罗齐本人去作演讲的,但当时他忙于本国政务及大量著述工作,于是那位博学而谦恭的大学校长奥戴尔·勒维特就好心地收下这篇文章来代替这位哲学家本人的亲自出席。由于同样的原因,我不得不以克罗齐的名义,在一九一二年谢绝了作吉弗德演讲⑨的邀请。

为表彰五年来他对文学所作的最独到和最重要的贡献，哥伦比亚大学最近授予克罗齐一枚金质奖章⑩。他目前在意大利政府中任内阁阁员兼教育部长（纯粹出于责任感才接受的）。我想这些都是他的功绩开始得到承认的证明。

柏拉图到西西里去实现他的哲学家国王的理想，失败了，悻悻而归⑪。如果柏拉图能看到他这位远方同僚和后裔，大希腊的子孙，竟那么英勇无私地在思想界和实践生活中都起着主宰的作用，那么他的精神也会振作起来的。因为柏拉图不是规定过只有宁愿被遗弃在一边去进行崇高的苦思冥想的人，才有资格去主宰一切吗？

道格拉斯·昂斯勒

一九二一年一月

我愿意在此向我博学的朋友 F. W. 托马斯博士致谢。他是印度司图书馆馆长、剑桥大学三一学院⑫的文学硕士，曾热心地读过本书的校样并提出过一些有价值的建议。

又及

第一章 "艺术是什么？"

在回答"艺术是什么"这个问题时，可以开玩笑地说（这个玩笑倒并不坏）：任何人把艺术理解成什么，艺术就是什么。其实，如果不对艺术有所了解，也根本提不出这个问题。每个问题本身包含着对问题所问的和所指的东西的某种了解，因此，发问者对问题被理解成什么和问题的范围也就有所了解。下列事实便可证明这一点：常常听到一些根本不搞哲学或理论的人对艺术谈出公正而深刻的看法。这些人有的是门外汉，有的是不喜欢推理的艺术家，有的是天真纯朴的人，有的甚至是普通的老百姓：他们的看法有时包含在对某部具体艺术作品的评价中，有时干脆采取了格言和定义的形式。这样，人们便以为可以随心所欲地使任何一个骄傲的、自以为"发现"了艺术本质的哲学家脸红，办法是把最浅显的书里摘下来的论断放在他眼前或是冲着他的耳朵一个劲嚷叫那些最平凡的对话中的句子，让他看到这些东西已经最清楚地包含了他自吹的所谓发现。

也就是说，如果这位哲学家幻想用他自己的学说把他特有的、外在于人类普遍意识的和对一个全新世界之揭示的某些东西引入到人类普遍意识里来的话，那么，在这种情况下他是应该脸红的。可他并不脸红，照样走自己的路，因为他并非不知道：艺术是什么的问题（就像他并非不知道任何一个关于现实本质的哲学问题或认识问题一样）。即使从所用的言辞看来，他也只取了问题的一般的、总的外表，其目的是要一劳永逸地解决艺术问题。可是,艺术是什么的问题其实总有个划定的含义,涉及思想史上某确定时刻才有活力的某些特殊困难。当然,真理是不胫而走的,就像法国著名谚语的聪明劲①那样,或者像蒙田②在他女仆的饶舌③中所发现的隐喻(即修辞学家所说的"比喻的女皇")那样。但是女仆的隐喻解决的是表现的问题,对于在那个时刻影响女仆的情感说来,这种表现是合适的;而人们每天有意无意所听到的有关艺术本质的明显断言要解决的是逻辑问题。尽管解答问题的这个人或那个人不是职业哲学家,但既然是人,在某种意义上也是个哲学家。与诗人相比,女仆的隐喻表现的只是一个渺小而粗俗的情感世界,同样,与哲学家考虑的问题相比,不是哲学家的人所作的明显断言解答的问题也比较渺小。对于艺术是什么的这两种回答,看上去差不多,但由于其本质内容的丰富程度不同,又是不同的;因为名副其实的哲学家的答案面临的任务是要恰当地解决迄今为止历史上出现过的一切有关艺术本质的问题;而门外汉的答案,因为涉及的范围狭窄得多,所以一超出这些范围就显得无能为力。在永恒的苏格拉底方法④的力量和博学者的敏捷中,可以找到有关这一点的实际证明:博学的人只要击中要害地提出他们的问题,就可以把那些开始时能说会道的不学无术者搞得张口结舌;在被盘问的过程中,他们发现自己那点十分贫乏的知识有露馅的危险,于是不得不缩进蜗牛壳,声言不喜"狡辩"。

因此,哲学家的骄傲仅仅是建立在他的问题和答案更加深入这一点上面,这是一种伴随着谦虚的骄傲——即意识到,在某个确定时刻,如果涉及的领域更广阔或尽可能大些,那么他的答案就要受到当时历史的限制,而不可能自封具有全面的价值,或自封是什么"最终的"答案。进一步的心灵生活不断重新提出并成倍地增加问题,对于先前不合适的答案,它总要重新措词,有的答案归入被人理解的真理之列,有的则需要再次研究,加以综合。心灵生活的这种做法并没有错。体系就是一所房子。房子一旦盖成,粉饰完毕,为保持它处于完好状态,多少需要再下点功夫(因为房子是要受其材料的腐蚀作用支配的);到某一时刻,修复、维持这一体系已经无用,我们必须将它推倒,彻底重建。但在思维的作品中,主要的区别在于:这所永远崭新的房子永远要靠旧房子的支持,旧房子几乎像凭借魔法似的永远包含在新房子里面。我们知道,不懂这种魔法的浅薄或天真的人对此感到害怕;以致他们对哲学发出种种令人讨厌的唠叨,其中之一就是说哲学总是重做它的工作,哲学家总是彼此矛盾:好像人从来就不盖房子、拆房子和重建房子似的,好像后来的建筑师与先前的建筑师从来就不矛盾似的,好像根据房子的盖了又拆又重盖和建筑师之间有矛盾,便可以得出结论:盖房子根本是无用的!

哲学家的答案尽管具有比较深入这个优点,可是也蕴藏着更大错误的危险,这些答案常常由于缺乏通常的情理而变得有缺陷。这种缺乏属于较高的文化范围,因此具有一种高贵的特性,甚至在应该受到谴责时,它都不光是蔑视和嘲笑的对象,而且也是私下嫉妒和羡慕的对象。这正是普通人智力平庸与哲学家智力极度丰富的悬殊差别的基础(许多人喜欢指出这一点);因为很清楚,例如,没有一个通情理的人会说艺术是性欲本能的反映,或者说艺术是某种有害的东西,在安排合度的共和国里应该被取缔。⑤然而,这些怪论正是出自哲学家之口,甚至还是伟大的哲学家。常人的无知是贫乏,是没有文化的无知;尽管人们常常惋惜没有文化的无知生活或常常从哲学中祈求解救常理的办法,但事实却照旧是:心灵在其发展中,既要勇敢地面对着文明化的危险,又要面对着常理的一时丧失。为了找到真理的道路,哲学家关于艺术的研究就得被迫地踏上错误的道路。真理的道路与错误的道路并无区别,正是在那些错误的道路上含有顺利通过迷宫的暗示。

真理与错误的紧密联系起于如下事实,即:彻底而绝对的错误是不可思议的,唯其不可思议,所以是不存在的。错误用两种声音说话,一种声音肯定错误的东西,另一种声音否定错误的东西;错误即"是"与"非"的抵触,亦即所谓矛盾。因此,当我们抛开一般的看法,走下来仔细检查一番被斥为错误的理论时,我们在这种理论本身之中就找到了治疗的方法——即正确的理论。它是从错误的土壤中成长起来的。因而结果倒是:那些主张把艺术降为性欲本能的人,为了说明他们的论点,借助辩论与思索,而这些辩论与思索非但没有把艺术和性欲本能连在一起,反而把艺术和性欲本能区分开来了;那个要把诗赶出理想共和国的人,真这样做时又禁不住发抖,他自己倒创造出了一种崇高的新诗。在历史上的某些阶段,是有过最粗糙、反常的艺术理论占统治地位的情况,但是这并不妨碍在这些阶段里对美与丑有习惯的、可靠的区分,也不妨碍在抽象理论被人遗忘,个别情况被人研究时,对这一题目有着非常深刻的讨论。错误往往不是受到仲裁者之口的谴责,而是受到错误自身之口的谴责。⑥

由于同错误的紧密联系,确定真理总是一个斗争的过程。真理用斗争的方法不断使自己摆脱一个又一个的错误;于是又产生一个虔诚而不可能实现的欲望,即要求把真理直接地揭示出来,不要任何讨论或争辩;即应该允许真理独自在其道路上昂首阔步地前进:好像这种舞台游行就是适合真理的象征,真理本身就是思想,而作为思想,它永远是积极努力的。实际上,要是不批判关于真理问题的不同答案,那么任何人也不能成功地揭示真理;任何一篇哲学论文(不论其论证是多么无力),任何一本小的教师手册或学术论文,在文章的开头或中间总有一个对各种观点的回顾,这些观点要么是历史上曾出现过的,要么在观念中是可能的,而论文所要反对或加以修正的正是这些观点。尽管这一事实经常是以变幻莫测的、杂乱的方式被人认识,但是却表达了回顾一切答案的正当愿望。这些答案曾在历史上被人尝试过,或者在思想上可能是有成就的(即现在是有成就的,在历史中往往也是如此),这样一来,新的答案本身将包含以往人类心灵的一切劳动成果。

　　但是,这是一种逻辑要求,对于每一种真正的思想,这个要求是内在的,不可分割的;我们不该用确定的文字形式的揭示来混淆这种逻辑要求,为的是不至陷入卖弄学问,而中世纪的经院哲学家⑦和十九世纪黑格尔派的辩证学者是以卖弄学问著称的。这种卖弄学问与形式主义的迷信也有紧密的联系,它表现了对某种外部的、机械的哲学揭示所具备的奇妙功效的信仰。总之,我们必须从实质的意义上,而不是从偶然的意义上去理解这种逻辑要求,必须重视精神而不是文字,必须根据时间、地点和人物,自由地表达我们自己的思想。因此,这些简短的演说可以说是旨在提供探讨艺术问题的指南,而不是叙述美学思想的历史或辩证地叙述从艺术的错误概念里解放出来的全过程(在别处我已经这样做过),也不是从最简讲到最详,我要从我的读者身上,而不是从我身上,卸掉一部分包袱。在高空飞行中鸟瞰这个国家时所见到的景色吸引怂恿了他们之后,他们将在这个国家的这部分或那部分完成更为细致的航行,或者再次从这端到那端跨越这个国家,到那时,他们自己会再背上那部分包袱的。

　　然而,联系到引出这篇必不可少的开场白的那个问题(我的演讲想要扫除一切矫揉造作和不实用的缺点,为达到这个目的,这篇开场白是必不可少的)——即艺术是什么——我愿意立即用最简单的方式来说,艺术是幻象或直觉⑧。艺术家造了一个意象或幻影;而喜欢艺术的人则把他的目光凝聚在艺术家所指示的那一点上,从他打开的裂口朝里看,并在他自己身上再现这个意象。当谈到艺术时,"直觉""幻象""凝神观照""想象""幻想""形象刻画""表象"等词就像同义词一样,不断地重复出现,这些词都把心灵引向一个同样的概念或诸概念的一个同样的范围,一个大体一致的指定。

但是,我的答复——艺术即直觉——是从它绝对否定的一切及从与艺术有区别的一切中汲取力量和含义的。在这个答复中,哪些否定是绝对的呢? 我将指出几个主要的否定,或至少指出那些对我们当前文化是至关重要的否定。

首先,它否定艺术是物理的事实⑨:例如,某些确定的颜色,或颜色的关系;某些特定的形体;某些特定的声音,或声音的关系;某些热或电的现象——总之,任何被称为是"物理的"东西。在普通的思想中已有了这种把艺术物理化的错误倾向;正像用手摸肥皂泡甚至还想去摸彩虹的孩子一样,人类心灵由于爱慕美的事物,自发地急于从外部自然中寻找出事物美的原因,于是人类心灵证明自己必须认为,或相信自己应该认为:某些颜色是美的,另一些颜色是丑的;某些形式是美的,另一些形式是丑的。而这样的尝试在思想史上,曾多次有目的、有手段地进行过:从希腊理论家与艺术家为人体美所定的"规范",到对于形状与声音的几何、数字关系的推测,⑩一直到十九世纪美学家(如费希纳⑪)的研究以及现今哲学、心理学、自然科学会议上,对于物理现象与艺术关系并不内行的人之间的"意见交流"。如果有人问为什么艺术不是一种物理事实,我们首先必须回答,物理事实并不拥有现实,⑫而许多人为之献出毕生精力并从中得到崇高乐趣的艺术则是高度真实的;物理事实是不真实的,因此,艺术不可能是物理事实。开始,这听上去有点似非而是,因为对于普通人说来,好像没有什么东西比物理的世界更实在、更可靠的了,但我们坐在真理的座位上,就不该仅仅因为好的理由可能具有谎言的外表而回避它,代之以一个较差的理由;另外,为了战胜并熟悉可能包含在真理之中的陌生而困难的东西,我们可以考虑这样的事实:不仅所有的哲学家(这些人不是愚不可及的唯物主义者,也没陷入唯物主义刺耳的矛盾中去)以无可辩驳的方法证实并承认了物理世界非真实性的表现,而且原来那些物理学家在自发的哲学中也承认了这一点。他们把这种哲学同自己的物理学混淆在一起,他们把物理现象看作是超经验原则的产物,原子或以太的产物,或者把物理现象看作是一种不可知世界的表现;再说,唯物主义者们的物质本身就是一个超物质的原则。于是物理现象,由于其内在的逻辑和由于其泛泛的一致,表明自身并不是现实,而只是我们为了科学目的用我们的理性所构想出来的一种结构。因此,艺术是不是物理事实的问题理当带有另一种不同的含义,即:是否能用物理的方法来构成艺术?当然是可能的,因为我们确实经常这样做,例如,我们撇开诗的含义,不去欣赏诗,而去数一遍诗的词数,并且把单词分为音节和字母;或者我们不考虑雕像的审美效果,而去称雕像的重量,量雕像的大小:这工作对包装雕像的工人最有用,而前一种工作对排印诗稿的排字工人最有用;可是对艺术的观赏者和学者却最无益处,把学者同他理所当然的对象分隔开来是无用的,也是不正当的。于是,从这第二个意义上说,艺术也不是物理的事实,也就是说,当我们自己要去看透艺术活动的本质和方式的时候,用物理方法去构成艺术完全是无用的。

艺术即直觉这个定义还包含另一个否定:艺术既是直觉,而直觉若就其"观照"的原意来讲,同"认识"是一回事,因此,艺术也不可能是功利的活动;因为功利的活动总是倾向求得快感和避免痛感的,所以,考虑到艺术的本质,艺术就和"有用""快感""痛感"之类的东西无缘。实际上承认这一点并不困难,快感之为快感,不论是哪一种快感,就其本身来讲并不是艺术的。喝水解渴的快感,露天散步、伸展一下四肢以便使血液循环更加畅通的快感,或者获得盼望已久的工作岗位以使我们在实际生活中安顿下来的那种快感等等,都不是艺术的。最后,快感与艺术的区别还着眼于我们与艺术作品之间的关系上面,因为被再现的人物可能使我们感到亲切,勾起最令人愉快的回忆,但是绘画却可能是丑的;或者,情况相反,画倒是美的,而人物却使我们讨厌,或者即使我们同意说画本身是美的,但这幅画却也可能叫我们发火或嫉妒,因为画为我们的敌人或对手所作,这幅画将使他们获得优势,给他们以新的力量:我们的实际兴趣及与其有关的快感与痛感和艺术掺在一起,有时和艺术混淆起来,干扰了我们的审美兴趣,但却绝不等于我们的审美兴趣。为了更有效地主张艺术是引起快感的事物这个定义,最多可以断言,所指的不是普通的引起快感的事物,而是特殊形式的引起快感的事物。可是加这么一个限制也无济于事,这个限制实际上取消了这个命题;假如艺术是一种特殊形式的引起快感的事物,那么其特征则不是来自一切引起快感的事物,而是来自把这个引起快感的事物同其他引起快感的事物区别开来的东西。那么,很自然,注意力将转向那个区别性质的因素——它要么更能引起快感,要么与引起快感的事物不一样。然而,把艺术定义为引起快感的事物这种学说,还有一个专门的名称(快感主义美学[13]),它在美学流派史上的发展是源远流长、十分复杂的:在希腊罗马时代就开始露头,在十八世纪盛行,在十九世纪下半叶又再次风行,至今仍颇有市场,尤其受到美学初学者的欢迎,因为他们首先看到的事实是:艺术引起快感。这种学说的存在是由于轮番提出这种或那种快感,或者几种快感一起(高级感官的快感,游戏的快感,意识到我们自身力量的快感,性快感,等等),或给这种学说加上不同于快感的因素,例如功利(当它被认为是不同于快感的时候)、求知欲与道德欲的满足等等。这种学说的发展正是这种不稳定,这种由于它为了和艺术现实有某种方式的一致的需要而引入的外在因素在其内部的发酵实现的;而其结果是造成了快感说的解体和无意识地倡导一种新的学说,或者至少引起人们对新学说必要性的注意。由于每一种错误都含有正确的因素(那种物理学的正确因素被看作是用物理方法构成艺术——如构成其他任何事物那样——的一种可能性),而快感主义学说中一直正确的因素在于:它突出地提出了快感主义的伴奏,即提出了快感;这种快感对于审美活动和对精神活动的任何其他形式都是共有的,在我们断然否定艺术和快感同一的时候,在把艺术同快感区分开来和把艺术定义为直觉的时候,也无意否认这一正确的因素。

由艺术即直觉的理论所引起的第三个否定是:艺术活动不是一种道德活动,也就是说,实践活动的这种形式,尽管必然同"功利"、同"苦乐"联系在一起,但并不是直接功利主义和快感主义的,这种形式进入了更高级的心灵领域。可是,直觉就其为认识活动来说,是和任何实践活动相对立的。而实际上,正如远古时代就已指出的那样,艺术并不是起于意志;善良的意志能造就一个诚实的人,却不见得能造就一个艺术家。既然艺术并不是意志活动的结果,所以艺术便避开了一切道德的区分,倒不是因为艺术有什么豁免权,而是因为道德的区分根本就不能用于艺术。一个审美的意象显现出一个道德上可褒或可贬的行为,但是这个意象本身在道德上是无所谓褒贬的。世间没有一条刑律可以将一个意象判刑或处死,世间也没有一个法庭,或一个具有理性的人会把意象作为他进行道德评判的对象:如果我们说但丁的弗朗切斯卡是不道德的,[14] 莎士比亚的考地利亚是道德的,[15] 那就无异于判定一个正方形是道德的,而一个三角形是不道德的,因为这些意象有着纯艺术的功能,它们就像是但丁和莎士比亚头脑中的音符一样。此外,关于艺术的道德学说在美学流派史上也有反映,不过我们时代的一般看法对这套理论已经很不以为然,这种不以为然不仅是因为这种学说的内在的缺陷,而且在某种程度上也由于我们时代的某些倾向在道德上的缺陷。这些都使得在心理学基础上的那种批判成为可能。但是,只应该根据逻辑上的理由来作这种批判——在此,我们所作的就是这样的批判。加给艺术的目的,如:把人们引向善良,使人们憎恨邪恶,纠正或改善风俗习惯等等,都是道德学说的派生物;在对下层阶级的教育中要求艺术家给予合作,去加强人民的民族性、战斗性,去传播勤劳朴素的生活理想,这也是道德学说的派生物。这些事情是艺术所做不到的,正像几何学也做不到一样。可是几何学并不因为做不到这些事情而丧失其重要性的一丝一毫,人们就不懂:为什么艺术就非得做这些事不可。道德学说的美学家有点知道艺术家做不到上述事情,他们很快便同艺术达成协议:允许艺术搞一些与道德无关的享乐,只要不是公开的欺诈就行,或者建议艺术好好利用它控制的人们所组成的那个王国,运用它那享乐的力量去给药片裹上糖衣,在盛有苦药的玻璃杯边上抹上糖——总之,在为神圣教堂或道德服务时,扮演高等妓女(既然它无法根除其天生的老习惯):即教会的妓女[16]。有时,他们又想利用艺术来达到教育的目的,因为美德与科学都是难事,而艺术可以排除这个困难,使通向科学海洋的港

187

口变得有趣,有吸引力——但艺术引导他们心情愉快,尽情享乐地穿过科学海洋却像穿过亚美达[17]的花园一样,因为他们忘掉了自己所追求的崇高旨趣及他们为自己准备的革新危机。现在我们谈及这些学说时,不免忍俊不禁,可是不应该忘记,这些学说曾经是件严肃的事,是同为了解艺术的本质、提高艺术概念的地位所做的严肃努力相联系的;不应该忘记,在相信这一套学说的人中间有:(仅举意大利文学中的代表人物为例)但丁、塔索[18]、巴里尼[19]、阿尔菲爱里[20]、曼佐尼[21]和马志尼[22]。正是由于它本身的矛盾,艺术的道德学说过去、现在、将来都一直是有益的;它在过去和将来都是一种努力,尽管这种努力并不愉快。这种努力为的是把艺术同仅仅是引起快感的东西区分开(艺术有时和这种东西相混淆),给艺术一个更有价值的地位:这种学说毕竟也有其正确的一面,因为,从艺术在道德范畴之外这点来看,艺术家当然是既不在道德的这一面也不在那一面;然而艺术家既是在道德王国里,那么他只要是人,就不能逃避做人的责任,就必须把艺术本身——现在和将来都不是道德——看作是一项要执行的使命,一个教士的职责。

还有(在我乐意回顾的、同此事有关的所有一般否定中,这是最后的或许也是最重要的一个否定),我们用艺术即直觉这一定义,否定艺术具有概念知识的特性。在其纯正的亦即哲学的形式中,概念知识总是现实的,目的在于确立与非现实相对的现实,或者降低非现实、使之作为隶属于同一现实的阶段而包括在现实之中。而直觉恰恰意味着现实与非现实的难以区分,意味着意象仅仅作为纯意象,即作为意象的纯粹想象性才有其价值;它使直观的、感觉的知识与概念的、理性的知识相对立,使审美的知识与理性的知识相对立,其目的在于恢复知识的这一更简单更初级形式的自主权,而这种知识形式一向是被比作认识生活中的梦境(梦境,而不是睡眠),与这种梦境相比,哲学则处在苏醒状态。实际上,在审视一件艺术品时,谁要是问艺术家所表现的东西从推理上或历史上说是真的还是假的,那他就是问了一个毫无意思的问题,犯了和另一个人类似的错误,即把幻想中虚构的意象押到道德的审判席前:毫无意思。因为真伪的区分总要牵涉到现实的某种肯定或某种判断。但这种区分又不能落实到某个意象的表象或落实到某个纯主语——它不是判断的主语——上,因为它缺少表语或宾项。若不同一般相联系,就没有意象的个别性,这个意象是一般的个别化,反对这一点是无用的;因为我们在这里并不否认:一般就像上帝的精神一样,是处处存在和完全自在的,但是我们否认在作为直觉的直觉中,一般是逻辑地被表明和思考过的。求助心灵统一的原则也是无用的:幻想和思维(指逻辑的思维)明确的区分不但不破坏,相反倒是加强了这个原则,因为由区别只产生对立,由对立只产生具体的统一。㉓

意象性㉔这个特征把直觉和概念区别开来,把艺术和哲学、历史区别开来,也把艺术同对一般的肯定及对所发生的事情的知觉或叙述区别开来。意象性是艺术固有的优点:意象性中刚一产生出思考和判断,艺术就消散,就死去:它死在变成批评家的艺术家身上,死在那些冥想者身上,他们由着迷艺术的欣赏者变成了冷静观察生活的人。

可是艺术与哲学(姑且把哲学当成是包括一切真实思想的)的区别又带来了别的区别,其中艺术与神话的区别占据着最重要的地位。因为,对于相信神话的人来说,神话本身就是对现实界(它是与非现实界相对的)的揭示和认识——这个现实界把其他信仰当作虚幻加以排斥。只有当他不再相信神话,并把神话当作隐喻,把诸神的庄严世界当作一个美的世界,把上帝

189

当作一个崇高的意象来使用时,神话才能变成艺术。于是,把神话放在它真正的现实中来考虑,放在信仰者(而不是非信仰者)心中来考虑,神话则是宗教而不是简单的幻想;宗教是哲学,是正在形成过程中的、多少有点不完善的哲学。可是,哲学作为哲学,则是多少有些净化和精制的宗教——并且还处在不断净化和精制的过程中,但哲学是绝对或永恒的宗教或思想。艺术在能变成神话和宗教之前,缺乏必要的思想及源于思想的信仰;艺术家只是创造意象,但对他创造的意象,他则谈不上相信或不相信。

　　另外,由于某种不同的原因,艺术即直觉的概念不包含艺术即类、型、种、属的生产这样一种概念,而且(像某个伟大的数学家或哲学家有机会谈及音乐那样)也不包含艺术即无意识算术练习的概念:也就是说,艺术即直觉的概念把艺术同实证科学和数学区分开来,在实证科学和数学中存在着概念的形式,但这形式仅仅是作为一种普通的再现或抽象,因此没有现实的特点。而要获得自然科学与数学似乎要呈现的这种意象性,即与哲学、宗教、历史世界相对而好像近似艺术的那种意象性(由于那种意象性,当代的科学家与数学家十分乐意吹嘘自己能创造出与诗人的虚构和形象相似的虚构世界㉕,甚至用词都很相似),就要放弃具体的思想,而采取概括和抽象的方式,这种概括和抽象是变幻莫测的意志决定,是实践活动。而作为实践活动则是同艺术世界无关,对艺术世界有害的。于是,艺术同实证科学和数学比艺术同哲学、宗教、历史显出更多的不一致,因为哲学、宗教、历史和艺术就像是同一个认识世界或知识世界的同胞,而实证科学和数学则用实践知识对默想的粗俗来反对艺术。诗与分类,或更甚之,诗与数学,正像水火一样不相容:数学的精神㉖与科学的精神㉗是诗歌精神㉘的最公开的敌人;自然科学和数学占优势的那些时代(例如,十八世纪的理性主义时代)在诗歌方面好像是最无成果的。

正如我说的,恢复艺术的非逻辑特点是"艺术—直觉"公式中最难、最重要的论战之一,因为想把艺术解释为哲学、为宗教、为历史、为科学、在较小程度上为数学的各种理论侵占了美学史的大部分地盘,并且拥有一些最大的哲学家的名字来装饰门面。在十九世纪的哲学中,谢林[29]和黑格尔把艺术同宗教、哲学等同或混淆起来;泰纳[30]把艺术同自然科学混淆起来;法国真实主义者把艺术同历史证据的研究混淆起来;侯巴特的形式主义则把艺术同数学混淆起来。可是,要想在这些作者或其他可能提到的作者那里找到纯粹错误的例子是徒劳的,因为错误从来不会是"纯粹的",假如错误是纯粹的,它就是真理了。因此,以上这些关于艺术的学说——为了简洁,我将称它们是"概念主义的"——本身也包含着瓦解的因素,而这些瓦解的因素越多、越有效,信仰这些学说的哲学家的精神就越有活力;在任何人的学说中也没有像在谢林和黑格尔的学说中那样,包含着这些众多和有效的瓦解因素,他们的学说已经包含了艺术创造的如此活跃的意识,所以他们的研究和特殊的发展提示出与他们体系主张的理论相对立的理论。此外,这些概念主义的理论之所以比先前考察的理论更优越,不仅由于它们认清了艺术的认识特性,而且由于它们要求确定幻想(或想象)同逻辑之间,艺术同思维之间的关系(这些关系,既是有区别的,也是有统一的),而对新学说作出了自己的贡献。

这里我们已经可以看到,"艺术即直觉"这个十分简单的公式——每天讨论艺术的人把它译成其他的同义词(例如,"艺术是想象的产物"),在许多古书中还有更古老的说法(如"模仿""虚构""寓言"等)——出现在哲学讲稿里的时候,充满了历史的、批评的和辩论的内容,关于其丰富性,只是现在才刚刚有人写出论著。这一公式在哲学上的胜利要付出特别大的苦功,这一点不会再引起诧异,因为这种胜利就像登上一座被人长期争夺的小山。在和平时期,无心的行人轻松地登上这座山头,那就完全不同了。它不是简单的中途休息站,而是一支军队胜利的象征和成果。美学史家沿着艰难的行程一步步前进,在这一行程中(这又是思维的一种带有魔力的活动),征服者并不因其对手给他打击而失去力量,反倒从这些打击中汲取了新的力量并抵达了所渴望的制高点,打败了他的对手。但他又是在对手的协助下取得胜利的。在此,我不能不提一句亚里士多德模仿说㉛的重要性(与柏拉图对诗的谴责相对)以及亚里士多德为了区分诗和历史所做的尝试:这是个尚未得到充分发展的概念,恐怕在他心里也不完全成熟,所以长期被人误解,可是在这么多世纪之后,这种概念倒可以当作现代美学思想的一个出发点。我还将提一下:人们日益强烈地意识到逻辑与想象之间、判断与欣赏之间、理智与天才之间的分歧㉜,这种意识到十七世纪,变得更加活跃。维柯的《新科学》㉝就取了诗与形而上学之间对立的严峻形势;鲍姆嘉通㉞的作为低级认识论㉟和感性认识的科学㊱而有别于逻辑学的美学则仍陷在概念主义的艺术概念里,他的作品并不符合他预先想好的计划;康德对鲍姆嘉通及一切莱布尼茨㊲分子与沃尔夫㊳分子的批判弄清了直觉就是直觉,而不是一个"混乱的概念";浪漫主义以它的艺术批评和它的历史,而不是以它的体系,发展了由维柯提出的关于艺术的新观念;最后,意大利的弗朗西斯·德·桑克提斯把艺术搞成纯粹的形式(用他所用的词),即作为纯粹的直觉。他开创的批评是反对一切功利主义、道德主义和概念主义的。

然而,怀疑仍在真理的脚下涌出,"像幼苗似的"——正如但丁老人的三行诗㉟所描写的那样——怀疑，正是它，驾驭着人的理智"从这山到那山"。把艺术看作是直觉、想象、形式的学说，提出了一个进一步的（我没说是"最终的"）问题，这个问题不再是同物理、享乐、伦理和逻辑的对立或区别的问题，而是在意象本身的领域之内。这个问题在界定艺术特点时把意象的能力置于怀疑，把关于区别真伪意象的方式置于现实，并通过这条道路去充实意象的概念和艺术的概念。（有人问）一个没有哲学的、历史的、宗教的或科学的价值，甚至没有道德的或享乐的价值的世界，在人的心灵中究竟能起什么作用呢？生活不仅要求睁开着的双眼，而且要求开放的心灵和敏捷的神思，在生活中，还有什么比睁着两眼做梦更徒劳无益的呢？纯粹的意象！但纯粹的意象的自娱有个不雅的名称，它被别人不客气地斥为"做梦"，而且往往还要加上一个"无聊"的绰号。它是一件十分乏味而又没说服力的事情，难道它能是艺术？当然，我们有时为了取乐，也读一些惊心动魄的侦探小说，故事中各种意想不到的意象层出不穷；可我们只是在疲劳时，在不得不消磨时间的情况下，才轻松一下，而且我们心里十分清楚：这种玩意儿不是艺术。这类情况具有消遣和游戏的性质；但艺术要真是游戏或消遣，就又会投入快感主义学说那一直敞开着的宽大怀抱中去了。一种实用主义和快感主义的需要迫使我们有时要放松一下心灵之弓和意志之弓，舒展一下自己，让意象接二连三地在我们的记忆中流过，或者借助想象把意象串在一个离奇的形式里，就像闭目养神一般，而一旦休息好了，就立即把自己从养神状态中拉回来，有时就立即投入艺术作品的创作，而要创作艺术作品，心思就不能有半点松弛。于是，二者必居其一：要么艺术不是纯粹的直觉，我们自以为已经驳倒的上述学说所提出的要求并未得到满足，因而对这些学说的批驳也遭到怀疑；要么直觉不可能存在于一个简单的想象活动中。

　　为了把问题提得更精确、更难,最好立即把问题中答案较容易的那部分排除掉,我并不想忽视那部分,因为恰恰是那部分往往同这个问题联系而且混淆在一起。直觉当然产生意象,但并不是由回忆先前的意象而得来的一大堆支离破碎的意象,并不是随心所欲地将这些意象排列起来,用随心所欲的方式把一个意象同另一个意象结合在一起,像孩子做游戏似的在马脖子上安人头。古代诗人首先利用统一的概念,为了表示直觉和虚幻想象之间的这种区别,古代诗人坚持说,无论什么艺术作品都应该是"寓简单于统一"[40];或者是与此相关的"寓统一于杂多"的概念——也就是说,杂多的意象将要找到它们共同的中心并融会成一个综合的意象整体:十九世纪的美学用同样的东西创造了幻想(独特的艺术才能)和想象(非艺术才能)之间的区别,不少十九世纪的哲学家也看到了这种区别。意象的积累、选择、剪裁与结合是以在心灵中拥有独特的意象为先决条件的;幻想是创造者,而想象则不是。想象只适于外部的结合,而不适于有机体和生命的产生。我首次提出的问题包含在一个比较肤浅的公式里,而这个公式中最深刻的问题是:心灵生活中纯意象的功能是什么? 或者(其实还是一回事),纯意象是怎么产生的? 每部天才的艺术作品都引出一大串模仿者,他们只是重复这部作品,把它剪裁成碎片,又结合起来,机械地对它进行夸张,他们这样扮演着想象的角色:有时接近幻想,有时又背离幻想。然而,天才作品后来受到如此的折磨(一种荣耀的标志!),究竟有什么正当的理由,或者说其起源何在? 为了弄清这一点,我们必须深入研究幻想与纯直觉的特征。

　　准备深入研究的最好的途径,就是回顾、批判一下区分艺术直觉和支离破碎的想象的那些理论(注意不要陷入现实主义或概念主义），确立什么是统一原则，并为幻想所具有的创造特征辩护。据说在艺术的意象里可以见出感性与理性的统一，这种意象表现出一个理念。但是"理性""理念"这些词只能指概念（其含义也不可能与主张这一学说的人们不同），即便指的是整体的、适合进行哲学思辨推理的具体概念或理念，指的是与抽象概念或典型的科学概念不同的概念。可是，在任何情况下，这种概念或理念总是把"理性"与"感性"统一起来，而康德[41]首次指出不仅在艺术中，（可以这么说）所有现代思想中固有的关于概念的新概念，弥合了感性世界与理性世界的裂口，把概念表达为判断，把判断表达为先验综合[42]，把先验综合表达为结为一体的词——即历史。这样一来，同原意相反，艺术的这个定义又把幻想归到逻辑，把艺术归到哲学；这个定义对科学的抽象概念是十分有效的，而对艺术问题则不然（康德的美学与目的论著作《判断力批判》正好具有这种历史功能，以纠正在《纯粹理性批判》中还是抽象的东西）。作为具体的概念，本身就包含了感性因素，因此在具体概念及表达具体概念的词汇以外去为概念追求一种感性因素，将是不必要的。如果我们坚持这种探索，那么我们的确是放弃了艺术作为哲学或历史的概念，然而代之而起的又是艺术作为寓言的概念。寓言的不可克服的困难是众所周知的，同样，其冷淡的、反艺术的特征也是大家知道并可以普遍感到的。寓言是外部的拼凑，是两种心灵活动的平常而随意的并列，即概念或思想和意象的并列，由此，这个意象就必须表示那个概念。不仅艺术意象的一元性没有由此得到解释，而且，故意造成了二元性，因为在这种并列之中，思想仍是思想，意象仍是意象，两者之间毫无联系，以至于在凝视意象时，尽管毫无不利因素（实际上还有着有利因素），我们还是忘记了概念——而在考虑概念时（同样有着有利因素），我们又驱散了多余而令人生厌的意象。寓言在中世纪很受欢迎,中世纪是德意志精神与罗马精神的混合物,是野蛮与文明的混合物,是大胆幻想与精神反映的混合物;可是这种说法只是理论上关于中世纪艺术的假设,而不是中世纪艺术的实际情况。中世纪艺术只要还是艺术,就必然赶走了寓言或使寓言解体于艺术之中。寓言二元性的需要导致了作为理念寓言的直觉理论的改进,即把直觉看作象征的另一种学说;因为在象征中,离开象征的再现而独立的理念是不可思议的;而没有象征化了的理念,象征本身也不能生动地被再现出来。理念全部溶解于再现之中(这是美学家费薛尔㊸说的。如要指责,可以指责他在如此富有诗意的、玄奥的主题中运用了如此平淡无奇的比喻),像一块糖溶解在一杯水里一样。在水的每一个分子里它都存在着、活动着,可是作为一整块糖,却再也找不到了。可是,消失了的理念,完全变得富有再现性的理念,我们再也不能作为理念来把握的理念(除非像从糖水中提炼糖那样把它提炼出来),则不再是理念了,而只是艺术意象尚未达到统一的标志。当然,艺术是象征,完全是象征——也就是说艺术完全是有意义的,可到底象征着什么呢?意味着什么?直觉确实是艺术的,但只有当直觉具有能使它生气蓬勃的一个有力原则,靠这种原则把直觉变为一个整体时,它才确实是直觉,而不是一大堆杂乱无章的意象,但这个原则是什么呢?

可以说,这个问题的答案是在对艺术领域里发生的最伟大的思想斗争(这一斗争并不局限于这一斗争占主导地位、以此斗争命名的那个时代)进行检验之后而得出的:即浪漫主义和古典主义的斗争㊹。在此,为了方便,撇开次要的、非本质的定义,下一个概括的定义:浪漫主义首先要求艺术自发而强烈地迸发出爱憎及喜怒哀乐的激情;浪漫主义更喜欢或满足于富于幻想的、不确定的意象,其风格不连贯并带有暗喻,其联想含糊、词语不大精确、笔触有力而混淆。而古典主义则喜欢宁静的灵魂、明智的计划和在其特性中被玩味的人物（确切而精炼地说，其特征就是沉思、平衡和清澈）。古典主义坚定地倾向于再现^㊺，而浪漫主义则倾向于情感^㊻。不论持哪一派观点的人都可以找到成堆的理由去坚持自己的观点，反对对方的观点；因为（如浪漫主义者会说），富于美的意象的艺术如果不能打动人心，那还有什么价值呢？而假如它能打动人心，那么即使意象不美又有什么要紧呢？可是古典主义者则说，如果心灵不寄托在一个美的意象上，那么激情的震撼又有什么用呢？而假如意象是美的，我们的情趣得到了满足，即使缺乏那些感情又有什么关系呢？在艺术之外也完全可以获得那些感情，生活中有的感情多得很，有时比我们想要的还要多。然而，当我们开始对这两种片面观点无结果的辩解感到厌倦，离开浪漫主义和古典主义学派的平庸艺术作品，离开那些被激情所震撼的作品或是那些冷冰冰的正派作品，把双方的观点用在两个学派最优秀大师的作品而不是普通门徒的作品上来看，这时候，我们发现斗争不复存在。绝大部分作品是不能称为浪漫的，也不能称为古典的或再现的，因为它们既是古典的，又是浪漫的，既是情感，又是再现，都是已经完全变成鲜明的再现的一种活泼情感。例如古希腊艺术作品是如此，意大利诗和艺术的作品也是如此：中世纪的先验主义已凝结在但丁的三句押韵的艺术作品^㊼里了；在彼特拉克^㊽的歌集和十四行诗的清晰中，有伤感而温和的幻想；在阿里奥斯托清澈的八行诗^㊾中，有审慎的生活经验和对往事的疯狂之戏谑；在福斯可洛^㊿完美的十一音节无韵诗中，有英雄主义和关于死亡的思想；在贾科莫·莱奥帕尔迪^㉛庄重而严肃的歌中，有一切事物的无限多样性。最后（将它置于括弧内，无意同刚才举的例子作比较），今日色情的精益求精和野兽般的淫荡及国际的颓废

197

主义在意大利人邓南遮㊾的诗和散文中得到了它们最好的表现。所有这些诗人都十分易动感情（所有的人，甚至包括那位安详的罗多维科·阿里奥斯托，他是那样多情、那样温柔，常常用微笑来克制自己的感情）；他们的艺术作品是从他们的激情中涌出来的永不凋谢的鲜花。

从理论上说还是能在下列公式中继续使用这些经验及这些批评性判断，即：是情感给了直觉以连贯性和完整性：直觉之所以真是连贯的和完整的，就因为它表达了情感，而且直觉只能来自情感，基于情感。正是情感，而不是理念，才给艺术领地增添了象征的那种活泼轻盈之感：包含在再现范围内的灵感，即艺术；在艺术中，灵感就意味着再现，再现也意味着灵感。所谓叙事诗与抒情诗，或戏剧与抒情诗，那是对本来不可分类的东西所搞的学术分类：艺术永远是抒情的——也就是饱含情感的叙事诗和戏剧。在真正的艺术作品中，我们所赞美的就是灵魂的某种状态所采取的那种完善的想象形式；而我们把这个称为艺术作品的生命、完整性、严密性和丰富性。在虚假的、不完善的形式中，使我们不高兴的正是灵魂尚未统一的几种状态之间的斗争，它们的分层或混合，它们那摇摆不定的方式。这些是靠作者的意愿来获得表面统一的，作者为此目的，利用抽象的计划或思想，利用超审美的激烈感情。一系列单独看来似乎很有力的意象，却使我们感到受了欺骗并使我们无动于衷，因为我们并没有看到这些意象从灵魂的某种状态里，即从（画家所谓的）"试画"中，从乐旨中滋生出来；这些意象排列、堆积在一起时，没有那种来自心底的、确切的语调和腔调。把一个人从某幅画的背景上取下，或把他移置到另一背景上去，那么这个人成了什么呢？戏剧或小说中的人物如果摆脱与其他人物的关系、摆脱与总的活动的关系，那么这个人物成了什么呢？如果这种总的活动不是作者心灵活动的一部分,那么它还有什么价值呢?有关戏剧一致性的长期争论,在这点上是有趣的;当这些争论在关于时间和地点的表面定义中产生时,它们首先在"行动"的一致中得到应用。最后,这种一致也应用于"兴趣"的一致,而这种兴趣应融合在被理想所激励起来的诗人的心灵兴趣之中。古典派与浪漫派大争论的反面结果是有趣的,因为它最终否定了两种艺术:一种艺术用抽象的情感,用对情感的实践的侵越,用已变成认识的情感竭力在意象不足上迷惑和欺骗人们;另一种艺术则用意象的表面清晰,用使用得当的错误图画言辞或貌似正确而实际错误的言辞,来掩饰其审美理由的缺乏,目的是在所追求的情感之不足上为它的形象和示形辩解。

一位英国批评家有一句名言,后来成了报刊文章中的一句老生常谈,叫作"一切艺术都以逼近音乐为归指";如果目的在于强调审美意象在情感中的起源(那些机械地构想出来的意象或实际是平庸的意象不算在内),那么应该更确切些说一切艺术都是音乐。还有一句也很出名的话,是瑞士一位半哲学家说的,不知算运气好还是运气坏,后来这句话变得微不足道了——"每一幅风景画都是灵魂的一种状态":这是无可辩驳的,倒不是因为风景画是风景,而因为风景画是艺术。

于是,艺术的直觉总是抒情的直觉:后者是前者的同义词,而不是一个形容词或前者的定义。这个词可以加在我已提及的许多同义词里,直觉就是由以上所有的同义词所指明的。如果在某个方便的时候,它不取同义词出现而取了形容词的语法形式,那只是为了把两类直觉的区别搞清楚。一类是直觉—意象,或一组意象(被称为意象的东西总是一组意象,因为和思想原子一样,意象原子也是不存在的),它构成一个有机体,而作为有机体则有其重要的原则,即有机体本身——这一类是真实和合适的直觉。另一类则是不真实的直觉，只是意象的堆积，这些意象或是由于游戏，或是由于计算，或是为了某种实际的目的被放在一起；因为是实践的，所以从审美的观点来看，这些意象的结合不是有机的而是机械的。然而，若不是为了解释或辩论，"抒情"这个词就是多余的。简单地把直觉作为艺术的定义，就已经给艺术下了完整的定义。

第二章　关于艺术的一些偏见

　　我大略勾画的这种艺术同艺术与之混合或一般与之混合的所有东西之间的区分方法[①],肯定会使我们花费很大的精力;可是,用这种方法从充斥美学领域的众多错误的区分中挣脱出来却是这种努力所能得到的奖赏。尽管这些错误区分起初能使我们相信——这是由于它们的易于理解和它们的错误的论证——实际上却阻碍了对艺术为何物的任何深刻探求。许多乐意重复普通的传统区分的人,实际上是心甘情愿地使自己陷入无知。和这些人相反,我们把这些错误的区分当作新任务中无用的障碍物来抛弃,我们在认识上已经获得的新地位吸引和引导我们去完成新任务,并享受由感到富有带来的最大快乐。财富的获得不仅靠得到许多东西,而且靠清除那些代表经济债务的东西。

　　首先,让我们看看美学领域中最著名的经济债务之一:内容与形式的区别,[②]它导致十九世纪著名的学派之分:内容美学[③]和形式美学[④]。这些对立学派所由产生的问题,大致如下:艺术只由内容构成,还是只由形式构成,还是由内容和形式共同构成? 内容的特征是什么? 审美形式的特征是什么? 有些人说,艺术,艺术的本质,全在于内容,这内容或是令人愉快的东西,或是道德的东西,或是把人举到宗教或形而上学的天堂上去的东西,或是现实上正确的东西,或是从自然和物理的角度看上去是美的东西。另一些人则主张,内容是无足轻重的,内容只是美的形式借以悬挂的钉子或钩子,只有美的形式本身,统一、和谐、匀称等,才能使审美的心灵感到满足。原先被各方当作从属的、第二位的而排斥在艺术本质之外的那种因素,双方都在企图吸收:内容论者承认以美的形式来装饰内容,使它体现出统一、匀称、和谐等,对内容(根据他们的看法,内容才真是美的构成因素)是有利的;形式论者承认如果艺术不靠其内容价值获胜,那么艺术的效果反倒是赢得了不止一种价值,而是形式和内容这两种价值之和。

这些学说由于德国的黑格尔派和侯巴特派获得了其最重大的学术意义,但在美学史的任何时期:古代、中古、近代和现代,或多或少也都可以找到这些学说。在一般人的观点中,这些学说是很重要的。最普通的事莫过于听到别人说某一出戏"形式"不错,"内容"欠佳;某首诗构思很"宏伟",但"以丑陋的韵文形式表达出来";某画家要是不像设计师或上色者那样把时间浪费在"无价值的小题目"上,而是选择那些历史的、爱国的、社会性的题目,那么他就会更伟大一些。或许可以说,对艺术的高明鉴赏力和批评的辨别力在任何时候都不得不保卫自己以抵制来自这些学说的错误判断,在这些学说中,哲学家成了一群普通人,普通人因为自己和这些普通哲学家意见一致,所以觉得自己也挺富有哲理的。这些理论的起源对我们来说不是什么秘密,因为即使从我们所做的简要说明中,也可以清楚地看到它们是从艺术的快感主义的、道德的、概念主义或物理概念的主流中发源的:所有这些学说,由于没有抓住使艺术成为艺术的东西,只得把它们原先放跑的艺术重新找回来,并且把艺术当作附加的或临时性因素重新加以介绍;内容学说的支持者把艺术设想为抽象的形式因素,形式主义者则把艺术设想为抽象的内容因素。我们感兴趣的正是这些美学中的辩证法,在这里,内容学说的理论家违心地变成了形式主义者,形式主义者违心地变成了内容学说的支持者；于是各方都去占领对方的地方，但又感到不安，便重新回到自己的地方，这样一来却又引起了新的不安。侯巴特派的"美的形式"与黑格尔派的"美的内容"毫无不同之处，因为二者均为乌有。为了逃出监狱，他们做了各种努力，他们敲打监狱的门和墙，想使门、墙松动，有的思想家成功地在门、墙上打开了几个气孔。看到这一切，我们更感到有趣。他们这些努力是笨拙而徒劳的，比如那些内容学说的理论家（如在哈特曼的《关于美的哲学》中所见的那样⑤），他们一针一针地织出一张"美的内容"的网（美的、崇高的、喜剧的、悲剧的、幽默的、忧郁的、田园诗的、感伤的，等等），他们企图用这张网来包罗现实界一切形式，甚至包括他们称之为"丑"的形式。他们没有看到，他们这种把整个现实界一点一点囊括进去的美学内容，就不再具有区别于其他内容的特征了，因为超出现实界的内容是不存在的。于是他们的基本理论也就从根本上被否定了。这些同义重复和另一些有关内容的形式主义理论家的主张相似。他们坚持审美内容的概念，却给它下了这样的定义，即"引起人兴趣的"，于是使兴趣与处在不同历史环境中的人有关——即与个人有关。这是另一种否定原先任务的做法，因为很清楚，如果艺术家不使自己对成为他作品的论据或问题的某种东西感兴趣，那他就产生不了艺术，这某种东西成为艺术全是因为艺术家通过对它感兴趣而把它变成艺术的。这些都是形式主义者的遁词。他们把艺术限于抽象的美的形式，这些形式本身缺乏任何内容，却又能被加在内容之上以构成两种价值之和。然后，他们又羞羞答答地将这种"形式与内容的和谐"引进美的形式之中，或者更坚定地宣称自己是某种折中主义的信徒，这种折中主义使艺术靠美的内容与美的形式的某种"关系"来构成，这样一来，形式主义者带着与折中主义相配的谬误，把只在这种关系之内假定的品质归咎于这种关系之外的条件。

　　实际情况其实是这样的:在艺术中,内容与形式必须清楚地区别开来,可是又不能认为它们各自都是艺术的,因为只有它们的关系才是艺术的——也就是说,它们的统一,不是理解为抽象的、死的统一,而是整体的、活的统一,这种统一是先验综合的统一;艺术是直觉中的情感与意象的真正审美的先验综合,对此可以重复一句:没有意象的情感是盲目的情感,没有情感的意象是空洞的意象。情感和意象并不是为综合之外的艺术心灵而存在的;或许情感与意象也能从别的知识面的另一种观点中得以生存,不过这样的话,情感将成为心灵的实践方面:会爱、会恨、会喜、会怒,而意象将成为艺术的毫无生气的残渣,成为枯枝败叶,成为想象之风的牺牲品,成为随意消遣的牺牲品。所有这些都与艺术家、美学家无关:因为艺术不是空洞的想象或骚动的激情,而是以另一种行为的方式来超越这种行为,或者,如果喜欢的话,可以说是以另一种骚动来替代这一种骚动:一种是对愉快地进行创作和沉思的向往,另一种是艺术创作的极度痛苦。因此,只要始终承认内容必须具有形式,形式必须充满内容,承认情感是有意象的情感,意象是可以感觉到的意象,那么我们到底把艺术表达为内容还是表达为形式就无所谓了,或者最多也只是个术语恰当与否的问题。有个人比别人更好地使艺术自治的概念受到赏识,并且想用"形式"这个词肯定这种自治,以反对哲学家和道德学家关于内容的抽象理论及院士们的抽象的形式主义。直觉的美学之所以可被称为"形式美学",正是因为对这个人——即德·桑克提斯——的一贯敬意,也是因为反对把艺术纳入其他心灵活动中去的种种企图而进行的必要论战。必然可能产生的异议是不值一驳的(这种异议与其说是由科学家以精确性来提出的,不如说是由诡辩者以诡辩来提出的),所谓异议也就是说,既然直觉美学把艺术内容描述为情感或灵魂状况,那么它就把艺术内容的特征定为在直觉之外了,而且似乎承认不是情感或灵魂状况的那种内容不适于艺术的精雕细刻,也不是一种审美的内容。情感,或灵魂状况并不是一种特定的内容,而是用直觉范畴⑥所看到的整个宇宙,在情感之外可以设想的其他任何内容,无一不是直觉形式的一种不同形式;无一不是思想,即用认识范畴⑦所看到的整个宇宙;无一不是物理、数学的东西,即用公式和概念范畴⑧所看到的整个宇宙;无一不是意志,即用意志范畴⑨所看到的整个宇宙。

另一个区别也错得不轻(其中也用到"内容"和"形式"这两个词),即把直觉同表现⑩分割开来,把意象同意象的物质转化分割开来。它把情感的幻象和人、动物、风景、行为、冒险经历的意象等放在一边,把声音、音调、线条、颜色等放在另一边;把前者称为艺术的外部因素,后者称为艺术的内部因素:一个正经是所谓艺术,另一个则是技巧⑪。区别内部和外部是容易的,至少在字面上是这样,尤其是在对这种区别的原因和动机不进行穷究的时候,在把这种区别扔在一边,不要它做什么事的时候,这样,根本用不着去考虑这种区别,而它对思维似乎也是明确的。可是,当我们像在任何区分中一样,从区别转向确定关系和统一的时候,那就是另外一回事了;因为这次我们碰上了最危险的障碍。在这里,被区别开来的东西就不可能再统一起来,因为它已经被彻底地区别开来了:某种外部的东西怎么能变得和内部的东西统一协调并且能表现内部的东西呢?声音和颜色怎么能表现无声无色的意象呢?无形体的东西怎么能表现形体呢?想象、反映,乃至技巧行为的自发性何以能在同一动作中恰巧重合呢?当直觉和表现被区别开来时,当这一个被搞得同另一个不一样时,任何机巧的中间术语也无法将它们重新联合起来;由心理学家提出并竭力发展起来的一切联合作用、习惯作用、机械作用、遗忘作用、本能作用，最后总会留下这个裂缝：这边是表现，那边是意象。似乎只能躲在神秘的假设之中，这种神秘时而根据诗的趣味时而根据数学的趣味表现为某种神秘的结合或某种神秘的身心平行论[12]，前者是一种并未克服的平行论，后者是一种在远古时代或在不可知物的黑暗中被颂扬的结合；除此之外，别无出路。

可是，在向神秘（这是个总有时间可以飞去的避难处）求援之前，我们必须查问一下这两种因素是否已被正确地区分开来以及没有表现的直觉是否可以思议。也许和脱离躯体的灵魂一样，这是不存在的和不可思议的。当然，在哲学和宗教中，对这东西谈得是够多了，可是谈及它同经验它、表达它，并不是一回事。事实上，我们只了解被表现出来的直觉：只有在能用语言把思想表述出来时，思想才成其为思想；音乐意象只有变成具体的声音时，才成其为音乐意象；图画意象只有在涂上颜色之后才成其为图画意象。倒不是说，语言非得大声地朗诵出来，音乐非得演奏出来，画非得画在画板或画布上；但有一点是肯定的，当思想真正是思想，当它到达成熟阶段时，语言就会流遍我们整个机体，就会恳求我们的口腔肌肉，就会在我们耳内回响；当音乐真正是音乐时，它就会在咽喉颤动，就会在摸到理想琴键的手指头上抖动；当图画意象真正是图画意象时，我们就拥有饱满的颜色，假如我们不能随意支配颜色的材料，还可以用类似照射的办法，自发地给四周的东西着色。这和人家说的某些癔症患者和某些圣人的情况类似，据说这些人仅仅靠想象的方法，就能使他们的手脚上出现烙印！在形成心灵的表现状态之前，没有表现的思想、音乐的幻想和绘画的意象不只是不存在的，也是根本不能存在的。相信这种先于表现的存在就是无知。有一些无能的诗人、画家和音乐家，只是没有把这些东西转变成外部的形式，像他们说的，要么是因为他们不屑于进行表现，要么是因为技巧还不够先进，不能为他们的表现提供足够的手段。如果我们天真到了相信他们这一套，那就是说，在许多世纪前，技巧已经给荷马[⑬]、斐狄亚斯[⑭]、阿佩勒斯[⑮]提供了足够的手段，对头脑里装着比那些艺术大师更高超的艺术的人来说，居然还不够用！有时，这种天真的信念也要归咎于我们对自己进行了错误的估计，由于已经想象到并且接着就表现了少量的意象，我们便以为自身具备了组成部分作品的所有其他意象，其实我们并不具备；我们以为自己具备了意象与作品之间的重要联系，其实这种联系既尚未形成，故而也未能被表现出来。

根据我所揭示的概念，艺术——作为直觉——就已经否定了在艺术之外存在一个物质世界（艺术干脆把物质世界看成是我们的理智造出来的东西），所以，艺术作为直觉的概念并不能使思维实体和延伸于空间的实体并列成为什么，也没必要去促成这种毫无可能的结合，因为艺术的思维实体——或者说艺术的直觉活动——本身是完善的，和理智后来制造的延伸于空间的实体是一样的。没有表现的意象是不可思议的，一个可以作为表现的意象却是可思议的，在逻辑上也是必要的；就是说，如果它真的是一个意象。如果我们从诗中抽去其节奏、韵脚和词汇，那么诗的思维并不会像某些人认为的那样依旧存在，而是什么也不存在了。诗生来就是那些词汇、那个韵脚和节奏。表现不能与有机体的表皮相比较，除非说在每个细胞里和在每个细胞的细胞里的有机体也是表皮（即使在生理学中，这样说恐怕也不会错）。

在企图区别直觉与表现这两个不可区别的概念时，如果我不去指出在这种区别的基础上可能有什么样的真理，那么我就会缺乏方法上的说服力,缺乏正确对待谬误的动机(由于我指明了形式与内容所追求却未能掌握的真理,我就妥善地处理了形式与内容这一区别)。想象与技巧到底被合理地区分开来了,尽管并没被当成艺术的因素。这两者之间有关联,但不是在艺术的领域里,而是在整个心灵这一更广泛的领域里。技巧或实践上要解决的问题和要克服的困难,真正地摆到了艺术家的面前,而且确实存在这样一种东西,它实际不是物质的,又和一切真实的东西一样,是一种心灵活动。就直觉而言,这种东西可以被比喻为物质的东西。这种东西是什么呢?使我们感动的,从整个身心通过各种渠道喷发出各种表现的意象的艺术家是一个完整的人,因而也是实践的人,而作为实践的人,他便采取措施以免丧失其心灵劳动的成果。为他自己也为了别人,他赞成用可能和容易的方法提供他意象的复制品⑯;所以,他从事有助于复制工作的实践活动。和一切实践活动一样,这些实践活动也由知识指导,因而被称为技术性活动;而既然是实践活动,它们便跟同认识相关的沉思不同,而且似乎是在沉思的外部,所以又被称为物质的:理智把这些实践活动确定为抽象的,就这点说,它们倒更容易接受"物质的"这个称呼。因此,写作与表音系统同词汇、音乐有关;绘画同画布、画报、带色的画壁有关;雕塑、建筑同切割好的石头、熔化并浇铸成一定形状的铁、铜及其他金属有关。这两种活动形式之间的区别很大,以至于可能出现这样的情况:某人是伟大的艺术家,但技巧不行;是诗人,但不会很好地修改自己诗稿的清样;是建筑家,但用料不当或不注意静力学;是画家,但他用的颜料很快就变质:这种缺陷的例子多得不胜枚举。但不可能出现这种情况:是伟大的诗人,但是诗本身写得很差;是伟大的画家,却不懂颜色的调和;是伟大的建筑家,却不懂线条的和谐;是伟大的作曲家,却不懂音阶的和谐;总之,不可能有不知如何表现自己的艺术家。据说拉斐尔⑰即使没有手,也照样是伟大的画家;当然,如果他缺乏构思能力和颜色感的话,那他就不可能是伟大的画家。

另外(既然遇到就顺便说一句,因为我的讲演必须精简),这种由直觉到物质事物的明显转变——同需求与经济劳动明显地转变成物品和商品完全类似——也说明了为什么人们不但谈论"艺术的事物"及"美的事物",而且谈论"自然美"。很明显,除了为复制意象而制作的工具之外,还可以遇到已经存在的物体(人造的或非人造的),它们也能起这种作用,即它们或多或少适用于巩固我们直觉的记忆;这些东西有个名字,叫作"自然美",艺术家们在摄取和欣赏这些东西时,给它们以价值并指出我们应该以什么"观点"去看这些东西,以便把这些东西同艺术家的直觉联系起来。只有当我们懂得怎样以艺术家的心灵去理解这些东西时,它们才能发挥其魔力。由于自然美的适用性总是不完善的,由于自然美的短暂性和可变性,和艺术美相比,自然美当然就处于比较低下的地位。让那些修辞学家或醉汉去说一棵美的树、一条美的河流、一座雄伟的山,甚至一匹美的马或一个美的人体比米开朗琪罗⑱的雕塑和但丁的诗更高超吧;但我们要更妥当地说:和艺术相比,自然是愚蠢的;人不叫自然开口,自然就是"哑巴"。

第三种区别也在努力区分那不可区分的东西。这种区别采取了审美表现的概念,并将审美表现分成两种考虑周密的表现要素:一是适当和表现的美,二是经过装饰的表现。在这两者的基础上产生了两种不同的表现体系:简朴的和雕饰的。在艺术的各个不同领域里都可以找到这种学说的痕迹,但是这一学说在任何领域中都没有发展到语言文字领域中的那种程度。在语言文字领域中,这种学说有个很著名的名称:"修辞学"⑲。修辞学有悠久的历史,从希腊的修辞学家直到我们今天的修辞学家。尽管这一学说原有的大部分活力现已丧失,但是不仅在普通的信仰中(这是自然的),而且在学校、论文甚至在主张科学的美学中,它都依旧存在。几百年来,由于惯性或传统的力量,具有高度理性的人接受这一学说,或允许它存在;少数几个反叛者几乎从来没想把他们的反叛变成一个体系,也从来没想把谬误连根除去。修辞学造成的创伤及其关于雕饰的语言与简朴的语言不同而且价值更高的想法,不仅限于美学的范围,而且出现在批评之中,甚至出现在文字教育之中。正因为这种想法不能解释完善的美,所以它被用来为有缺陷的美提供明显的正当理由,用来鼓励以一种言过其实的、矫揉造作的、不合适的形式进行写作。然而,这种想法所采用和依赖的这种划分是一种逻辑上的矛盾,因为,不难证明,这种想法破坏了它要分成要素的那个概念本身,也破坏了它要分类的物品。合适的表现,如果是合适的话,也就是美的。美不是别的,就是意象的精确性,因此也就是表现的精确性;如果称它是简朴的,目的在于指出它缺乏某种应该有的东西,那么这个表现就是不合适的、不充分的,它要么不是表现,要么暂且还不是表现。另一方面,雕饰的表现,如果在各部分都是富有表达力的,那它就不该被称作是雕饰的,而应该说是和另外那个一样质朴无华,一样合适;如果它包含了缺乏表达力的、附加的、外在的因素,那它就不是美的,而是丑的,那它就不是或暂且不是表现;为了能成为表现,它必须将本身的外在因素清除掉(正如前一种表现则应该用自己所缺乏的因素来充实自身)。

　　表现与美不是两个概念而是一个概念,可以用任何一个意思相同的词来表示这个概念:艺术的想象总是具有形体的,但不是过度肥胖或是"雕饰的",因为它身上穿的,除了它本身以外,别无他物。在这最错误的区别中当然隐藏着一个问题，即做区别的必要性；这问题（它可以溯源到亚里士多德著作的某些段落和斯多噶派[20]的心理学和灵知学，在十七世纪意大利修辞学家的讨论中，我们可以更清楚地看到，这个问题加剧了）关系到思维与想象的关系、哲学与诗的关系、逻辑学与美学的关系（"雄辩术"和"修辞学"，或者像当时所说的，是"摊开的"和握紧的"拳头"）。"简朴的"表现指的是思维和哲学，"雕饰的"表现指的是想象和诗。涉及认识心灵两种形式的这个区别不可能在直觉或表现的领域里得到解决[21]。这种说法也不无道理，在直觉或表现的领域里，除了想象、诗以及美学以外，什么也找不到；而过分地引进逻辑学只能在那里投下一个骗人的阴影，这个阴影只会削弱和妨碍智力，使它既丧失了全面的艺术观点，又得不到逻辑和思维的观点。

但是，有关"雕饰的"表现的修辞学给人类心灵认识形式的系统化所造成的最大伤害，同如何对待语言有关。因为，假定我们承认简朴的、单纯语法的表现，以及雕饰的、修辞的表现，那么语言则变得有必要适应简朴的表现，有必要寄托于语法，而作为进一步的后果（因为在修辞学和美学中是没有语法的地位的），则有必要寄托于逻辑学。在逻辑学里，语言有符号学的或表现的艺术[22]的附属作用。实际上，语言的逻辑概念与表现的修辞学说有着密切的联系并保持着同样的步速[23]；二者均出现于古代希腊，而且在我们时代也都依然存在，只是彼此对立而已。在语言学说中反对逻辑学的情况不多，而且和反修辞学的情况一样，收效甚微；只是在浪漫时期（比维柯晚一个世纪）的某些思想家中，或在某些杰出人物的圈子里，才明显地意识到了语言的幻想性或隐喻性，才意识到了语言与诗的联系比语言与逻辑的联系更为密切。然而，即使最杰出的人物对艺术也不免持有非艺术的看法（概念主义、道德主义、快感主义等），因此，对语言与诗的一致性，一向有一种十分强烈的反感。相反，在我们看来，语言与诗的一致既是显而易见的又是不可避免的，既然确立了艺术即直觉、直觉即表现的概念，无疑也就确立了表现与语言的一致：即总认为语言的构成有广泛的外延，对所谓表达有力的语言没有专横的约束，对一切声调的、拟声的和图解的东西也没有专横的排斥；而且有深刻的内涵——即语言其实就是讲话本身的动作，不必用抽象的语法和词汇去歪曲语言，不必荒谬地认为人是靠词汇和语法来讲话的。人随时都像诗人一样地讲话，因为和诗人一样，他用谈话的、熟悉的形式来表达自己的印象或情感，而这些形式和所谓散文式的、诗散文的、叙述体的、史诗的、对话的、对剧的、抒情诗的、歌咏的等等形式之间并无不可逾越的深渊。如果一般地说，人在被看作是诗人而且永远是诗人时（因为出于本性，他就是诗人），并不会感到不高兴的话，那么诗人就不应该不欢喜归到一般平民的队伍里并和他们团结一起，因为这种团结才能说明诗（就诗的最崇高和最精确的意义来了解）对一切人类心灵的力量。如果诗是另一种语言，"神的语言"，人们就不能懂；如果说诗能提高人，这也不是提高到人以上，而是就人本身去提高：真正的民主性和真正的贵族性在这里也还是统一的。艺术和语言的一致自然也包含了美学和语言哲学的一致，这个可以界定另一个，所以是完全相同的——十二年前，我把这个观点当作我一篇美学论文题目，大胆地提了出来，从这篇文章所引出的大量"文章"看来，这篇文章对意大利国内外许多语言学家和美学家的确是不无影响的。语言和诗的一致，剔除了快感主义、道德主义和概念主义的渣滓，因而对艺术和诗的研究有益，而在文艺批评中，这类渣滓还多得很。但是这种对语言学研究日益增长的好处将更加不可估量，因为要紧的是使研究摆脱当今时髦的生理学的、心理学的及心理生理学的方法,使研究摆脱再三兴起的关于语言传统起源的理论。这种理论不可避免的反应就是不可避免地要和神秘理论相联系。这里再也没必要确立荒谬的平行,或是促成符号与意象之间神秘的结合:语言不再被构想为一个符号,而被构想为一种有意义的意象——即它本身就是符号,因此它有色、有声、能唱、表达有力。有意义的意象是想象的自然产物,而人们互相约定的符号则是以语言为先决条件的;坚持以符号来解释语言,就不得不求助于上帝(是他给了我们第一批符号)——这样就又以另一种方式把语言当作先决条件,即把语言搞成是不可知的。

在我结束这番有关艺术的偏见的谈话时,最后还要指出一种偏见。这种偏见最常见,因为它和批评及艺术编史工作的日常生活混在一起。这种偏见就是:相信有可能区分艺术的几个或许多不同的形式,每种形式在其各自的概念与限度里都是可以确定的,并且各自有其合适的规则。这种错误的学说反映在两套体系之中,一套是所谓文艺体裁的理论(抒情诗、戏剧、小说、史诗和浪漫诗、田园诗、喜剧、悲剧;圣画、市民生活画、家庭生活画、动物画、静物画、风景画、花果画;英雄的、严肃的、独特的雕刻;教堂音乐、歌剧音乐、室内乐;民用建筑、军用建筑、教会建筑,等等);另一套是所谓艺术门类的理论(诗、画、雕刻、建筑、音乐、表演艺术、园艺,等等)。有时,其中的一种表现为另一种的分支。这种偏见的起源并不难探索。在希腊文化中就有关于这种偏见最早的著名标记,这种偏见至今依然存在。许多美学家仍旧写论文谈论悲剧、喜剧、抒情诗和幽默的美学意义以及绘画、音乐和诗的美学意义(最后这三项仍沿用旧名,统称"诗学");更糟糕的是(幸亏这批以自娱为目的或出于专业研究需要而不得不写文章的美学家,并没有引起多大的注意),在评判艺术作品时,批评家们总是不能彻底抛弃那种习惯:即根据种类或艺术形式来判断艺术作品究竟应该属于哪一类;他们不明确指出一部艺术作品是美的还是丑的,却首先讨论他们的印象,说某部作品很好地遵循了或错误地违背了戏剧的或小说的、绘画的或浮雕的规则。还有一种现象也很普遍,就是在所有国家,艺术史或文学史都被当作体裁史来对待,所谈的艺术家都是专修这种或那种体裁的。本来,一个艺术家的作品,不论采用什么形式,是抒情诗,或是小说、戏剧,总有其发展的一致性,可是根据现存的体裁,硬被分成许多部分;于是,比如罗多维科·阿里奥斯托,时而作为文艺复兴时期拉丁诗的修习者出现,时而又作为最早的意大利语讽刺文学作者出现;时而作为最早的喜剧家之一出现,时而又作为使骑士诗趋于完善的诗人出现:仿佛这些拉丁诗、俗语诗、讽刺文学、喜剧、骑士诗不是出自同一个阿里奥斯托,不是出自那个采取多种形式进行试验、符合他心灵发展逻辑的诗人。

不能说关于艺术体裁和艺术门类的理论从来没有、现在也没有其本身内在的辩证法和自我反省或反讽(像我们喜欢说的那样)的幸运;大家都知道文学史中充满这种情况,即天才的艺术家在他的作品中违反了某一种既定的风格,于是遭到批评家的谴责:然而这种谴责并没能压抑人们对该艺术作品的赞美和喜爱。最后,既不可能去责备艺术家,又不愿意去责备坚持体裁理论的批评家,此事便以妥协告终。体裁扩大了,或者在它边上增加一个新的体裁,像一个合法的私生子似的,由于惯性,这种妥协一直持续到另一部新的天才作品出来推翻确定的规则为止。这种学说反讽的一面还在于这种学说的理论家们不可能逻辑地划分艺术体裁与艺术门类的界线。他们所下的一切定义,在受到进一步考察时要么消失在艺术的泛泛定义之中,要么表明它们把艺术的诸单项无法被简化为严格的逻辑术语的作品任意地抬高到种类和规则。由于这种企图的矛盾性质，甚至在莱辛这样的大作家身上，也可以找到谬误。这些谬误就是由于硬去确定本是无法确定的东西而产生的。他得出这样一个过分的结论，说绘画表现的是"形体"：是形体，而不是行为和心灵，不是画家的行为和心灵！不合逻辑的东西里合乎逻辑地产生出来的问题中也有谬误：既然每一种体裁、每一类艺术都分配到一块确定的领地，那么哪一种体裁或哪一类艺术更优越呢？绘画优于雕刻，还是戏剧优于抒情诗？还有，既然这样分解了艺术的各种力量，那么假如能把这些力量重新集中于某种艺术作品的类型，使它能像联军赶走孤军那样把其他力量赶走，岂不更可取？比如，可把诗、音乐、舞台艺术、装饰艺术集于一身的作品难道不会比歌德的歌曲或列奥那多·达·芬奇的画产生更伟大的美的力量吗？这些问题、区别、判断和定义破坏了诗感与艺术感，而诗感与艺术感喜爱每部作品本身，把作品当作一个活的东西来喜爱，每部作品都是独特的，不可比拟的，有其独特的规律和其完整的、不可替代的价值。由此产生了艺术家的肯定评价与职业批评家的否定评价之间的不一致，或是艺术家的否定评价与职业批评家的肯定评价之间的不一致；有时，职业批评家被认为是学究，就是说他不无很好的推理，然而艺术家却被认为是"没有武装起来的预言家"——就是说他不会推理，不会从他们自己的评价中推演出内在的正确理论去与对手的学究理论抗衡。

所争论的这个正确理论，实际上是艺术即直觉（或抒情直觉）概念的一个方面；因为每一部艺术作品都表现心灵的一种状态，而心灵的状态是独特的，而且总是新的，所以直觉就有无数个，不可能把它们放进体裁种类那样的鸽棚里去，除非有无数个鸽棚，可这样一来，就不是体裁种类的鸽棚，而是直觉的鸽棚了。另外，因为直觉的独特性包含了表现的独特性，而这幅画与那幅画的区别不见得小于画与诗的区别，诗与画之所以有价值并不取决于震动空气的声音或是光所折射出来的颜色，而是取决于诗和画所能告诉心灵的东西。就诗画进入心灵这一点而言，求助于抽象的表现方式，建立有关体裁种类和等级的其他体系，都是无济于事的：这就等于说，任何关于艺术划分的理论都是没有基础的。在这种情况下，种类或等级只有一个，即艺术本身或直觉。而具体的艺术作品则是无数的：一切作品都是有独创性的，任何一个都不能被改变成另一个（因为改变——用艺术技巧去改变——本身就是创作一个新的艺术品），任何一个都是理智所不能征服的。在普遍与特殊之间，从哲学观点来说，不能插进什么中间因素，没有什么门类或种属的系列。尤论是创造艺术的艺术家，还是欣赏艺术的观众都只需要普遍与特殊，或则说得更精确些，都只需要特殊化的普遍，即全归结到和集中到一种独特心境的表现上那种普遍的艺术活动。

　　然而，如果纯艺术家、纯批评家以及纯哲学家没有忙于搞那些种属或门类的话，那么这些东西仍有其他理由保持它们的效用；而这种效用正是那些错误理论的正确方面，对此我不会置之不理。建立一张种属的网肯定是有用的，不是为了艺术的生产，因为艺术的生产是自发的；也不是为了艺术的评价，因为艺术的评价是带哲理的；而是为了运用注意力和记忆去采集，并在某种意义上限制那无数单个的直觉，以便在某种意义上把无数具体的艺术品弄到一起进行归类。自然，这些等级总会按抽象意象或抽象表现的方式被划分为灵魂状态的等级（文艺的体裁种类）和表现方式的等级（各种门类的艺术）。在这里无须对此表示反对意见：认为不同的体裁种类和各种门类的艺术是任意进行的区分，或者认为总的两分法本身就是任意的；虽然整个过程确实是任意的,承认这一点并不困难,但是因为这一过程清除了妄想充当评判艺术的哲学原则和标准的种种企图,所以这种任意倒变得有益无害了。这些种类和等级使艺术知识和艺术教育变得容易,对于前者,他们提供了一份最重要的艺术作品的索引,对于后者提供了一批艺术实践认为是最重要的消息。一切都取决于不把迹象同现实混为一谈,不把假设的警告或命令同无条件的命令混为一谈:很容易陷进这种混淆,但应该制止这种混淆,而且也是能够制止的。有关文字教育、修辞学、语法(包括词类划分、词法和句法规则)、作曲艺术、诗艺、绘画等等的教科书,主要是由标准和规则构成的。其次,趋于艺术的某种特定表现的倾向在这些书中也被表现出来,或者只是以次要的方式被表现出来——这种情况下,还只是抽象的艺术,精心制作的艺术(古典主义或浪漫主义的诗艺,最纯正的语法或是通俗的语法等等)——第三,这些种类和等级还展示了哲学地理解其主旨的努力与企图,但这些努力和企图却被我所批判的体裁种类和艺术门类划分的错误所破坏;这种错误由于其自身的矛盾,后来还会打开通向艺术独特性的正确学说的道路。

当然,猛一看,这种学说产生了某种迷惑:不把直觉置于其相互关系之中,思想的统治似乎就管不了特殊的、独创的、无法转译的、不能分类的直觉,就无法支配直觉。看来,刚刚发展起来的这一学说——它拥有无政府主义或无政府主义倾向的架势,而不是自由的或自由主义的——所禁止的正是这一点。

一首小诗同一首长诗,在审美意义上是平等的;一张小画或速画同一幅祭坛画或一幅壁画,在审美意义上也是平等的;一封信也是一件艺术品,一点也不亚于一部小说;甚至好的翻译也和原著具有同样的独创性!这些命题可能是无可辩驳的,因为它们是从经过证实的前提中合乎逻辑地推演出来的;这些命题可能是对的,尽管它们是似非而是的,与一般见解不一致的(而毫无疑问,这是个优点):可是难道这些命题就不缺少什么补足物吗? 如果我们不愿意对直觉丧失理智,那就一定得有某种方式来安排、服从、联系、理解和控制直觉的混乱。

的确有这样的方式,因为我们否认抽象分类具有认识价值,但并不否认那种首创的、具体的分类具有认识价值。它其实不是"分类",而是历史。在历史上,每一部艺术作品都占着只属于它的那一席之地:癸多·卡瓦尔坎迪[24]的歌谣和塞柯·安吉奥莱利[25]的像是一瞬即逝的叹息或笑声的十四行诗,但丁的重新开始了人类心灵的黄金时代的《神曲》;默林·柯凯[26]的在中世纪的暮色中嘲笑了中世纪的《马开洛尼》;阿尼巴尔·卡罗[27]翻译的具有漂亮的十六世纪意大利文风的《埃涅阿斯纪》[28];萨皮[29]那轻松活泼的散文,丹尼洛·巴托里[30]的耶稣会成员的辩论散文:本来是独创的东西,没必要因为它还活着就把它说成不是独创的东西;本来既不大也不小的东西,没必要因为它无法度量就把它说成是小的:或者,如果愿意,我们可以抱着表现某种赞美和指出某种重要性的目的,用隐喻的形式(而不是用算术或几何的形式)去说它大或说它小。一切艺术作品与一切直觉的联系,将在变得越来越丰富、越来越确定的历史当中被发现,而不是在越来越空洞、越来越难以捉摸的经验概念的金字塔中被发现,因为在历史中,艺术作品和直觉作为心灵发展的持续而必要的阶段,互相有机地联结起来,每件艺术作品都是这首永久诗篇的标志,它把所有单独的诗都和谐地统一在自身之中。

第三章 艺术在心灵和人类 社会中的地位

关于艺术的依存性和独立性的争论,到浪漫时期达到了最热烈的程度,"为艺术而艺术"的座右铭即是那时提出的,同时还提出了作为其明显的对立面的另一个座右铭,"为生活而艺术";从那时起,这个争论实际上主要发生在文学家或艺术家中间,而不是在哲学家中。现在,这个争论已经引不起兴趣,成了初学者聊以自娱、训练自己的题目之一,或者成了学术讲演的一个主题。然而,在浪漫时期之前,甚至在最古老的涉及艺术的文献中,都可以找到这种争论的痕迹;而那些研究美学的哲学家,即使表面上忽视这个争论(他们的确忽视以通俗形式出现的这种争论),实际上也要考虑这个争论,甚至可以说,除此之外他们什么都不考虑。因为关于艺术的依存性和独立性、关于艺术自治或他治的争论不是别的,就是询问艺术究竟存不存在,如果存在,那么艺术究竟是什么。一种活动的原则若是依赖于另一种活动的原则,那么它实质上就是另一种活动,它的存在只不过是个习惯的、假定的存在:依赖于道德、快感或哲学的艺术,就是道德、快感或哲学,而不是艺术。假如认为艺术不是依存的,那么最好调查一下艺术独立的基础——也就是说,艺术何以区别于道德、快感、哲学及其他一切事物,艺术是什么——即断定真正自治的东西到底是什么。另外,那些坚持艺术特有本性概念的人或许会宣称,尽管艺术保持了它的特性,然而其地位却在另一种具有更高尊严的活动之下（正像过去常说的），艺术，对于伦理学是女仆；对于政治，是部长夫人；对于科学，是女翻译；但这只能证明有这样的人，他们是些什么也不想证明的轻率的家伙：他们习惯于自找矛盾，习惯于允许思想中存在不一致。作为我们，要多加小心，不要陷入那种境地；既然已经清楚，艺术作为直觉，有别于物质世界，有别于实践的、道德的和概念的活动，那我们就不必叫自己过于焦虑，并且可以假设，依靠第一种说明，我们也就已经说明了艺术的独立性。

　　然而，在依存性和独立性的争论中，还暗含着另一个问题；至今为止，我故意一直避而不谈，现在，我要开始对这个问题进行检查。独立性是个关系的概念，而在这方面，唯一绝对的独立性就是绝对，或绝对关系；任何一个特殊的形式和概念，一方面是独立的，另一方面又是依存的；或既是独立的，又是依存的。如果不是这样，那么心灵，乃至现实界，要么就会是一系列并列的绝对存在者，要么就会是（其实是一回事）一系列并列的空无。一种形式的独立性隐含着它所作用于上的那种物质，正如我们在艺术发生史中所见的那样，艺术作为由感伤或热情材料所构成的一种直觉形式；在绝对独立的情况下，因为形式将缺乏一切材料和养料，本身成为空的，所以它将会被废弃。可是，因为被认可的独立性不允许我们把一种活动看成是处在另一种活动的管辖之下，所以依存性非得是能保障独立性的那种依存性不可。然而，这种独立性甚至连下面这种假设的保障都得不到：即这一活动依赖于那一活动，应该像那一活动依赖这一活动一样，就像相互抗衡的两股力那样不相上下。因为如果这股力压不倒那股力，我们便获得相互抑制和静态平衡；如果这股力压倒了那股力，我们便获得单纯的依存性，而这已经是不在考虑之列的。如此看来，在一般地考虑此事时，必须把各种心灵活动中同时存在的独立性与依存性置于制约与被制约的关系中去考虑，除此之外，没有别的方法；在这种关系中，被制约者超越制约者并以制约者为先决条件，然后自己又成为制约者，并产生出新的被制约者，如此构成一个发展的系列。这个系列的第一环将是个前面没有被制约者的制约者，而它的最后一环将是个不会变成制约者的被制约者，于是造成了发展规律本身的双重破裂，除此缺陷外，该系列并无其他不足之处，而且，如果把最后一环变成第一环之前的制约者并把第一环变成最后一环之后的被制约者，也就是说，如果把发展的过程当作相互的作用，甚至（放弃一切自然主义的术语）当作一个圆周来考虑的话，那么，就连这个缺陷，也得到了弥补。看来，这个概念是摆脱那些困难的唯一出路，心灵生活的其他概念还正在同那些困难搏斗。困难有二：一是使心灵生活包含一个由灵魂的各种独立而互不关联的官能或是由各种独立而互不关联的价值观念组成的集合体；二是把这一切都列在某集合体内，并在该集合体内得到解决。该集合体是静止不变、不起作用的；或者更微妙些说，该集合体把上述一切看成是某直线发展的各个必要的阶段。这个直线发展从某个无理性的起点出发，到某个希望成为最理性的终点，然而这个终点是超理性的，因此这个直线发展最终也还是无理性的。

但是，最好别坚持这个有点抽象的方案，还是考虑一下这个方案在心灵（首先是审美的心灵）生活中是以何种方式得以实现的。为此目的，我们将再次谈谈艺术家，或人—艺术家，他已从感伤的骚动下解放出来并且把这感伤的骚动对象化成了一个抒情的意象——也就是说，他已经完成了艺术。在这一意象中他获得了满足，因为他一直在努力朝这个方向运动：任何人对这样两种喜悦都是多少知道一点的，一种是当我们成功而彻底地表现了我们自己那种恰如其分的冲动时的喜悦，另一种是当我们成功而彻底地表现了别人的这种冲动时的喜悦。当我们凝视别人的作品时,这种冲动也是我们的。这些作品在某种程度上也是我们自己的,我们使这些作品成为我们自己的作品。然而,这种满足是确定不变的吗?艺术家—人仅仅被驱向意象吗?还是既被驱向意象也被驱向某种别的东西,即:就他是艺术家—人而言,是被驱向意象,就他是人—艺术家而言,是被驱向某种别的东西;在第一阶段是被驱向意象,可是,由于第一阶段是与第二、第三阶段联系在一起的,因而也被驱向第二、第三阶段,尽管是直接地被驱向第一阶段,而间接地被驱向第二、第三阶段。一旦他达到了第一阶段,第二阶段则是直接的了。过去的间接目的,如今变成直接目的了;新的要求提了出来,新的过程开始了。如果仔细观察的话,倒不是说直觉力让位给另一种力,好像轮着玩乐或服务似的;而是直觉力本身——或者说心灵本身,它起先似乎是直觉,在某种程度上的确完全是直觉——在其自身中展开了新的过程,这种新过程来自第一阶段的内部。"一个人不被我们当中的另一个人所激动"(这里我将又一次用但丁的话),这个人开始时完全集中在单独的"美德"之中,"看起来不再听从任何力量",只满足于那一种(在艺术意象中的)美德,但是对那种美德,他既感到满足又感到不满足:感到满足是因为那种美德把所能给的、所能期望于那种美德的东西都给了这个人;感到不满足是因为在得到了这一切之后,最终的甜蜜(即"要求得到并为得到而表示感谢的东西")使这个人生厌——第一种满足所引起的新需要,产生了对另一种满足的追求,没有第一种满足,这种需要是不可能产生的。而从频繁的经验中,我们也都了解这种潜藏在意象形成之后的新需要。福斯可洛和阿瑞斯伯爵夫人①有一段风流韵事。他知道自己面临着什么样的爱情和什么样的女人,这一点从他写给她的、印成书来阅读的信里可以得到证明。然而,在他热恋着她的那段时间里,那个女人就是他的一切,他渴望着像占有最高的幸福那样去占有她。他愿意用赞美的激情,在后世子孙面前,把这个人间凡女描绘成不朽的女人,把这个世俗的生灵变成神圣的灵物,于是又为她博得了一项爱情的新奇迹。其实,他已经把她引到了天堂——崇敬和礼拜的对象——上:

"而你,活在我赞美诗中的神圣的你,

将会听到因苏布里安人②后代的誓言。"

要是爱情的这种变态不是极其严肃地被渴望和追求着(情人们,甚至哲学家先生们,假如他们曾经陷入过情网的话,可以证明:这类荒唐事是郑重其事地被人渴望的),那么在福斯可洛的心灵中也不会形成《重归于好》③这首颂歌,那么在再现他那位天仙般的情妇的魅力时,福斯可洛所用的意象也不会像我们所见的那么生动、那么自然。可是,福斯可洛这部瑰丽的抒情再现的那种心灵的动力究竟是什么呢?作为战士、爱国者和学者的福斯可洛,为心灵的多种需要所感动的福斯可洛,在那种渴望中是否完全被表现出来了呢?他的渴望真是那么强烈以至于被付诸行动,而且在某种程度上指导了他的实践生活吗?福斯可洛在恋爱过程中,有时也不乏洞察力,从他的诗看,他不时地又变成他自己。当创作的骚动再次平息下去时,他又获得了完全清晰的视力。他问自己到底要什么,而那个女人到底配得到什么。在这首颂歌的某些地方,我们似乎发现了诗人对那个女人或是对他自己进行风雅讽刺的迹象。如果我们的耳朵没有受骗,那么可能是在形成意象时,潜入了一丝怀疑主义的猜疑。在心灵更纯真的情况下,这种事情不会发生,诗也会挺坦率地涌现出来。诗人福斯可洛完成了他的任务,不再是诗人了(除了他再次成为诗人),现在他想知道自己的真正处境。因为他已经构成了那个意象,所以不再去构成它;他不再幻现,而只是领悟或叙述(他以后会把那个"神圣的女人"说成"那个女人",她"在心中只有极少的智慧");为了他和我们,抒情的意象变成了自传的节录或知觉。

靠着知觉我们进入了一个新的非常广阔的心灵领域;言辞真是不足以讽刺那些思想家,他们无论现在还是过去都混淆意象和知觉,把意象搞成知觉(艺术作为自然的肖像、副本或模仿,个人的历史和时代的历史等等),而更坏的是,把知觉搞成一种能被"感官"所接受的意象。可是,知觉正是完整的判断,作为判断,知觉则包含一个意象和一个必须支配意象(现实、特性,等等)的范畴或心灵范畴体系;而就意象或就情感和幻想(直觉)的先验审美综合④而言,知觉是一种新的综合,综合了再现和范畴、主语和谓语,即先验的逻辑综合。说起这种综合,即使把说到另一个时所讲的一切再重复一遍也是合适的,首先是在这种综合中,内容和形式、再现和范畴、主语和谓语不再作为由第三者来撮合的两个因素,而是再现作为范畴、范畴作为再现同时出现在一个不可分的整体之中:主语只有在谓语中才成其为主语,谓语只有在主语中才成其为谓语。在其他逻辑行为中,知觉不是一个逻辑行为,也不是这些行为中最起码和最不完善的一个;能从知觉中提取其全部宝藏的人则没必要在知觉之外去寻找逻辑性的其他限定,因为关于确实发生过的事情的觉悟(其主要的文字形式取名为历史)和关于普遍概念的觉悟(其主要形式取名为体系或哲学)均从知觉中涌出,知觉本身就是这种综合的重复:哲学和历史构成了这种优越的统一,哲学家们正是用知觉判断的综合联系发现了哲学与历史所由出生和活在其中的这种统一,于是同一了哲学与历史;而常人总是认为悬在空中的思想是幻想,只有发生的事情——实实在在的事情才是真的,才是值得了解的,这些人也用自己的方法,发现了这种统一。另外,知觉(知觉的多样化)也说明人的理性为什么竭力从哲学和历史中涌现出来并且把受数学度量和数学关系控制的整个类型与规律的世界,强加在哲学和历史身上,也就是说,除哲学和历史外,为什么还形成了自然科学和数学。

我在此的任务不是勾画逻辑学的轮廓,我一直是在勾画美学的轮廓;所以,暂且把确定、发展逻辑理论和理性的、知觉的、历史的知识理论的事情放在一边,我要继续抓住这个争论的线索,这次不从艺术和直觉的心灵出发,而是从逻辑和历史的心灵出发,这种心灵已经超越了直觉的心灵,并且用知觉精心制约了意象。心灵对此形式是否满意呢? 当然:谁都了解知识与科学带来的这种十分强烈的满足;从经验中,谁都了解人们的这种欲望:发现被我们的错觉掩盖着的现实的真面目。即使那真面目是可怕的,发现它时照样会伴随极大的愉快,原因就是掌握真理时所感到的满足。可是,这种满足同完成终极的艺术而产生的满足是有区别的吗? 在得到了解现实的满足的同时,会不会出现不满足呢? 这也是很肯定的;对于知的不满足表现在对于行的渴望之中(其实根据经验,谁都知道):了解事态的真相固然不坏,但我们必须为了行动才去了解;让我们用一切方法去了解世界,但目的是为了使我们有可能去改变这个世界:在认识世界时,在捣毁世界时,在更新世界时。⑤在知识方面,任何人都不是一成不变的,即使怀疑论者或悲观论者也不是这样的,尽管由于那种知识的缘故,他们采取这种或那种态度,采取这种或那种生活方式。对已掌握知识的这种牢记,这种"理解"之后的"牢记",没有"理解"(还是引用但丁的话)"就不可能有科学",我刚才提到的自然科学和数学的类型、规则和衡量标准的形成,都是认识动作在提高到行为动作时的一种超越。每个人不仅从经验中知道，而且通过与事实对比也证实的确如此；但是，人仍对它进行思考，就会看出，事情也不可能以别的方式发生。过去有一段时间（对于不少无意识的柏拉图主义者、神秘主义者和禁欲主义者说来，现在仍然如此）人们相信，知就是把人提高到神，提高到理式，提高到理念世界，提高到位于人类现象世界之上的绝对；这是自然的，人由于违背本性的努力而变得与自身相异，他在到达那个更高的领域之后又惶惑不解地回到地面。在地面，人可以永远幸福、永远不活动。那种不再是思想的思想，也有一个不是现实界的现实界与它匹配。而既然（在维柯、康德、黑格尔及其他异端创始人那里）知识已经降到地上，不再被设想为静止的现实界的多少有些苍白的摹本，而总是人类的知识；所产生的也不再是抽象的理念，而是具体的概念，即：演绎推理、历史判断和对真实事物的知觉，那么，实践也就不再是什么标志知识堕落的东西，不是第二次从天空堕到地上或从天堂堕入地狱，也不是什么可以依靠或避开的东西，而是作为认识的要求，包含在认识本身之内的东西；有什么样的认识，就有什么样的实践。我们的思想是一个历史世界的历史思想，是一个发展的发展过程；一个现实的称呼刚刚被说出来，这个称呼便不再有价值了，因为这个称呼本身就已经产生出了一个新的现实，这个新的现实正期待着一个新的称呼。作为经济生活和道德生活的新现实把理智的人变为实践的人、政治家、圣徒、商业家、英雄，并且把先验的逻辑综合巧妙地变为实践的先验综合，然而这个新的现实总是新的感情、新的欲望、新的意愿、新的激情，在这种东西中，心灵永远不能休息，而首先把它们当作新的物质诱发了新的直觉、新的抒情、新的艺术。

于是，这个系列的最后一项就把自己重新和第一项联结在一起（如我在开始时所说的），这个圆周就封闭了，整个过程再次开始:这一过程是进行过的过程的回复,由此产生了维柯的概念,它是用"循环"一词来表达的。现在,这已是个经典性的概念了。可是,我所描述的这个发展,既说明了艺术的独立性,也说明了艺术明显的依存性的理由,即我上面批评过的错误学说(快感主义的、道德主义的、概念主义的,等等)创立者眼中的那种依存性的理由。当然我在批评时也曾注意到,上述各种学说里总可以找到某些与真理相关的东西。如果有人问,在心灵的各种活动中,哪一种活动是真实的,或者问这些活动是否全都是真实的,那我们必须回答:哪一种也不真实;因为唯一的现实就是这一切活动的活动,现实并不存在于某一种具体的活动中:在我们逐个进行区分了的各种综合——审美综合、逻辑综合、实践综合——之中,唯一真正的综合就是诸综合的综合,即心灵,它是真正的绝对,是纯粹的活动⑥。但是从另一方面来说,同理,在心灵的统一之中,在无穷的循环往复之中(这种往复就是它们永恒的一致与真实),一切又都是真实的。看见过或正看见艺术中有概念、历史、数学、典型、道德、快感和任何其他东西的人,是有道理的,因为在艺术中,借助心灵的统一,这些东西及其他的一切东西都是存在的;实际上,这些东西在艺术中的存在以及趋于把各种活动融为一体的艺术或是任何一种特殊形式所具有的强烈的单边性,说明了从一种形式到另一种形式的过程,说明了这种形式在另一种形式中的完成,而且也说明了发展。然而,同样是这些人,当他们把那一切(概念、历史、数学等)看成是抽象地平等的或混淆的时,他们又是错误的(因为那种区分是统一体的不可分割的阶段)。因为无论是先于艺术还是后于艺术的概念、类型、数目、度量、道德、实用、快感和痛感都存在于作为艺术的艺术之中;所以它们是作为预先假定(用德·桑克提斯最喜欢的说法来讲,就是沉浸和遗忘),或是作为预感存在于艺术中。没有那种假定，没有那种预感，艺术将不成其为艺术，不过，假如硬要把那些价值强加在作为艺术的艺术（艺术现在是，而且永远只能是纯粹的直觉）身上，那么艺术也将不成其为艺术（而且心灵的其他一切形式也将被艺术所扰乱）。即使艺术家的艺术所表达的道德和哲学是低下的，他本人在道德上也永远是无可谴责的，在哲学上也永远是无可指摘的：就他是个艺术家而言，他不进行活动和推理，而只是作诗、作画、唱歌，总之，只表现他自己。如果我们采用不同的标准，那我们就会回到对荷马史诗的谴责，像十六世纪的意大利批评家和路易十四时代的法国批评家那样，他们对那些喝醉了酒大喊大叫、狂暴粗鲁、缺乏教养的英雄们⑦的所谓"举止"嗤之以鼻。对于潜藏在但丁诗里的哲学进行批评当然是可以的，然而这种批评将只涉足但丁艺术的地下部分，好像在地下挖隧道似的，可是对相当于表土层的艺术，这种批评却丝毫触及不到；尼可罗·马基雅维利⑧作为解放者的猎狗，能够摧毁但丁的政治理想，因为他推崇的不是超国家的君主或教皇，而是暴君和国家的独裁者；但是他却无法消除但丁的那种灵感的抒情特性。同样道理，不给或不准向青少年展示某些画或读某些小说和剧本也许是有道理的；但是这种禁止的建议和行为只限于实践范围之内，并不影响艺术作品，而只影响作为艺术复制品工具的书和画布。这些书和画布，作为实践的作品，被人用相当于玉米或相当于金子的价格从市场上买来，也可以被人锁在厢房里或是柜橱里，甚至，用萨沃纳罗拉⑨的话说，可以被焚毁在"虚无品的火堆"之中。由于追求统一的盲目冲动而混淆发展的各个不同侧面，在艺术刚好超越道德时，硬要让道德去支配艺术；在科学刚好支配艺术、超越艺术时或在科学本身被生活支配和超越时，硬要让艺术去支配科学：这就是正确理解的统一，亦即精确的区分，所应该避免和抛弃的。

之所以应该避免和抛弃这一点,还因为:循环的不同阶段的业已确立的秩序使人们不仅有可能理解心灵的各种形式的独立性和依存性,而且有可能理解有条理地保存于另一种心灵形式中的每一种心灵形式。这里产生了一些问题,其中有个问题最好顺便提一下,或者说再次提一下,因为我曾偶尔提到过这个问题:即想象与逻辑,艺术与科学的关系。这个问题同研究诗与散文的区别时所再现的那个问题在本质上不管怎么说是一样的;因为(这个发现很快就得出了,因为已经在亚里士多德的《诗学》里找到了)人们承认这种区别不能归结为有韵或无韵,因为既有散文形式的诗(例如小说和剧本),也有带韵的散文(例如说教的诗和哲理诗)。因此,我们要用更深刻的尺度,即意象和知觉的尺度,直觉和判断的尺度(这一点已经做过说明)来衡量这个问题;诗是意象的表现,散文则是判断或概念的表现。然而,这两种表现,就其都是表现而言,性质是相同的,有同样的审美价值;所以,如果说诗人是他情感的抒发者,那么散文家也是他情感的抒发者——即,也是诗人——不过,他所产生的情感来自或存在于他对概念的研究。无论如何,没有理由只承认十四行诗的作者具有诗人的资格而拒绝把这个资格给予另外一些人,这些人写下了《形而上学》⑩《神学大全》⑪《新科学》《精神现象学》⑫,或讲述了伯洛奔尼撒战争⑬的故事,讲了关于奥古斯都⑭与提伯琉斯⑮政治的故事,或是讲了"通史":和任何一首十四行诗或者其他诗相比,所有这些作品中的激情及抒情的、再现的力量,一点也不少;尽管人们企图凭着以上所说的各种区别,把诗的特性只给予诗人而不给予散文家。但这些区别好像是些大石头,费了好大劲才被搬上陡峭的山顶,却又一下子滚下山谷,带来毁灭性的后果。固然的确存在着一种明显的区别,可是为了确定这一区别,就一定不可以用自然逻辑的方式把诗和散文当作互相对立的并列概念割裂开来:我们必须在由诗到散文的发展过程中来设想诗和散文。因为在这一过程中,诗人由于心灵的统一,不仅含有激情的材料,而且保持了这种激情并把它提高到诗人的激情(艺术激情),因此,思想家或散文家也不仅保持了这种激情并把它提高到科学的激情,而且保持了直觉的力量,由于这种力量,他的判断和围绕判断的激情,一起被表现出来,所以这些判断既有其科学特性又有其艺术特性。为了欣赏艺术特性所采取的审美形式,我们总可以在含有科学特性或把艺术特性同科学特性、科学批评分开的情况下,来仔细考虑这种艺术特性;也正是因为这个原因,科学才既属于科学史也属于文学史,尽管它属于文学史的方面有所不同。为此,不把"散文的诗"列入修辞学家所列举的许多不同种类的诗当中,至少是不可解释的。和许多矫揉造作的"诗的诗"相比,这种"散文的诗"有时还更纯正得多。我再次提一下另一个同样类型的问题(这问题我在前面已经隐约地提及)是有好处的,即艺术与道德的联系。尽管这种联系不能直接用来说明艺术等于道德,但是现在必须重申这一联系用以说明:既然诗人在抛开任何激情的时候,还保留了他对艺术的激情,那么他就在他的艺术中保留了责任感(艺术责任),每个诗人在创作活动中都是道德的,因为他尽到了神圣的职责。

最后,由于心灵的各种形式的秩序与逻辑使一种形式成为另一种形式所必需的,也就使所有形式成为必需的,因此揭露了以另一种形式的名义否定这一种形式的做法是多么愚蠢:反对艺术和诗的哲学家(柏拉图)、道德家(萨沃纳罗拉或蒲鲁东[16])、自然主义者和务实主义者(还有好多,我不一一列举了!)所犯的正是这样的错误;另一方面艺术家所犯的错误是反对思想、科学、实践及道德,过去那么多"浪漫主义作家"在悲剧中及现在那么多"颓废派作家"在喜剧中所做的正是这样的事情。这样的错误和蠢事我们还是能够宽容的(总要考虑到我们的计划是不让任何人感到太闷闷不乐),因为很明显,这些错误在其各自的否定中总还有些可以肯定的内容,也就是对艺术、科学、实践或道德中的某些错误概念和错误的表现形式的反抗(例如,柏拉图反对把诗当作"智慧"的看法,萨沃纳罗拉反对的是意大利文艺复兴的文明不够稳重、朴素,以至于流于腐败,很快就完结了)。但是,如果人们想到没有艺术,哲学本身就不完整的话(因为没有艺术,哲学便缺乏制约其问题的条件,而要使它成为与艺术对立的单独的哲学,就等于从哲学那里抽走了它所呼吸的空气);想到实践若不是处于运动状态和被灵感或像有人所说的"理想""亲切的想象"即艺术赋予生命时便不是实践的话;从另一方面又想到没有道德的艺术,从颓废派那里盗用"纯美"称呼的艺术——对它就像在一群魔鬼中对某个魔鬼偶像的顶礼膜拜一样——由于它所源于的生活缺乏道德,又由于生活包围着它,作为艺术便要解体而且变成空想、奢侈和骗术的话(因为艺术家不再为艺术服务,而是艺术作为可耻的女奴服务于艺术家私人的、渺小的利益);那么,那些愚事便不言自明了。

然而,有人在总体上对有助于弄清艺术和其他心灵形式的独立性与依存性联系的循环看法提出了异议。因为这种异议把心灵的工作描述为一种叫人既讨厌又伤感的反复动作,一种不值得劳神的在自身之上的单调的循环。当然隐喻会给诙谐诗文和漫画腾出某些地盘;然而,它们在使我们感到短暂的高兴之后,又迫使我们严肃地回到隐喻所表现的思想上。这种思想并不是来来去去的枯燥的重复,而是在来中之来、去中之去当中不断丰富的过程。最后一项再次成为第一项，但不是原来的第一项，而是它本身带上了概念的多样性和精确性，带上了体验过的生活经验，甚至带着被思索过的作品的经验，而这正是原来的第一项所缺乏的；这种经验为更崇高、更完美、更复杂、更成熟的艺术提供了素材。因而，循环的看法并不是一种永远平滑的旋转，而是真正在哲学意义上关于进展的看法，是心灵永远增生的看法，是心灵中的现实的看法，在心灵中，除了增生的形式之外，没有任何东西是重复的；除非对一个走路的人提出异议，说他的走等于是站着不动，因为他总是以同样的节奏移动双腿！

反对这种循环看法的另一种意见，或者说另一种反叛运动也常常可以见到，尽管我们见到时并未清楚地意识到：那就是一些人或很多个人身上的那种焦躁不安，为打破并超越作为生活规律的循环和为从充满焦虑的运动中获得一块平静区域的努力；在他们从此脱离大海，站到岸上之后，他们还会回头凝视那汹涌的波涛。但是，我已经指出过这种平静是什么：是一种在超凡的升华外表下的对现实界的实际否定；这种平静是能达到的，但它被称作死亡；个体的死亡，而不是现实界的死亡，现实界是不会死的，现实界不但不会为自己的运动而苦恼，反而喜欢这种运动。另一些人梦想一种没有循环的心灵的高级形式，这种形式应该是思想的思想，是认识与实践的统一体，是爱，是上帝或这种形式所采用的任何名称；他们没有看到这种思想、这种统一体、这种爱、这个上帝已经在循环中存在并为循环而存在着，没有看到他们是在另一个世界的神话中（这神话又在重演真实世界那同样的戏剧）无用地多样化了一个已经完成的探索，或正在隐喻似的重复业已发现了的东西。

到目前为止，我已经把这个确实是理想的、超世俗的戏剧粗略地勾勒出来，我用了第一、第二那样的术语完全是出于用词的方便,是为了表明逻辑上的顺序——说它是理想的、超世俗的,因为这出戏剧无时无刻不在每个人的身上全部地表演出来,正像宇宙间没有一个粒子不靠上帝的精神增添光泽一样。然而,这出理想戏剧中的理想的和不可分割的要素,在经验的现实界,就像在具有理想特点的形体象征中一样似乎又可以看作可分的要素。不是说它们真是可分的(想象性才是真正的现实),而是说对于持分类观点进行观察的人来说,它们从经验上看来是可分的,因为这种人在引起他注意的类型当中,除了扩大或夸张理想的特点之外,没有别的办法去确定事实的个体性。这样,艺术家、哲学家、历史学家、自然学家、数学家、商人、自耕农似乎互相隔绝地生活着;艺术、哲学、历史、自然科学、数学等文化领域以及与此相关的经济学、伦理学和其他许多学术领域,似乎也是各不相关、截然不同的;最后,人类生活似乎被分成若干个时代,其中再现了这种、那种或只有几种理想的形式:想象的时代、宗教的时代、思辨的时代、自然科学的时代、工业的时代、政治激情的时代、道德热情的时代、追求享乐的时代,等等;这些时代有其或多或少比较完善的种种过程。可是历史学家的眼睛在个体、种类、时代的一致性中发现了永恒的分歧;哲学家的意识则发现了分歧中的统一;在这种分歧中哲学-历史学家则既看到了想象的发展过程与统一,也看到了历史事实的发展过程。

但是,让我们暂时也像经验主义者那样说话(经验主义既然存在,总有点用处),让我们问问自己我们的时代属于哪一种类型,或者说我们刚从哪一种类型的时代中脱离出来并出现;这个时代的主要特点是什么?对此问题,立即就可以做出一般的答复,即至今为止主要特点一直是文化上的自然主义,实践上的工业主义;而哲学和艺术的伟大都算不上是主要特点。但是,既然(在此经验主义已处于危险之中)任何时代没有哲学和艺术就无法生存,那么我们这个时代,就它过去有能力拥有哲学和艺术而言,现在也就依然拥有哲学和艺术。我们时代的哲学和艺术——后者间接地,前者直接地——在思想中的地位就像是表明我们的时代是何等复杂和重要的文献。通过解释这些文献,我们就能弄清楚基础情况,我们的任务就建立在这样的基础之上。

现代艺术耽于情欲,贪得无厌地追求享乐,朝着某种被误解的贵族精神混乱地努力——这种贵族精神呈现为一种骄奢淫逸的理想或一种傲慢、残忍的理想,同时还不时地追求某种既自私自利又沉湎声色的神秘主义,不信上帝、不信思想、怀疑、悲观——它在表达这些灵魂状态时往往是最有力的,这种道德主义者枉然谴责的艺术,当其深刻的动机和起源被人理解时,引出的并不是谴责、压制和改变艺术方向的行为,而是把生活更有力地引导到某种更健康、更深刻的道德,这种道德将是内容更高尚的某种艺术之母,我要说是某种更高尚的哲学之母;这是比我们时代的哲学更高尚的哲学。我们时代的哲学无力说明宗教、科学和其自身,也无力说明重新变成深不可测的神秘或实证主义者、新批判主义者、心理学家和实用主义者令人发指的错误论题的同一艺术,而截至目前,这些人却几乎独自表现了现代哲学,并退到艺术概念的最幼稚、最粗浅的形式中去了。

第四章　批评与艺术史

艺术家往往把文艺批评看成一个脾气古怪而又专横的、学究气十足的教师。他反复无常地发号施令，制定禁令，表示准许，如此随心所欲地决定他们作品的命运，于是就帮助或损害了他们的作品。因此，艺术家要么在文艺批评面前表现出顺从、谦恭、谄媚、奉承的样子，可是心里却记恨它；要么，当他们得不到所要的东西或他们的高尚灵魂不允许他们屈尊去从事那种谄媚者的艺术时，他们就反对文艺批评，用诅咒和嘲笑来宣称文艺批评是无用的，把批评家比作（记得本人也被这样比过）一头闯进陶器工场的驴。陶匠摆在太阳光下晒干的精美艺术品，随着一阵急促的驴蹄声①被踩得粉碎。说实话，这次倒是艺术家们的错，他们不知道什么是文艺批评，他们以为文艺批评可以支持或损害他们，其实文艺批评所处的地位既无法支持也无法损害艺术家：因为很清楚，既然任何批评家都无法使本来不是艺术家的人成为艺术家，那么对真正的艺术家，任何批评家也无法加以败坏、抛弃甚至轻微地损害，原因是这种行为在推理上是不可能的，这类事情在历史上从未发生过，现在没有发生，而且我们可以肯定将来也永远不会发生。可是，批评家们或那些自封的批评家们有时倒的确把自己扮成学究气十足的教师、传神言者、艺术的指导者、立法者、先知和预言家；他们命令艺术家做这而不是做那，为艺术家分配主题并且宣称某些题目富有诗意，另一些则没有诗意；他们不满意目前产生的艺术，然而与此类似的、在过去的这个或那个时代的艺术或是在他们声称已经瞥见的不远或遥远的将来时代的另一种艺术,他们倒又喜欢了;他们会谴责塔索,因为他不是阿里奥斯托;谴责列奥巴尔迪,因为他不是麦塔斯塔西奥②;谴责孟佐尼,因为他不是阿尔菲爱里;谴责邓南遮,因为他不是伯谢③或雅各彭④;他们描绘将来的伟大艺术家,为他提供伦理学、哲学、历史、语言、韵律,以及结构和色彩方面的工艺,提供在他们看来这位艺术家所需要的任何东西。很清楚,这次该受责备的是批评家:艺术家用我们对付野兽的办法来对付这种粗暴行径,做得很对。我们设法驯服野兽,引起野兽的幻觉和错觉,为的是让它们能为我们效劳,当它们不再有用时,我们就把它们赶走或送进屠宰场。但是为了批评的荣誉,我们必须加一句,那些反复无常的批评家还不如艺术家更像批评家:那些失败了的艺术家,或者追求某种艺术形式而未能达到的艺术家,要么因为他们的追求是矛盾的,要么因为他们的力量还不够而归于失败;因此,在他们心灵中就保留着没实现理想的痛苦,除了到处哀叹理想的丧失和到处乞求理想的出现之外,他们什么话都不会说。也有一些是成功的艺术家——确实是最巧妙的艺术家——可是,正是由于他们艺术特点的能量,他们无法摆脱自身去理解与他们的艺术形式不同的艺术形式,而倾向于粗暴地拒绝这些形式;在这种否定中,他们得益于陶匠的仇恨⑤,即艺术家相互间的妒忌。妒忌无疑是个缺点,但是那么多杰出的艺术家看来都有这个缺点,以至于我们不得不宽容一下这个缺点,正如我们宽容女人的缺点一样,我们知道,女人的缺点和优点混在一起,很难分开。另外一些艺术家会冷静地答复这些艺术家兼批评家:"在他们的艺术中,继续做你们做得很好的事情,并且也让我们做我们能做的事情。"对那些失败之后临时改行当批评家的艺术家,他们则说:"别声称我们应该做你们没做成的事情,也别说我们应该做将来的工作,对将来的工作,你们和我们都不了解。"事实上,这不是正常的答复,因为其中一半是出于意气;可是这又的确是合乎逻辑的答复,它合乎逻辑地结束了这个问题,尽管我们必须预见到争辩不会结束,而会持续下去。只要还存在褊狭的艺术家和失败,争辩就会持续下去——即:永远持续下去。

关于批评还有一种概念,这种概念的批评表现得像是地方行政官和法官,正像前一种概念的批评表现得像个学究气十足的教师和暴君一样;这种概念认为批评的责任不是促进和指导艺术的生活——如果你愿意,可以说,艺术的生活只受到历史的促进和指导;即促进和指导艺术生活的是历史过程中心灵的复杂运动——而仅仅是在已经产生的艺术中区分美与丑,以完全严谨的见解严肃地肯定美的,否定丑的。尽管批评的动机或许稍有改变,然而我担心认为批评无用的那种谴责仍然没有消除。区分美丑的批评是否真有必要呢?产品自身本来就是这种区分,因为艺术家能达到表现的纯洁性,正是由于消除了威胁这种纯洁性的丑的东西;这种丑就是他那与艺术激情抗争的骚乱的人类激情:他的弱点、他的偏见、他的便利、他的自由放任⑥、他的匆忙、他的一只眼睛看着艺术,另一只眼睛盯着观众、出版者、乐团经理——这一切都妨碍艺术家孕育并顺产其意象表现,妨碍诗人写出不同凡响的诗篇,妨碍画家线条准确、色彩和谐,妨碍作曲家创作乐曲,如果艺术家不注意抵御丑,他们就会把响亮而空洞的诗句、错误和不协调掺进他们的作品。既然艺术家在创作时是自己的极为严格的法官,任何东西都躲不过他——即使躲过别人也躲不过他——那么,别人在自发地观赏时,也直接地、非常清楚地辨别出在哪里艺术家是位艺术家,而在哪里他只是个人,只是个浅薄的人;在什么作品或在作品的哪一部分中,抒情的热情和创作的幻想最占优势,而在哪些地方,它们冷却下来,让位给其他东西。这些东西冒充艺术,所以(考虑到冒充的这一面)被称为"丑"的。当艺术家的天才和观赏者的鉴赏力已经表达出见解的时候,批评的见解还有什么用呢?天才和鉴赏就是军队,是人民,也就是总的、世俗的一致见解。的确如此,批评的见解往往表达得太晚。它们把某些形式定为神圣的,可是普通的喝彩声早就正式地把这些形式定为神圣的了(当然,真正的喝彩不能和鼓掌、和世俗的鼓噪混为一谈,经久的荣誉不能与一时的幸运混为一谈);它们谴责丑,可是这种丑早已受到谴责,变得令人生厌、被人忘却,或者出于派别之见和难以克服的骄傲在言辞上反而受到赞扬——但带有恶意。批评被想象为一种地方行政官,它杀那些已经死了的人,给活人脸上吹气,以为这是能赋予生命的上帝的气息;也就是说,这种批评完成的是件无用的工作,因为这项工作早已完成。我自问,但丁、莎士比亚、米开朗琪罗的伟大到底是由批评家确立的,还是由他们的广大读者确立的?在向这些伟人喝彩的人中间,是否也有文人和职业批评家(在这种情况下,他们的喝彩与别人,甚至与同样乐意向美的事物打开自己心扉的青年和老百姓,没有什么区别)?这种美的事物向一切人开口讲话,只有在看到肯定是法官式批评家的面孔时,它才缄默不语。

于是又有批评的第三种概念:作为解释和评论的批评。这种批评使自己小于艺术作品,其职责只是为艺术作品掸灰,把艺术作品置于光线好的地方,提供一些情况介绍,一幅画作于什么时期,再现了什么,解释诗中的语言形式、历史讽喻、对事实与观点的推测;在以上两种情况里,批评所履行的职责都允许艺术在观众或读者的心灵里自由自在地活动,这样,观众或读者就可以按他个人的鉴赏力去评判艺术。这种情况下,批评家好像是一位有修养的导游者或者一位耐心而谨慎的教师："批评是教人阅读的艺术"，这是一位著名批评家所下的定义；这个定义并不是毫无反响的。现在，对博物馆或展览会中的解说员及阅读中教师的效用，没人再有争议，如果解说员和教师学识渊博，知道许多大部分人所不懂的事情，又能使所谈的题目很清楚明白地显示出来，那就更没有争议了。不仅是离我们非常久远的艺术需要这种帮助，就是刚过去不久（被称作现代）的艺术也需要这种帮助。尽管现代艺术所谈的题目和所采取的形式看来是明显的，但往往还不够明显；有时，为了帮助人们去感受一首小诗和某件艺术作品中的美，还得付出相当大的努力，尽管这首诗或艺术作品昨天才诞生。偏见、习惯和忘性筑成阻碍人们通往艺术作品的篱笆：这就要求解释者和评论者用熟练的双手把篱笆拆除。在这种意义上，批评当然是很有用的，但是我们不明白，既然这种工作已经有了解释、评论或注释等名称，为什么还要称其为批评。最好别这样称呼，因为这容易导致令人生厌的误解。

说它是误解，因为批评好像是、希望是、也的确是某种不同的东西：批评并不希望侵犯艺术，也不希望去再次发现美的事物之美和丑的事物之丑，也不想使自己小于艺术，而是希望大于、在某种意义上还要高于伟大的艺术〔一〕。那么真正合法的批评是什么呢？

首先，批评同时是刚才我所解释的那三种事物；也就是说，这三种事物都是批评的必要条件，没有这些，就不会有批评。没有艺术要素，（如我们所见，那种以为自己也能生产艺术或有助

〔一〕 原注：对于批评家和诗人，这都是个骄傲的时刻：他们都能用阿基米德的话喊出："Eureka!"（"我找到了！"）诗人找到了他的天才得以生存和扩展的区域，批评家则找到了这种天才的基础和规律。（见圣伯夫⑦《文学家画像》）

于艺术生产的批评,那种为了另一些生产形式的利益而压抑这一些生产形式的批评,在某种意义上是违反艺术的艺术)批评将缺乏进行批评的材料。没有鉴赏力(评判性的批评),批评家将缺乏艺术经验。艺术经验在批评家的心灵中产生,同非艺术隔开并在同非艺术的对立中被享用。最后,没有注释,不把妨碍再生产想象的障碍物搬走,也会缺乏这种经验。这种注释为心灵提供它所需要的关于历史知识的那些推测。这些推测就是想象的火堆在焚烧时用的木柴。

可是在继续深入探讨之前,最好在这里先解决一个重大的疑问。不论在哲学文献中,还是在普通的思想中,对此疑问,从过去到现在,一直争论热烈,当然,假如它是有道理的,那么这一疑问不仅会危及我们正在谈论的批评的存亡,而且会危及再生产想象或鉴赏力的存亡。这个疑问是:真的有可能像注释所做的那样,把再生产别人的艺术作品(或我们自己过去的作品,比如,为了记起在创作该艺术时我们是什么样的,我们在记忆中搜索并查阅我们的书信)所需要的材料搜集起来,用我们的想象把艺术作品按其原有特征复制出来吗?所需要的材料能搜集得全吗?就算搜集得全,在复制过程中,想象能允许自己一直受材料的束缚吗?难道它就不会像新的想象那样引进新的材料吗?它既然不能真正地复制别人的和过去的艺术作品,难道不会别叫它这么做吗?每一种健全的哲学都说只有一般才永远是可复制的,那么特殊个体的复制、不可表达的特殊个体[8]的复制是可以思议的事吗?因此,复制别人和过去的艺术作品难道不是干脆不可能的事吗?在普通谈话中通常被认为是无可争议的事实的东西,或是在关于艺术的每个争论中已被表达或被暗指的推测,难道不可能是(正如一般提到历史时所说的那样)一个方便的寓言故事[9]吗?

当然,当我们从外部考虑这个问题时,最不可能发生的事好像就是所有人在领会和理解艺术时所抱的固定信念都是毫无根据的,尤其是如果我们看到正是那些否定抽象理论中复制可能性(或他们所谓的"鉴赏的绝对性")的人们最顽固地坚持他们自己的鉴赏判断,并且很清楚地认识到两种肯定之间的区别:一种是根据我的生理机能对酒是否适应来肯定酒是好是坏;一种是肯定这首诗美那首诗丑。这第二种判断(如康德在一个古典分析中所示)本身对普遍合法性有着不可剥夺的所有权;人们对此变得如此狂热,在骑士时代甚至有人为了坚持说《耶路撒冷的解放》是美的,而操起剑来,而据我所知,还没有人为坚持酒的好坏而操剑或被杀的。有些作品艺术上极端低劣,却受到一些人或很多人的喜欢,至少是受到作者本人的喜欢。反对这些作品是没有根据的(因为没有灵魂的满足以及相应的快感,任何作品也不会在灵魂中诞生)。可是,我们对这种快感是不是审美的、是不是以鉴赏力和美的判断作为其基础,表示怀疑。从外部怀疑到内部考虑,应该说对审美复制的可信性的反对意见是建立在某种现实之上的,但这种现实被设想成原子的冲突,带有抽象的单子[⑩]的特点,即由互不相关的单子构成,只能从外部使它达到和谐。但那并不是现实:现实是心灵的统一,在心灵的统一中任何东西也丢不了,任何事物都是心灵永恒的占有物。没有真实的统一,不仅艺术品的复制是不可思议的,而且一般说来,对任何事实的回忆(实际上这往往是直觉的复制品)也将是不可思议的;假如我们自己不是恺撒[⑪]和庞贝[⑫]——那就是说原先被定为恺撒和庞贝的一般概念,现在被定为我们自己了,他们活在我们身上——我们就没法形成任何有关恺撒和庞贝的看法。认为特殊不可复制而只有一般才可复制肯定是"可靠"的哲学学说,但这是可靠的经院哲学,这种哲学割裂一般与特殊,使特殊成为一般的一种偶然（被时间所拂去的灰尘），这种哲学不懂得真正的一般是特殊化了的一般，不懂得唯一真正"可表达的"正是具体而特殊的所谓"不可表达的"。说到底，就算我们不能一直为精确地复制一切艺术作品或过去的某件艺术作品准备好材料，又有什么关系？像每件人类作品一样，完全精确的复制品只是一种在无限中才能实现的理想，所以，这种复制品总是以在任何时刻都受到现实形态允许的那种形式来实现的。如果我们不完全掌握某首诗的全部意义，难道这首诗就没有丝毫含义了吗？没有人会肯定地说将来用研究和沉思的方法，用有利条件和同样感情的交流都不能把这一丝含义（对此我们只有一个那么模糊而不满意的幻象）确定得更好一些。

因此，由于鉴赏力对其讨论的合法性最有把握，同样，由于历史研究与解释对恢复、保存、扩大关于过去的知识最不知疲倦，尽管鉴赏力方面或历史方面的相对论者和怀疑论者不时发出一阵阵绝望的呼喊，他们却不能使任何人（如我们所见，甚至不能使他们自己）沦落到不做判断的真正绝望的地步。

这段插话就此结束，它尽管长了点，却必不可少。言归正传，艺术、历史性注释和鉴赏力虽是批评的条件，但仍不算是批评。实际上，靠这三重假定的方法，除了可以获得"意象—表现"的再现与欣赏之外，别的什么也得不到；也就是说，我们正好又把自己放回到进行生产意象行为的艺术生产者的地位上了。我们也不能像某些人所吹嘘的那样，建议自己用提供相等物的方法，在新形式中复制诗人和艺术家的作品以回避那些条件；那些人由此给批评家下了一个定义：工匠加乎于艺术品[13]，因为披上新衣服的复制品就是一种转化或变异，是在某种程度上受第一件艺术品启发而产生的另一件艺术品；如果它和原件一模一样，它就是一件单纯的复制品，一件物质的复制品，其词汇、颜色、音调都一样——也就是说，是无用的。批评家不是工匠加乎于艺术作品⑭，而是哲学家加乎于艺术作品⑮：接收的意象既要被保存下来又要被超越，否则批评家的工作就没完成；意象是属于思想的，我们看到这种思想超越幻想，并用新的光辉照亮了幻想，使直觉成为知觉，为现实规定出限制条件，于是也就区别了现实和非现实。在这种知觉和这种一直完全是批评或判断的区别中，我们正在专门探讨的艺术批评来源于这样一个问题：作为问题摆在我们面前的事实是否是直觉，即是否是真实的，在什么程度上不是真实的，即是否是非真实，真实与非真实，在艺术中被称为美与丑，在逻辑学中被称为真理与谬误，在经济学中被称为得与失，在伦理学中被称为善与恶。这样，整个艺术批评就可以归结为这样一个最简单的命题，这一命题有助于进一步把艺术批评著作同艺术和鉴赏力的著作（这些事实从它们本身考虑，在逻辑上是不发声的）区别开来，同注释的渊博学问（它缺乏逻辑的综合，所以在逻辑上也是发不出声的）区别开来："有一件艺术作品甲"，其相应的逆命题，就是"没有一件艺术作品甲"。

这看起来是荒谬的，然而艺术即直觉的定义原先看上去也正是荒谬的，但后来也会被看出这个定义本身包括了多少东西，多少肯定和否定：它包括的东西太多了，以至于尽管我已经谈到并且是用一种浓缩的方式谈到它们，我却一直不能、将来也不能提供更多的东西，最多只能简单地提及一下。艺术批评的这个命题或判断："有一件艺术作品甲"，像一切判断一样，首先隐含着一个主题（艺术作品甲的直觉），完成这一主题需要注释和复制想象⑯的劳动以及鉴赏的辨别力：我们已经看到这项工作多么困难而复杂，多少人由于缺乏想象力或是文化功底浅而在这项工作中走入歧途。像一切判断一样，这个命题还隐含一种属性、一种范畴（在此是艺术的范畴）。这种范畴必须在这个判断中构想出来，因此这种范畴就成了艺术的概念。至于艺术的概念，我们也已看到，它引起了什么样的困难和复杂性，它为什么总是个不稳定的占有物，不断地遭到攻击和暗算，又不断地受到保护以免遭攻击和暗算。所以艺术批评是随着艺术哲学的发展、衰落、复现而发展、生长、衰落和复现的；不论艺术批评还是艺术哲学，都可以把它自己在中世纪时的状况同它到十九世纪上半叶在海尔德⑰、黑格尔、浪漫派（在意大利是德·桑克提斯）手里的状况做一比较；在更狭窄的领域里，可以把德·桑克提斯时的艺术批评（艺术哲学）同随后的自然主义阶段里的艺术批评（艺术哲学）做一比较。在自然主义阶段，艺术的概念变得模糊了，最后和物理学、生理学甚至病理学混淆在一起。如果判断的不一致，一半或一小半是因为对艺术家到底做了些什么不够明确，另一半或一多半是因为缺乏共鸣和鉴赏力，那么这是因为艺术观点太不明确；由此而常常出现这样的情况：两人对某艺术作品价值的看法大体上是一致的，只是这个人所赞成的正好是那个人所谴责的，因为各自立足于一个不同的艺术定义。

由于批评对艺术概念的这种依附性，有多少种错误的艺术哲学就有多少错误的批评形式有待于区别；在我们已经谈及的主要形式中，有一种批评，它不是再现艺术和表现艺术的特性，而是把艺术搞得支离破碎，给艺术划分等级；还有一种道德的批评，它把艺术作品看作目的行为，而这些目的是艺术家为自己提出的或应该提出的；还有一种快感主义的批评，它把艺术描述为快感和娱乐的获得与否；还有一种唯理论的批评，它根据哲学的进步来衡量进步，只知道但丁的哲学不知道但丁的激情，认为阿里奥斯托是虚弱的，因为其哲学是虚弱的，认为塔索更严肃些，因为他的哲学更严肃些，由于列奥巴尔迪的悲观主义，就认为他是矛盾的。有一种批评,通常被称为心理学的批评,它把内容从形式中抽出来,不注重艺术作品,却注重作为人的艺术家的心理;还有另一种批评,它把形式从内容中抽出来,喜欢抽象的形式,因为根据情况和个人不同的喜好,这些形式使人回想起古代或中世纪;还有一种批评认为哪里有修辞上的装饰物,哪里就有美;最后还有一种批评,它制定了关于艺术体裁和各种艺术门类的规则,喜欢还是反对艺术作品取决于该艺术作品是接近还是脱离这些规则所构成的模式。我并没有把它们一一列举出来,也不想这么做,我也不想详细说明批评的批评,那不是别的,只是已勾勒出轮廓的批评及美学辩证法的重复而已;已经可以在这里或那里看出一些不可避免的重复的迹象。总结一下批评史将会更有益(如果很快总结不需要太多篇幅的话):在我所指出的理想位置上放上历史人物的名字,指出在意大利和法国的古典主义运动时期,关于典型模式的批评是怎样风靡一时的,还有十九世纪德国哲学中的概念主义的批评,宗教改革时期或意大利民族复兴时期的道德主义描述的批评,法国的圣伯夫等许多人的心理学;在上流社会、画室和新闻批评界人士中,快感主义形式是怎样得到最广泛的扩散;还有那种关于文艺种类的批评,在学校里,当人们找到了韵律、"技巧"、"主题"、文艺的"种类"及其表现的所谓根源时,大家就以为已经成功地尽到了批评的责任。

我所简述的这些形式,尽管是错的,总还算是批评的形式,可是,对于扯起"审美批评"与"历史批评"旗帜互相开仗的其他形式,则不能这样说。相反,请允许我把这些形式命名为(因为它们只配这样的名称):伪审美批评和伪历史批评。这两种形式尽管非常对立,但是对哲学,尤其是对艺术的概念,却有着共同的仇恨:反对艺术批评中有任何思想干预,伪审美批评认为思想干预是艺术家的事情,而伪历史批评则认为这是博学者的事情。换句话说,它们把批评贬低到批评之下,前者把批评局限于纯粹的艺术鉴赏和享受,后者则把批评局限于纯粹的注释研究或是为用想象进行复制所做的材料准备。很难说含有思想和艺术概念的美学同没有概念的纯鉴赏究竟有什么关系;历史同关于艺术的支离破碎的渊博学问有什么关系就更难确定了。因为没有艺术概念,不知道艺术是什么(而历史则要求我们应该知道我们所叙述的历史是什么),所以这种支离破碎的渊博学问不像历史那样便于组织。我们最多只能指出艺术和历史这两个词经历这种奇怪"命运"的原因。但是只要这两者的支持者待在他们自己划定的界限(即享受艺术作品或收集注释材料)之内,那么无论这两个名字还是拒绝实行批评,都不会有什么危害;这两者的支持者应该把批评留给那些愿意批评的人,留给那些满足于不触及真正属于批评的问题却又对批评进行诽谤的人。为了达到这种节制态度,有必要这样做:审美家在艺术的狂喜中绝不能开口,只能默默地品尝他们的喜悦,或者在碰到同类时,最多也只该像动物那样(据说是那样,谁知那是不是真的!),不用说话就达到相互理解:他们的面部下意识地带着陶醉的表情,双臂伸出去摆出一副惊喜的架势,或者双手做祈祷状以感谢所获得的喜悦,这样就足以表达一切了。而历史学家们当然可以说话——谈的是古本、勘误、年代与时事的资料、政治史实、传记事件、作品的出处、语言、句法、韵律,但是从不涉及这些东西为之效劳的艺术,作为简单的博学者他们服务于艺术,但不能抬眼看一下艺术的面容,就像女仆不能抬眼看她女主人的面容一样,尽管女主人的衣服是她刷的,女主人的饭是她做的:因此事情得你们干,但不是为你们自己干[18]。不过,你们还是向那些思想是如此过分并对这种过分十分狂热的人去要求戒规、牺牲和英雄主义吧！特别是向由于这种或那种原因而一生从事艺术的人要求不谈论和不评价艺术吧！所谓不讲话的审美家还是要谈论艺术、评价艺术、为艺术而争论的，所谓不下结论的历史学家也照样下结论；因为在这种谈论中，他们没有哲学和艺术概念的指导（他们蔑视、讨厌这种东西），可他们又需要一种概念——在他们自己意识不到时，良知也不见得正好为他们提供那个正确的概念——所以他们就在我说过的各种偏见中徘徊，这些偏见是：道德的和快感主义的，唯理论的和唯实论的[19]，形式主义的和修辞的，生理学的和经院式的：他们有时依靠这个概念，有时又依靠那个，有时把它们都混在一起，互相进行补充和拼凑。最奇怪的现象是（哲学家并不是没预见到这一点）：审美家和历史学家这些势不两立的敌手，尽管出发点是对立的，最终意见却很一致，都表达了同样的愚蠢；最可笑的事情莫过于：在关于深受感动的艺术爱好者的记载中及在最相信实证主义的历史学家身上，再次碰到那种最陈腐的唯理论看法和道德主义看法。那些艺术爱好者深受感动到了仇恨思想的地步。那些历史学家是如此相信实证主义，以至于担心企图理解他们研究的对象会使其确实性蒙受损失，而这一次他们研究的对象却正好是艺术！

真正的艺术批评当然是审美的批评，但并不是因为它像伪美学那样蔑视哲学，而是因为它起到了和哲学、艺术概念一样的作用；真正的艺术批评是历史的批评，并不因为它像伪历史那样只涉及艺术的外部，而是因为在利用历史资料复制想象之后（至此它还不是历史），当得到想象的复制品时，真正的艺术批评确定什么是用想象复制出来的事实，再用概念表示出这一事实的特征，并且确定什么是的确发生过的事实，这样一来，它就变成了历史。于是，处在低于批评位置上的这两件不一致的事物在批评中取得了一致;"历史的艺术批评"与"审美的批评"是一样的:我们用哪个词都行,因为这两个词都会纯粹出于便利的原因而各有其特殊的用法;在用第一个词时,我们是想叫人们特别注意理解艺术的必要性,用第二个词时,我们是想叫人们特别注意题材的历史客观性。这样就解决了某些方法论者所讨论的问题,即历史到底是作为手段还是作为目的进入艺术批评的:因为从此以后就清楚了,作为手段的历史,正因为是手段,就不是历史,而是注释材料;而把目的当作其价值的东西当然是历史,尽管它不是作为特殊因素进入批评,而是作为构成整个批评的东西进入批评的:这就正好表达了"目的"这个词。

但是,艺术批评若真是历史批评,那么下一步则是:不可能把辨别美丑的任务简单地局限为艺术家在生产时或观赏者在鉴赏时那种直接意识中的赞成和反对;必须把辨别美丑的任务扩大并提高到"解释"的意义上。因为在历史的世界(它的确是唯一的世界)里,不存在否定的或反义的事实,所以,对鉴赏力来说因不艺术而显得又丑又讨厌的东西,对于历史的考虑则是既不丑又不讨厌,因为历史的考虑懂得:不艺术的东西总归也是某种东西,它既已存在,总有其存在的权利。塔索为《耶路撒冷的解放》所写的富有美德的天主教寓言不是艺术的,尼柯利尼[20]和格拉齐[21]的爱国宣言也不是艺术的,彼特拉克引入他诗中的难以捉摸的东西和牵强附会的比喻也是不艺术的;但是,塔索的寓言是拉丁国家里天主教反改革工作的表现之一;尼柯利尼和格拉齐的宣言是唤起意大利人反抗神父和外国人的激烈的企图,或者说是对这种唤起民众精神的赞同;彼特拉克的难以捉摸的东西和牵强附会的比喻是对意大利传统行吟诗人的优雅的一种崇拜,这种优雅在意大利新的文明中得到了恢复和丰富;也就是说,它们都是实际的事实,在历史上是很有意义的,值得尊重。

为了语言生动,为了适合流行的讲话,我们当然可以在历史批评的领域里继续谈论美与丑,只要我们同时让人看到,或暗示出,或让人理解到,至少是别排斥确实的内容——不论是美的还是丑的内容——这一内容的丑像这一内容彻底得到谅解和理解时那样,怎么也不会受到彻底的谴责,因为那样一来,这一内容将以最彻底的方式被清除出适合艺术的领域。

出于这个原因,当艺术批评真正算是审美的批评或是历史的批评时,它同时也就被扩大为生活的批评了,因为如果不对整个生活的作品同时进行评价并描绘出其特征,就不可能对艺术作品进行评价并描绘出其特征:正如我们观察真正伟大的批评家(首先是德·桑克提斯)时所看到的,在德·桑克提斯的《意大利文学史》和《批评论文集》里,他既是个深刻的艺术批评家,又是个深刻的哲学批评家、道德批评家和政治批评家;他在这方面深刻是因为他在那方面深刻,反之亦然:他对艺术的纯审美考虑的力量正是他对哲学的纯逻辑考虑的力量,等等。因为虽然心灵的形式(批评把这些形式当作评价的范畴来加以利用)在统一体中是被理想地区分开了,但是从物质上说,它们互相之间是不可分的,它们各自和统一体也是不可分的,否则我们就只能难受地看着它们在我们面前消失。所以我们不能谈论艺术同别的批评的区别,除非以经验主义的方式去谈,而且是为了指出讲话者或写作者的注意力是直接指向他那不可分割的论题的这一部分而不是那一部分。艺术批评与艺术历史的区别也是经验主义的(为了继续清楚地说教下去,我把这种区别一直保存在这里),这种区别被这样的事实所决定:在现代文艺的研究中,争论的因素占主导地位,于是这种研究更乐意被称为“批评”,而在对较久远时期的文艺的研究中,叙述的口气占主导地位,因此这种研究更乐意被称为“历史”。实际上,真正彻底的批评是对已经发生的事情的平静的历史叙述;历史是唯一真正能加诸人类活动的批评,这些人类活动既已发生,则不可能是"非事实",而心灵除了理解这些人类活动外,没有别的办法去支配它们。既然艺术批评已向我们说明它与其他批评是不可分的,那么,只有为了给艺术史以突出的文学地位时才能把艺术史从人类文明的总史中分割出来。艺术史当然遵循它本身的规律,即艺术,但是艺术史也从总史中获得其历史的推动力。总史是从属于整个心灵的,而绝不属于从其余的心灵形式中分裂出来的某种心灵形式。

第五章　美学史的起源、阶段和特征

一

我过去写的美学史的文稿接受这么一个流行的观点：即美学完全是一门近代科学，它产生于十六和十七世纪交替的年代，在最近两个世纪得到了蓬勃的发展。对这个观点我曾十分怀疑，反复考察，然而最终又总是不得不承认它。既然我如今仍持这个观点，我就认为有必要补充若干论据，这些论据将有助于深化和确立这个观点并使其更易于接受。

首先应该指出：从希腊文明到意大利文艺复兴这样一个漫长的历史时期内不存在美学科学，这并不是说当时的人们没有关于诗或艺术的一般概念（如某些人所想的那样）。这种说法本身在认识形式上就是荒谬的，因为认为精神没有对自身的感知，没有基本的概念，这在思想史的任何时期都是不可思议的，与事实也是完全抵触的；因为无可辩驳的是，希腊和罗马人有很精辟的诗和艺术的概念，他们对诗和艺术的判断就是从这里生发出来的，不但有艺术家、文学家和批评家的判断，而且有不同社会集团的判断，有时（譬如全盛期的雅典）还有全民的判断。假使没有这种概念，没有这种概念在起作用，那些历经千百年而依然如故或基本如故的古典的美与丑的区分、艺术的分类和诗人的法则还会存在、原封未动并几乎经历了时间的考验吗？那些敏慧的鉴赏家还会怎样分析阿里斯托芬的喜剧、柏拉图的对话录、亚里士多德论诗和修辞的著作？还会怎样分析西塞罗和昆拉利阿努斯（前者著有《论辩术教程》，后者研究过《论崇高风格》①）？还会像在我们对之啧啧赞叹的那些研究希腊—罗马思想的著作中那样做吗？基于同样明显的事实，我们也不能说文艺复兴时期没有艺术的概念，那时候——且不说诗人，就连画家、雕塑家都对艺术问题做过细致的论述——有一批专门的批评家，他们对古典文学和近代文学有精细的识别力，譬如，他们发现并指出阿里奥斯托作品形式健康优美，而塔索则在形式上刻意求新并有病态的苗头；正像在另一种意义上讲阿里斯托芬把欧里庇德斯的悲剧同埃斯库罗斯的悲剧相比较一样。对于被称之为中世纪的几百年的历史，理由也许不那么显而易见，但是我们同样可以肯定地认为艺术的概念是存在的。如果说在这个时期产生过诗和艺术（这大概是无疑的），那么这只是作为一种自然的反应，同时出现了关于诗和艺术的评判才有可能。事实上，众所周知，中世纪也有流派，也有雄辩家，也有文艺的赞助者，也有诗的竞赛，并有相应的各种判断。

其次，认为这个漫长的历史时期没有美学，并不是说当时的人没有努力去探索艺术问题。正是希腊和罗马人创立了多种形式的艺术的实践科学或经验科学，如语法、修辞、诗学，还有许多关于造型艺术、建筑和音乐的言论集。这些论文在中世纪并没有被遗忘，它们的纲要被保存下来，得到研究，并且在各类专门书籍中得到运用；由于产生了适应新的需要的论文，在一定程度上可以说这些著作还得到了发展。到了文艺复兴时期，这些论文重新出现，并在一些既研究古代文学艺术又研究新兴民族的文学艺术的论文中得到评论、详述、铺衍发挥和融汇吸收。在这方面，从希腊的诡辩学家一直到意大利的人文主义者都花了大量的气力，做了切切实实的、积极的、有益的工作；而不是像后人以至于当今某些人所说的那样是什么劳而无功、脱离正轨、咬文嚼字——这是反对者大肆诋毁,而浪漫派又猛烈反对的结果,其影响至今犹存。不管浪漫派如何反对,我们今天都还在议论悲剧和喜剧、史诗和抒情诗、诗和散文;词的本义和比喻、提喻、换喻、夸张之间的区分对我们依然有用;我们谁也不能忽视语法的分类:名词、形容词、动词、副词;必要的时候,我们都会谈起建筑风格,谈起肖像画和风景画,谈起圆雕、高浮雕或浅浮雕。更能说明问题的是,我们都在根据过去的概念,依样造出内容相同的新的经验概念,以适应新的文化环境和我们要说明的新情况。当然,旧概念也好,新概念也好,运用起来我们都是小心谨慎的,起初尽管并不自觉;我们注意到它们的局限,认识到它们的目的是实践的而不是批判和思辨的。因此它们还是古人的那些概念,然而又不完全和古人的概念相同,而是已经清除了依附其上、混杂其间的成见的概念。这一点恰好证明,古人所完成的这项工作具有内容坚实可靠的特点,我们可以接受它,改造它,理解它,却永远不能离开它。可以暂且设想有那么一个时期不存在语法、修辞、诗学以及诸如此类的概念的东西,或者这些东西仅仅以粗陋而原始的状态存在着;倘若设想我们能够建立也能够不建立这些概念,可是同时又意识到这些概念一旦出现便立刻会引出麻烦和错误;那么我们就不可能,甚至无法想象采取根本不去建立这类概念的东西的态度。这样的假设清楚地说明这类概念必不可少。但是,指出这种情况仅仅是为了说明必须重视技巧,重视文学艺术修养的锻炼。文学艺术修养很有用,很重要,但是却可能被忽视(实际上屡见不鲜),人们常常鼓吹什么"自发性",什么"广泛的冲动"。可是文艺修养通过对缺乏修养的个人或社会的惩罚迫使人们承认它,这些个人或社会的缺乏训练表现为一种难以名状的混沌和虚弱正好证明了这种约束的必要。毫无疑问,古代以及文艺复兴时期的许多著作是迂腐的,许多理论也是迂阔的,机械论在这些理论中越发显得机械。不过,应当指出在那些优秀作家的著作里,迂腐气总是被当时可算相当深刻生动的艺术概念所冲淡,而且迂夫子也并不是无论何时何地都有的。机械论势在难免,而且它的任务就说明它无妨说是一种灵活的机械论,它不断地适应现实事物,善于妥协,它的妥协看起来彼此抵触,其实在这样的境况中倒是明智的调和。时至今日,重读这些著作仍然常常得到制约,得到指导,得到medicina mentis(精神治疗),避免浮华浪漫倾向带来的危险和不良习气。在我们来说,聆听这些先师的教诲是一大快事。

再次,我们也不能说这个历史阶段除去普遍使用的,在判断中起作用的概念之外,没有更加哲学化的思想痕迹。我指的是柏拉图(仅以主要人物为例)对诗的价值的怀疑和否定。这种怀疑和否定意味着必须探讨想象的作用,探讨想象和逻辑认识的关系。柏拉图还把神话与理式对立起来,把寓言与推理对立起来,把意象与概念对立起来,认为诗需要的是神话而不是理式。我还指亚里士多德关于诗的出类拔萃、深邃而明晰的见解。亚里士多德认为诗和历史的区别就在于诗反映的是普遍性,是理想,他还论及深刻的诗和徒具韵律形式的诗的区别、某些艺术表现的净化作用、辩证法和修辞学的关系以及虽然不讲逻辑却有一定含义,从修辞学角度应予以重视的诗句。最后,我指的是普罗提诺,他试图把外在事物的美融化为内在的精神美,把美的概念和艺术的概念统一起来。即使说到广为流传的诗的快感论、诗的寓教于乐论以及诗借模仿自然而劝善论,也都既不能说空洞无物、毫无哲学内容,也不能说绝对不能够加以批判的发展。实际上,诗的快感论按照自己的方式强调了艺术非逻辑、非道德的特点,反对艺术具有逻辑和道德的特征。诗寓教于乐的理论强调了艺术的认识特点,反对艺术的纯粹快感论。诗借模仿自然而劝善论强调艺术在人格化方面可以同自然的创造相媲美,具有具体和个性的特征,反对一般的抽象理念。

即使是经院哲学家的著作也并非毫无独具慧眼的建树,如邓斯·司各特斯②所说的 cognitio intuitiva(直觉认识)和 species specialissima(极特殊的属类的认识)就有独到之处。文艺复兴时期,人们对于诗的真实性的概念,或者像当时所说的"逼真性"的概念,进行了反复的探索,弗拉加斯托诺③、乔尔丹诺·布鲁诺和康帕奈拉④,还有其他人,在诗的普遍性、诗的直接判断以及美作为表现等问题上,就提出过敏锐的见解。于是乎才有可能(经院论文的编纂家充分利用了这一点)搜集各式各样的思想和意见,才有可能著文对古典的、中世纪的或文艺复兴时期的某个作家的"美学思想"或者对不同时代一般的美学思想进行评述。

以上三点已经做了详尽的讨论,不应该轻视这几点或者抛之脑后,然而从这几点更加可以说明从希腊到十七世纪这段历史时期是无所谓美学的。这是因为那时的艺术概念我们虽然肯定其作用,然而如上所述,它们是零散地见于艺术评论、格言录和思想录中的,用柏拉图书中苏格拉底的话说,彼此"相互脱节、毫无关联",也就是说,与其他哲学概念缺乏系统的联系。经验的艺术科学终究是经验的,也就是说,它并不去思考艺术问题,而是满足于给艺术分门别类,把个别当作一般,并以此提出各种清规戒律。那时的哲学家的著作时而有艺术哲学或者说美学的思想闪光,然而不但后无来者,而且对哲学家本身也影响甚微,故而转瞬间就消失了。固然,人们可以反驳说这些思想有人继承,只不过稍晚而已。例如,笛卡儿和马勒布朗什⑤按照柏拉图的理论否定诗,因而从反面激起为幻想要求地位的努力;又如,普罗提诺认为美是理念的外射,自然形态的美是不完善的,艺术家精神中的美则是完善的,这一套理论后来发展为内容更加丰富、方法更加成熟的后康德唯心主义;又如,亚里士多德模模糊糊提到的非逻辑性命题已经在近代语言哲学中得到证明;又如,邓斯·司各特斯所谓的"混乱认识"影响了莱布尼茨的哲学,并通过他产生了鲍姆嘉通的美学;⑥又如,古代审美的快感论在十七世纪感觉主义美学家那里恢复了活力,并且极大地影响了康德的《判断力批判》,如此等等。可是,所有这些例证无非只是证明了美学是属于近代的,因为只是到了近代,过去各个历史时期零星的思想萌芽才得以生长壮大;只是到了近代,所有这些论断的启示价值才为人所认识。同样的道理,晦涩的赫拉克利特的思想全部被黑格尔的逻辑学所吸收,但是他的思想隔了那么长时间才得到承认,恰恰证明不论他多么有先见之明,古代思想中是不可能包含真正辩证法的。

从古代到近代社会初始阶段没有艺术哲学或者说美学,那原因就像那时没有辩证法一样,只能向古代思想的特点去寻找,向中古思想和文艺复兴的特点去寻找。当时的这些思想摇摆于自然和超自然之间,摇摆于此岸世界和彼岸世界之间,从来没有专注于精神概念,而精神概念是不允许这两个片面的,它们被结合在一起。因此,过去有物理学和形而上学,有自然科学和神学,或此或彼,或同时具备,然而完全没有精神哲学。那时的观念对精神和自然等量齐观,精神被混同于一般的客体,混同于一般的事物(精神不过是诸客体中的一客体,诸事物中的一事物)。因而诗和艺术的理论成了空洞的"物理学",也就是说,被自然主义地划分为空洞的语法学、诗学和修辞学,逻辑学被划分为空洞的外部形式和字面形式,伦理学被划分为空洞的道德和责任。在这样的自然学科和其他学科之上,建立了一个超验原则的本体论:从生理学家的神话和唯物论者的原子论,到基督教的上帝。基督教虽然使人们更强烈地意识到现实的灵性,但是另一方面,在认识的理论上,它宣扬直接理解上帝,在行动的理论上,它宣扬否定世俗生活。因此,不论基督教神秘主义和苦行主义者的影响如何深远,由于他们忽视与世界关系最密切的精神形式,即感觉和情欲,他们就很难谈得上深刻了,也就是说,在实践方面,他们忽视对政治生活和经济生活的认识,而在理论方面,他们所忽视的恰好就是感觉的认识,或者说审美认识。直到马基雅维利的思想才有了对政治生活和经济生活的认识,而审美认识则到维柯的思想中才出现。由此更可以看出,十七世纪以前的历史之所以没有美学,不是某些偶然的机缘或某些事变所致,而是和这个阶段的思想以及生活的性质完全一致。

以当今广阔得多的观念回首过去,这种一致实在勉强得很,然而这些观念所回答的问题过去并不存在,所以"勉强"这样的责难,在现在的条件下显然颠倒了古今,是反历史的。当我们说我们议论的这个时代缺少美学或其他任何一种精神生产时,千万要注意,不能把"缺少"理解为根本没有,更不能进而理解为值得忧虑和令人烦恼。实际上我们绝无此意。说这些概念"相互脱节,毫无联系",就是说它们没有在理论上得到系统的研究,而是包含在判断中,使判断更加有力,更加明晰,然而要从非美中区别出美来,非诗中区别出诗来,就像从非善中区别出善来,从非真中区别出真来一样,这些概念却是绰绰有余的。因此,在精神上当时的人是比较平静地在真理的大海上游弋的。同时在另一方面,经验科学简略地做出一系列判断,进行归纳和抽象,提出了一条判断和行动的规则。人们局限在这样的范围内而并不自知——即或有所知,也是隐约的、偶然的,以为除此而外都是"任意的梦",像其他各种梦一样。因此,他们对于这种局限性的障碍并不感到焦虑，而假如换了我们，就会因为思考的东西不及现在所能思考的东西多而烦躁不堪了。换句话说，把这种思想状态看作残缺，看作粗俗，这不啻于把没有火车、汽船的时代看作痛苦的时代，二者之荒唐不相上下。其实，要说痛苦，完全是我们头脑的幻觉，我们想象来到一个没有现代设施的地方，却又保留现代设施所造成的生活需要——因为我们已经习惯在现代设施中生活了。当今的时代是如此辉煌灿烂，可是总有一天也会暴露出局限性，因为另一个更加丰富多彩的时代已经把它抛在后面。但是未来的实际并不等于今天的实际，用不着去对几百年甚至数千年以后的一个时代的观念想入非非。从眼前的每时每刻，从我们自己身上，从我们每天的思想进步，可以发现每年、每天、每分钟都有更加广阔的思想容纳并且超越先前的思想，然而，在每年、每天、每分钟，我们都赞成自己的思想并且感到满足。这赞成，这满足，在生活的每一个行动中都既有又无。

二

古代没有美学，这是和古代哲学的性质相一致的，这一点从近代哲学和美学的同时出现可以得到证实。美学的产生大致在十六与十七世纪相交的年代，正是近代"主观主义"产生，哲学被当作精神的科学，现实被看作内在物（即内在于精神。说现实内在于自然，则可称为泛神论，和自然本身一样是一种超验的形式）的时候。新的时代于是产生了，相形之下，上文加以说明的那个已经完结的时代与美学的历史是无关的，顶多属于美学的史前阶段，只是偶尔闪出一线光辉，留下半点痕迹。美学和近代主观主义密切相关，几乎合而为一，再者主观主义也好，精神哲学也好,意思都是指实在的、纯粹的哲学,指真正的、有用的哲学,同一切形式的物理学、形而上学、神学都迥然不同,因此可以毫不犹豫地进一步得出这个结论:哲学实实在在也是近代的,而从古代到文艺复兴的所谓哲学只在次要的、枝节的部分上才算得上哲学,在主要的、根本的部分上只能算是神话、宗教、形而上学、神秘论或者其他随便什么。我们说无须犹豫,是因为上文谈美学时我们指出非美学的东西的意义,目的是为了说明一个时代,而不是为了谴责它;另外还有一个理由,从我们推论阐述的方式来看,这个结论并不如同乍看起来那样荒唐,那样新奇,因为我们记得,近两百年来,我们已经强烈地意识到(这种意识大概只有当年基督教胜利的感觉才能相比)某种异乎寻常的事情已经完成,使得过去的全部历史成为与近代绝然对峙的统一的时代。近代被描写成启迪人类的理性的时代,描写成精神终于意识到自身的时代,描写成自由得到充分解释的时代,或者被看作继"神学"和"形而上学"时代而出现的"实证"时代[⑦]。

还是回到美学上来。这门新科学所要回答的问题——如果下一个概括性、一般性的定义——是诗,或艺术,或幻想在心灵活动中的作用,以及因此而涉及的幻想与逻辑认识及实践、道德活动的关系。这样反过来也就提出了逻辑认识及实践、道德活动的作用问题,亦即心灵在其所有形式的各种关系和矛盾对立中的作用问题。"开列人类心灵的清单",这是思辨的新口号,美学问题既是这个清单的一部分,又渗透在整体之中。不把全部心灵弄透彻,要想把诗的性质或者幻想创造的性质弄透彻是不可能的;不建立美学,要想建立心灵哲学也是不可能的。近代没有一个哲学家是绕道走的,个别人好像在另辟蹊径,然而仔细一看就可以发现,他不是陷入古老教条主义的泥淖中,就是也接触了美学问题,只不过是不自觉地、间接地或被动地接触罢了。

康德——仅这个有分量的例子就够了——曾经比谁都坚决地反对把美学提高到哲学论题,可是他完成了纯粹理性和实践理性两个批判之后,也终于不得不续补上第三批判:审美和目的论判断的批判。由此可以看出,如果他没有补充第三批判,将会在他的"清单"上留下多么大的像罅缝一般的空白!我们看到有些近代作家反其道而行之,提出"独立于哲学之外"研究美学的计划,伦理学和逻辑学也经常重复这样的话,意思不过是说"独立于本体论的、超验的和教条的哲学之外",也就是说,独立于形而上学之外,总的来说,这样的计划是值得嘉许的,而且证明我们判断是正确的。近代哲学家认为,美学和哲学其他部分的联系总体说是内部的而不是外部的,过去时代哲学家的看法正好相反。这些人所谓讨论艺术问题,不过是把他们体系化的经验主义理论铺衍成概念的百科全书或者平行概念的罗列。

不过,为了对美学史,扩大来说对近代哲学史做出正确的理解和判断,不应该草率地认为近代主观论产生以后,旧的超验哲学或者形而上学哲学一下子就销声匿迹了,或者认为它正在逐渐消亡,或者认为它将来一定会彻底绝迹。如果一面抱着这样错误的信念,一面却又看到在随便什么近代体系中都有比重或大或小——哪怕只有一点影子或些微的痕迹——形而上学和超验论的残余,那么就会得出结论说,到头来还是回到形而上学和超验论上来,进而认为人们以为发生变化的东西实际上根本没有改变。我们来看看美学方面的情况。没有一个近代美学家在其发展的这一点或那一点上不被批评为理智论、道德论、感觉论和抽象,总而言之被批评为自然主义和超验论。当然,精神在探索过程中错误的形式(其中包括形而上学和超验论)是永恒的,即不断地重复出现。但是,重犯同样形式的错误,甚至以为这些形式会带来什么,结果却一无所获,这并不能说明没有进步。近代哲学的进步——因为这些进步,近代哲学脱离了古代哲学的窠臼,甚至可以说与古代哲学形成对立,比如哲学与形而上学的对立,主观论与客观论的对立,内在论与超验论的对立——主要表现在总的方向上,表现在主导动机上,表现在基调上。在旧哲学里,形而上学为主(思辨为主),批判思想为辅为次,而在新哲学中,批判思想为主,思辨为辅。康德批判了他以前的哲学家,主张美与概念无关,无利害计较,没有目的表现而合于目的性,引起快感却是普遍的快感。但是,他把艺术品定义为概念的合适表象,在这个表象里天才与知解力和想象力相结合,这样他就不知不觉地回到了理性主义。他把美解释为道德的象征,这样他就一直回到了外在目的论。可是,这些丝毫无损于他所建立的新颖原则的正确性和丰富性,也不能否认他实实在在解决了许多问题。同样,黑格尔肯定了艺术表现的直觉性,肯定艺术表现的是理念,不过是感性形式下的理念。然而当他把艺术的辩证史当作一种理念,还提出一些与此相似的理论的时候,他又重新陷入逻辑主义。他先是承认美是精神范畴的东西,与自然界无关,可是他又提出自然美的理论,这就搬出了新柏拉图主义的翻版。可是,这并不能否认黑格尔正确提出并正确解决了大量问题,不能否认他使美学整个地取得了令人注目的进步。康德和黑格尔哲学的其他方面也存在同样的情况,当我们指出康德提出自在物的概念,偷梁换柱地搬出教条主义和超验主义的错误时,没有人会以为这是否定他的批判力量。也没有人会以为我们否定黑格尔把辩证法引进逻辑学所完成的深刻变革,只不过必须指出黑格尔把辩证法用得太滥,在物理学和动物学的经验概念上运用辩证推理,从具体的哲学中提出一种完全抽象的思想,而且用的是最坏的表达方式:思辨的方式。

要想对美学史,广而言之,对近代哲学史有正确的理解,还必须注意一件事,就是不能把"审美问题"看作"一个"问题,不能从字面上理解简略命题,这个命题实际上指的是一连串无穷尽的日新月异的问题。假使确实只有一个问题,那么必定会是这样的结果:或者问题已经解决,那么在这种情况下,审美科学宣告死亡,因为它已经充分达到目的;或者问题不能解决,这就表示要么问题提得不对,要么压根没有问题,只是一种模糊的印象;或者问题仅仅解决了一部分,用的是渐进逼近法,永远不能做到彻底解决,这就和上一种情况一样,因为半真理算不上真理,不能完全解决的问题就说明提得不对。可是,如果不拘泥于集合表达法,而是去看其中规定和蕴含的实际内容的话,那么就会发现,美学以及整个哲学既永久存在又不复存在,这就是说,它们是有生命的,就是说问题无疑在一个个地解决,可是一个问题解决了,又产生了新的问题。研究一下先进的理论,或者研究一下在某个历史时期一个或几个思想家提出并解决的问题,就可以看到人类精神所取得的进步,就是对真理无止境探索中的进步。

举例说,十六世纪以意大利人为主的一批修辞学家和批评家,在十五世纪文学论争和探索的推动下,开始比较自觉地研究特殊的艺术创作才能和艺术判断才能问题。特殊的艺术创作才能与一般智力不同,更宜于发明和创造美,他们把这种才能称为"巧智",认为和想象或者"幻想"相近。艺术判断才能不属于推理思考,他们称之为判断力或者"趣味",时而认为同"情感"相似,时而又认为同一种"我说不出的什么"的辨别能力或者直觉相似。与此同时,笛卡儿同他的亲传弟子们以为人的认识应该像数学一样条分缕析,凡他们以为混乱不清的思想方式和判断方式,他们一概懵懂无知或拒不承认。为了推崇理性,他们践踏了想象,把诗当作牺牲去供奉数学和形而上学。但是,不能因此就说笛卡儿较之巧智、趣味、情感以及"我说不出的什么"之类的发明家倒退了，也不能说这批人较之笛卡儿倒退了，因为双方提出了不同的问题，发现了不同的真理。前者事实上发现了——似乎是偶然地——诗和艺术在心灵活动中的作用；后者建立了——尽管是在理性主义名义下——一种心灵哲学，有助于克服前者发现中的不确定性和不稳定性。有些受笛卡儿影响的人著书立说，试图把各种艺术简化为某种唯一的原理（例如巴托），或者试图用美的不同形式和不同种类的表现来为美下定义（例如安德烈、克鲁萨），这是千真万确的，然而正是笛卡儿主义哺育了莱布尼茨。莱布尼茨把十六世纪修辞学家的理论同笛卡儿的理论结合起来，指出在认识理论中混乱的观念和清晰的观念在明确的观念之前，诗在哲学之前，他的学生运用这些道理提出一整套理论、一门特殊学科：scientia cognitionis sensitivae（感性认识的科学）、l'ars analogi rationis（理性类比的艺术）、gnoseologia inferior（低级认识论），他们给它命名为美学。问题提得好也解决得好，然而不久以后有人感到，单纯在直觉认识和悟性认识之间做程度、数量的区别是不够的，为了发展草创起来的美学，重新在美学中提出天才和趣味的理论，他们对直觉认识是否果真仅仅是"混乱的"悟性认识提出怀疑，终于逐渐把数量和心理的概念转变为自主想象的思辨概念。

有一批人从事另一个方面的研究：语法和形式逻辑。于是差不多也在那个时期产生了语法学或称"哲学语法"，这项研究把语言非理性的亦即想象的方法理性化，把出于讲授目的而在非理性方法基础上建立的经验语法理性化，看起来犯了一个大错误。但是，由于它是想从语言内部规律来理解语言，所以不论其研究方法如何，它实际上创立了语言哲学。语言哲学后来得到保存和发展，逐渐脱去逻辑语法的偏见。而且，即便在研究逻辑语法的学者中也很快提出这样一个问题:是否应该把想象形式,即所谓的比喻或隐喻看作逻辑的赤裸形式的装潢或附加因素,他们发现想象形式并不是"点缀物",而是"表现的自发形式"(例如杜马莱)。在这个时期以及后来一段相当长的时间里,新兴的语言哲学和新兴的艺术科学即美学之间的紧密联系甚至相通之处并没有为一般人所觉察,然而维柯却看到了这个联系,他着手从诗的起源去研究语言的起源。不过把维柯推崇到他那个时代以至整个十八世纪美学家至尊地位,这个估价当然可以从使他远远走在时代前面的那些杰出理论和理论雏形中得到肯定,然而在另一方面,这个估价又似乎并不妥当,就好比从严格的词义上,"至尊地位"这个词并不妥当一样,这是为了强调,只有在习惯用法上才是可取的。事实上,与同时代的许多思想家一样,维柯虽然把一些问题,甚至可以说许多问题的研究推进了一步,但是还有一些问题维柯没有重视,这些问题已经出现并惹得意见纷纭。维柯当时主要是要巩固幻想的独特性,与干巴巴的笛卡儿主义者的否定想象的说法相对立,在他看来,幻想既是心灵无穷的认识长河的初级形式,又是社会学的阶段和人类社会的真实历史的初级形式。十八世纪重大而引起关注的美学问题是讨论趣味的价值是绝对的还是相对的,其中无疑包含着艺术的本质问题(因为任何一个哲学命题都包含着其他哲学命题),即艺术是与个人感官的快感有关,还是与真理的精神形式有关。不过,提出这个美学问题,目的却是为了解决通常是由五花八门、相互矛盾的美和艺术的判断引起的种种疑问。这是当时争论最广泛的一个问题,大概与文学的繁荣有关,而争论又更加促进了繁荣。不过,争论并不局限在这一个问题上,这里没有必要逐一罗列,只要举出两个问题就够了:一个是文艺复兴时期意大利诗学和后来的法国诗学反复研究过的关于"文学种类""文学规则"等理论的价值问题,另一个是"界说"问题,即不同艺术的特性问题。

关于第一个问题,自由的主张曾经博得大多数人的赞同,最激烈地反对文学分类说教的是格拉维纳⑧,这位作家在其他问题上却是一个冬烘先生式的理性主义者。指出这一点是为了再次说明,要想理解历史,必须注意问题和思想的特殊性,防止过分简单化、统一化的倾向,不要无中生有地寻找什么一致。关于第二个问题,即关于莱辛的学说——它认为每一门艺术都有了事物或概念的特定领域(对诗的概念是动作,对雕塑来说是形体,等等)——正像我们已经指出的哲学语法一样,我们也愿意指出,莱辛的理论除了在过去的错误上增加新的错误之外,没有任何东西,较之古代"诗中有画"这句隽永的格言反倒是个退步。事实上划分界线这个本来就很暧昧的问题,莱辛并未能解决,或者说解决得很糟,但是他解决了实际想要解决的问题,就是说,他指出任何一门艺术(也可以说任何一个艺术品)都不可能生搬硬套到另一种艺术中去,也不可能用另一种艺术来代替。这样,他就把艺术表现的一致和差异的研究提到一个新的高度。莱辛把艺术界线定得过死,然而他并没有把问题引向反面去解决,即认为艺术界线是物理的分类,因而与美学无关。文克尔曼通过研究造型艺术撰写了《古代美术史》这部一般被誉为描述了真正的古代艺术史的大作,不过这种赞誉我们实在不敢苟同,至少有所保留,因为作者把他的史书建立在一种抽象的、反历史的标准,即所谓"理想美"的基础上。在这方面,他不及维柯,在维柯看来,诗的历史是随着社会状况和思想状态而变化的。不过,只要看看文克尔曼之前的造型艺术或是写成艺术家传记,或是写成古代作品介绍,就应该承认,文克尔曼是努力想写出一部造型艺术的内部史——尽管他的内部史尚有外部史之嫌。文克尔曼时代的德国,哈曼⑨和赫尔德自然而然地步了维柯的后尘。在思辨的广度和深度上他们都不及这位意大利哲学家,可是不应该忽视他们,认为他们是照本宣科,因为他们研究的问题固然和维柯一样,而且相形之下只是片鳞只爪,但是实际上是新问题,其中吸收了维柯以后形成的概念,更重要的是,这些问题是从德意志文化材料中生发出来的,和维柯全部使用古典材料和人文主义的材料不一样。当时,还有一些人运用心理分析的方法重新研究古代修辞学家所做的分类,联系美和艺术,努力探讨说明崇高、喜剧以及类似的情感形式。

　　到了十八世纪末,康德一方面像是十七世纪美学思想的集大成者(这反映在《判断力批判》一书中,包括其中的探索和争论,发现的真理和加以研究的疑窦),另一方面又是超越他的那些思想的起点,这就是为什么美学史家们至今在这个领域中依然奉给他一个恺撒式的或者拿破仑式的地位,好像这"两个成剑拔弩张之势的世纪"都转向他,听候他的裁决。今天仍然可以把这个一半带有象征意味的形象抬出来,条件是必须加以仔细分析。康德把十八世纪中已经提出的关于趣味的绝对价值和相对价值的问题,以及诸如纯粹美和依存美、崇高和滑稽、艺术的分界等问题,用极其有力的方式再次提出来研究,这固然是事实,然而关于美的力量,他仅仅做到指出它具有强烈而又消极和为人共同感受的特点,就像他对他认为与任何形式的物质和功利的伦理学无关的道德规范的看法一样,这也是事实。康德是反历史,反辩证法的,他的著作当然没有反映出关于诗和语言的业已开始的历史——辩证的研究。在这方面,康德以后的德国美学,从席勒到黑格尔,把叔本华这样平庸不堪和鹦鹉学舌之辈都算进去,不是和康德联系着,而是和赫尔德,以及莱布尼茨和鲍姆嘉通(就理想而言和维柯)联系着,到今天仍有信奉这种美学理论的人。这种美学理论把艺术在心灵活动中的作用问题与认识绝对的精神工具问题混为一谈，故而不是把艺术混同于哲学，便是把艺术当作哲学的初级形式，就是说当作一种神话思想，再不就是把艺术拔高到超等哲学的地位。在外在因素的干扰下，艺术活动失去了统一性，分裂成为内容和形式；修辞学、文学体裁、艺术门类、自然美、审美感觉以及一切经验主义的东西全都保留下来。更糟糕的是，这些东西又被理性化，归结为哲学真理。由于同样的原因，美学家们不但没有深入研究而且忽视了诗与纯粹的表现，诗与具体的语言之间的联系。语言哲学光去争论语言的起源、语言和逻辑思维的关系等诸如此类的问题，对于美学本身的问题却无力探讨了。尽管总的来说这些美学家在艺术问题上不乏真知灼见（其中一部分是这些哲学家从当时浪漫主义批评和文学中提炼出来的，同时他们本身作为浪漫主义批评家也做了一些研究），然而在他们看来，主要问题不是美学问题，而是哲学的逻辑问题，他们把气力都花在撮合康德的新唯心主义和陈旧的形而上学、神学上面，于是，艺术连带其特殊的问题终于都纳入了这些东西的发展轨道，和中世纪语法、修辞学从外部受制于辞书、经院教育的发展颇为相似，尽管艺术总算没有成为事先规定的严格模式的刀下之鬼。不过，从另一方面说，这些哲学家所研究的问题推动了哲学因而也就包括美学的发展，因为他们虽然受到形而上学的束缚，他们的研究目的却是要建立一种绝对的唯心论，他们常常突破束缚，当他们顺应时代新的政治、道德状况，吸收历史思想，认为艺术、哲学及其他生活形式只有在历史中才成其为真实的时候更是如此。

从这种形而上学唯心主义之后所产生的实证主义和心理主义中也可以发现有益于美学的进展，这种益处当然更加间接，却不可忽视。实证主义和心理主义初看起来是压抑和限制任何一

267

种艺术观念的,艺术观念的确也不可能,实际上也未曾在新自然主义和新自然神学中获得表述。但是新自然主义和旧自然主义不同,它似乎是作为新唯心主义的对立面而产生的,从产生之时起,它就实际上包含着对新唯心主义形而上学、神学残余的虽说经常失之粗暴,然而并非虚妄而且也并非完全无用的批判。由于它竭力想把这些残余扫除干净,反对在美学中进行推论,鼓吹用生理的、物理的方法研究美学,这样,它的主张虽然并不见其高明,但是它提出非议的时候倒是发表了精彩的见解。

最后,与真正意义上的哲学流派无关,然而并非没有受到哲学主要是唯心主义和浪漫主义哲学的影响的文艺批评,它在进行文艺评论的同时(意大利的德·桑克西斯[10]、法国的福楼拜,还可算上波德莱尔等),提出了一种艺术的良知。出于同样的原因,这种艺术的良知既讨厌形而上学论者的片面抽象,也讨厌实证主义者的简单粗暴。文艺批评由于进行了直接的研究,又有艺术实践,在艺术的"形式"问题上提出了并强调了许多基本事实,从而使人们开始感觉到需要开拓研究领域,寻求新的理论系统。

三

这些仓促的论述当然不足以勾勒出美学史的轮廓,如前文所说,无非是想借用一些例子说明美学史上的问题是多种多样的,不要把一部美学史说成只有"一个"问题的历史——假如不愿歪曲历史或者把历史搞得干巴巴的话。还必须指出,正因为要研究的问题千差万别,所以讲起历史来也是千差万别的。因为思想方法不同,历史学家或者谈一个问题,或者谈几个问题,或者谈许多问题,但是,总不会囊括一切问题。他或者突出这个问题,或者突出那个问题,或者突出一批问题,为了论证的清晰,他把它们说成是基本问题,但是永远也无法证明它们具有绝对的先决性。当然,在论述历史时不能禁止把相关的问题分门别类,不能禁止把"几个思想家共同研究的""同一个"问题提出来(上文就曾采用分门别类的方法进行论述,主要是因为这样做能达到言简意赅的目的)。但是千万不要忘记,所谓"同一个"问题,在不同思想家的著作中就像人们常说的,有"不同的色调"。"色调的变化"这个比喻实际上含着可能对问题做出多种解释的意思,因此问题也是变化的。由于问题是变化的,也由于不论何时问题都这样那样地交叉在一起,所以更不能禁止对历史做分段论述。只是在这样论述历史时不要忘记,历史阶段的衔接并不仅仅在于时间上的远近,而且在于核心内容的相似。有些问题在某个历史阶段出现了,然后就悬起来,待一二个历史阶段之后才重新成为研究对象,上文的论述就不乏此例。不过,我们还是设想把美学史划分为几个阶段,或者说,首先划出一个"史前阶段",包括十七世纪文艺批评和哲学以前的两千年,然后从十七世纪到今天算作有史阶段。这段历史又可以清楚地分为四个小阶段。第一阶段是先康德美学阶段,那时主要问题是探讨审美"功能",以及审美"功能"在其他心灵"功能"中的地位。第二阶段是康德美学与后康德美学阶段,这个阶段的特点是形而上学的唯心主义已经成了强弩之末,心灵的功能脱去了片面的性质,不再彼此并列,而是被理解为心灵的观念史。与此同时,艺术在观念的这个过程中的地位确定了,只是这个过程还是一种宗教的史诗,因此艺术在其中也就成了神话,一种或多或少带有审美意义的神话。第三阶段是实证主义和心理主义阶段,这个阶段差不多一直延续到十九世纪末。这个时期,反对形而上学导致用自然主义方法研究艺术。虽然没有成功的艺术理论,却也有一定的成绩,那就是使人产生对美学中的形而上学正当的憎恶情绪。第四阶段就是当代美学阶段,尽管摆脱了形而上学和实证主义的束缚,但是并没有脱离哲学范畴,所以是在一种审美的心灵哲学的形式下重新研究艺术问题。这最后一个阶段,有人认为它已经完结,我却以为刚刚发端。不论怎么说,反正没有结束,因为一个历史阶段只有在它提出许多新问题和新的解决方法,另一个新的历史阶段因此开始时才宣告终止。现在这个新时期正在酝酿,无论从哪方面说都还未进入我的视野,因为我还可以清楚地看到,以纯粹直觉或抒情直觉美学为一方,以不但包括几乎完全失败的心理主义和自然主义臆断,而且包括屡次给人类思想以实实在在影响的形而上学的更加顽固不化的偏见为另一方,双方还在难解难分地斗下去。

不管怎么说,我们可以把这四个阶段算作近代哲学史的四个时期,每个时期都有其特征。第一和第三阶段大家都同意,第二和第四阶段就有问题了,因为懂得近几十年来欧洲思想经过多方面切实、积极、合乎逻辑的探索发生了什么变化的人寥寥无几。欧洲思想正在形成一种新的哲学观,什么新唯心主义、新康德主义、新费希特主义、新黑格尔主义,统统是对它的误解,实际上它是一种既反对实证主义又反对形而上学的哲学。前不久我曾经提出把这个哲学定义为——当它采取我最喜爱的形式的时候——"历史学的方法论的一个阶段"。不过,在这方面做进一步的探讨超出了这篇论文的范围。这篇论文仅仅想指出不但美学和哲学是相互吻合的,而且美学史和哲学史也是相互吻合的。这一点已经被一些从美学出发进一步研究其他哲学问题的美学史专家所接受,也已经被一些从逻辑学或美学等方面的发展来研究美学作用的其他各界的哲学史家所接受。必须指出,这些史家承认并阐述的"相互作用"不是别的,正是美学和哲学"一致性"的"比喻"。即便不用比喻,也应该说,逻辑问题、伦理问题以及其他问题都是美学问题,反之亦是。而且准确地说,"反之亦是"实在是多余的,因为在第一个命题中已经一箭双雕地把这两点都肯定了。

第六章　艺术表现的整一性

艺术表现,即便在形式上完全是个人的,其中也有宇宙的底蕴,世界的反映,这已经是老生常谈,而且还被立为通行的标准,用来鉴别深刻的艺术和肤浅的艺术,刚健的艺术和软弱的艺术,完美的艺术和各种不完美的艺术。但是,旧美学对这个艺术特征的认识方法并不令人满意。众所周知,它把艺术同宗教、哲学搅在一起,认为艺术和宗教、哲学有相同的宗旨——认识终极真理,为了实现这个宗旨,艺术同宗教和哲学相互竞争,与处在至高无上和决定性位置上的宗教和哲学相比较;艺术有时以暂时的、辅助的形式出现,有时则干脆也升到这个至高无上和决定性的高度上来。

旧美学的这种理论有两方面的害处。首先,它用简单化的方式,因而不是用纯粹直觉的方式,就是用纯粹逻辑的方式,再不就是用纯粹神秘的方式来设想认识的过程,看不到其中的区别和对立。其次,它把认识过程设想为发现静止因而是超验的真理的过程。这样,这种理论虽然承认艺术表现的普遍性或者说整一性,同时却忽视了艺术所特有的东西,使精神创造在总体上失去了一切活力。

为了不犯这后一方面的错误,也为了和近代思想相适应——近代思想就其难以抑制的内部冲动而言,是内在论和绝对唯心主义,人们不再认为艺术是理解静止的概念,而是无止境去构成一种判断,一种能够成为判断的概念。这样,艺术的整一性就很容易解释了,因为任何判断都是对于普遍性的判断。艺术于是只不过是一种简单的再现,一种同时是判断的再现,它从普遍性来考察事物,一下子就指明了事物的地位和价值。可是,这个理论碰到一个极大的难题,由于它无法克服这个难题,因而最轻也被闹得漏洞百出。这个难题就是,判断的再现并不是艺术,而是历史的判断,即对历史的判断,除非我们还是把历史看作纯粹的对事实的考证——以往人们都习惯于这样看,现在也还有许多人这样看,然而这样一来,判断或者判断着的再现就成了哲学,成了所谓"历史的哲学",可是绝不会成为艺术。总而言之,把艺术当作判断的理论无疑避免了静止和超验的错误,但是却没有能够避免简单化的认识论的错误。它在认识论上简单化的毛病完全以逻辑主义的面目出现,弄不好会导致一种不那么明显的新的超验论。反正不管怎么样,它肯定排斥艺术之所以为艺术的东西。

艺术是纯直觉或者说纯表现,既非谢林所谓的理智的直觉,亦非黑格尔所谓的逻辑,亦非像在历史研究中用到的判断,而是与概念和判断毫不相干的直觉。艺术是认识的破晓时的形式,没有这个形式就无法理解以后更加复杂的诸形式。要理解艺术整一性的特点,绝对不需要舍弃纯粹直觉的原则,也不需要对这个原则做什么修正,更不需要什么折衷主义的补充,只要坚持不超越直觉界线一步,以十分严谨的态度对待这些界线,同时在这些界线以内对艺术表现的整一性做深入的探讨,源源不断地汲取其中的养料。

有些人对我们的意见提出异议,他们认为艺术不是直觉而是情感,或者既是直觉又是情感。在他们看来,纯直觉是冷若冰霜的东西。我们也曾经驳斥过这种看法,我们认为,恰恰因为纯直觉和理智主义,和逻辑不相干,所以它充满感情和激情,也就是说,纯直觉只把直觉的、表现的形式赋予心灵状态。因此,在冰冷的表面下实则蕴藏着热情,而举凡真正的艺术创造都是纯粹的直觉,条件是必须是纯粹抒情性的。我们有幸看到一些理论家辗转颠沛,一再误入歧途,最后终于得出这样的结论,说艺术就是直觉和情感,我们觉得他们的话毫无新意,简直不过是在重复艺术家、批评家名言录中说过无数遍的老话。用上这个连接词"和"再加上"也"(黑格尔认为这个词在哲学上是不折不扣的肮脏字眼),他们与真正的科学工作就相去甚远了,而在美学领域里,他们则没有做到理论阐述的统一,因为这样摆出来的两个特征看起来不过是彼此连接,顶多是彼此焊接,我们应该做的却是发现它们的彼此包容,并把它们同一起来。

艺术表现具有普遍性和广泛性,这一点已得到大家的承认,这是对的(在这方面谁也没有威廉·冯·洪堡在论《赫尔曼和窦绿苔》①的文章中讲得明白了),关于这个问题,只要对这个原则加以仔细的考察就可以发现道理就在其中。因为到底情感为何物,心灵状态是什么? 有什么东西可以游离于普遍之外而获得本身的发展? 局部和整体,个体和世界,有限和无限如果彼此离析,彼此相隔十万八千里,那它们还有真实性可言吗? 不能不承认,这种关系中的双方任何形式的分离和隔绝都只会产生片面,产生片面的个性、片面的有限、片面的统一、片面的无限。而纯粹直觉或者艺术表现整个地讨厌片面;或者还可以说它最不讨厌片面,因为它根本不知何为片面,所以就其纯粹的认识特点而言,我们才使用"破晓"一词。在直觉里,个别因整体的生命而存在,而整体又寓于个别的生命中。一切纯粹的艺术表现都同时既是它自己又是普遍性,这普遍性是个人形式下的普遍性,这个人形式是和普遍性相似的个人形式。诗人的每一句话,他的幻想的每一个创造都有整个人类的命运、希望、幻想,痛苦和欢乐,荣华和悲哀,都有现实生活的全部场景——写它的变化,写它永无休止的发展,以它自己的内容为材料,由哀伤和欢乐所组成。

所以,从本质上说,很难设想在艺术表现中能够发现纯粹的特殊、片面的个人和单纯的有限。如果发生这样的情况——从某种意义上讲也确实出现过,那么表现就不是艺术的,或者说不是完全地艺术的。如果有人舍弃直接情感,主张思考情感,并且把思考带到艺术中来;如果他舍弃激情状态,提倡观照状态,舍弃欲念、期求和意愿这些实际状态的东西而去进行审美的认识,那么他就不能穷极问题的终点,而是半途而废,"前不巴村,后不靠店",他就无法从审美的矛盾中解脱出来,除非硬说此亦一是非,彼亦一是非。有一些艺术家,他们不但把艺术当作观照和表现激情的手段,而且当作激情本身,当作发泄的手段,在他们精雕细琢的作品中掺进了欲念、痛苦和心灵困扰的呼号,他们用这样的斑痕使作品带上了特殊的、有限的、狭隘的面貌。这些品格并不属于情感——任何形式或任何现实行动中的情感都既是个人的又是特殊的,也不属于直觉——直觉也同样既是个人的又是普遍的,而是属于不再是简单的情感的感情,属于算不上纯粹直觉的表现。所以,屡见不鲜的是,末流艺术家较之艺术大师提供的多是个人生活和当时当地社会的材料,而艺术大师则是超越时代,超越社会,也超越作为现实生活的人的他们自己的。同样的道理,有些作品叫人感到别别扭扭,这些作品无疑激情充沛,然而缺乏纯粹直觉形式下的意象化的激情,而这正是构成艺术的东西。

正是因为这个道理,在如今看来十分幼稚的《美学》一书中,我反复叮咛,我在论证过程中使之同直觉合而为一,并作为艺术原则的"表现",即审美表现,不能同实践表现混为一谈。

实践表现也被称为表现，但是实际上不过是自发性的欲念、期求、意愿以至于行动，随后就变成自然主义的逻辑概念，也就是说成了特定现实的心理状态的表征，举例说就好比在达尔文关于人和动物表情的研究中所看到的东西一样。我在那篇文章中用发怒的人和表现怒气的艺术家和演员来比较两种表现的区别。发怒的人被怒火所控制，在把怒火表现出来的同时把怒火慢慢压下去。表现怒气的艺术家或演员，他们一直是这场伪饰的风暴的主宰，在它的上面铺开了审美表现的彩虹。艺术冲动和实际冲动是完全不同的两码事，所以就有大家都记得的爱德蒙·德·龚古尔小说[②]中那个阴森可怕的场面，有一个女演员守在弥留的情人身旁，她的表现才能使她不由自主地把她从垂死的人的脸上看到的表情用艺术的模仿再现出来。

因此，赋予情感内容以艺术的形式，也就同时给它打上了整一性的印记，注入了普遍的气息，在这个意义上说，普遍性和艺术形式不是两回事而是一回事。节奏和格律、叠韵和韵脚、同表现的事物联系着的比喻、色彩和音调的和谐、和声等等，所有这一切手段，修辞学家错误地用抽象方法加以研究，使它们变成外在的、偶然的和虚假的东西，其实它们和艺术形式完全是同义语，它们在追求个性的同时把个性和共性协调起来，因此同时也就在追求共性。同样，在另一方面，产生于近代美学的初期，而在古代则从亚里士多德艺术完全无功利的暧昧主张初见端倪的理论（用康德的话说就是 Interesselosigkeit），即关于艺术无实际功利的理论，可以解释为完全是为了反对把直接情感引入艺术或允许直接情感在艺术中存在的倾向——以为直接情感是无法摄取的食物，到头来会变成毒药，但不能解释为对忽视艺术内容的肯定，也不能解释为企图把艺术贬低为一种简单浅薄的游戏。席勒的思想对艺术的理解与这个理论不同，不过，令人恼火地把

"游戏"这个词和概念引进美学讨论中来的却正是他。后来,在德意志极端浪漫派那些被称为"滑稽"的玩意儿中,艺术又成了上面的理论所主张的东西。"滑稽"被施莱格尔吹捧为"机敏",被路德维希·蒂克赞扬为诗人"不钻进客体中,而在客体之上翱翔"的本领,它最后产生了滑稽艺术,或者说,它把滑稽荒诞艺术作为唯一理想的艺术而君临广阔的艺术世界。这种艺术曾经使青年的海涅陶醉,他后来回想起来这样写道:

> 疯狂,有一副明智的面孔,
> 而明智却变成疯狂!
> 哭丧的叹息,顷刻间
> 化为一片笑声!

这种滑稽艺术提供了诗人实践的个性僭越纯粹艺术境界的突出事例,在所谓"幽默艺术"中就是如此。无怪乎黑格尔断言在现代世界上艺术已经解体,预言艺术行将死亡。如果要进一步指出艺术是怎样从实践的功利中解脱出来的,我们可以说,与其认为艺术是要抹煞一切功利,毋宁认为是要在表现中把所有的功利一起反映出来,唯其如此,个人的表现在脱离了特殊性,获得了整一性的价值之后,才能化为具体的个人的东西。

我们所谓同纯粹直觉格格不入者,并不是指普遍性,而是指加在艺术普遍性头上以范畴或象征形式出现和以潜行的上帝显灵的半宗教形式或判断的形式出现的理智的超验价值,它把主体和属性割裂开,然后又把二者拼凑起来,于是便破坏了艺术的感染力,它用写实主义代替了艺术的意象论,用分析判断和历史观代替了纯粹想象的创造。它同艺术是格格不入的,不但因为它与艺术的实际目的背道而驰,而且因为这样一种毫无成效的认识方法只是银样镴枪头,那套废话对纯粹直觉的理论很有妨害。纯粹直觉的理论认为,艺术表现既然包含了普遍的情感,就应该表现一种完全的直觉的普遍性,这种普遍性就形式而言,与被当作判断范畴加以思考和运用的普遍性是迥然不同的。

不过还应看到,持有这样的认识方法的人主要还是出于道德和道德说教的需要。他们有时是对伪艺术的某些行径感到忧虑,这是正确的,然而有时则错误地对清白无邪的真正的艺术表现也惶惶不安。因此,有必要指出,只有坚持脱离一切倾向性包括道德倾向束缚的纯粹直觉的观点,才能一方面使他们的批评理直气壮,另一方面又不至于无缘无故地大惊小怪。这也就是说,只有坚持纯粹直觉的观点,才能既切实地在艺术中避免伤风败俗,又不至于干出道德主义的蠢事来。舍此以外的观点,其结果无论如何五花八门,都逃不出一八五八年巴黎法院审理《包法利夫人》作者案时那著名的判决书:"鉴于文学肩负以开启智识,敦厚风俗而美化与再创精神之职责,鉴于文学既司职善之创造,则不但在形式和表现上理应纯洁……"这份判决书,《包法利夫人》中有一个人物即药剂师郝麦就可以在上面签字。那些认为道德需要人为地从世间万事万物的潮流中加以扶植,也需要人为地把它浸透到艺术中去的人是多么虚情假意啊!因为,道德固然是一种普遍的力量——无疑确实如此,而作为世界主宰的自由王国则凭借自己的品格就能支配一切,艺术再现和表现现实运动越纯粹,就越完美;而艺术越纯粹,就越能反映出事物本身的道德观念。如果有人想在艺术中发泄胸中怨愤和嫉妒的块垒,那有什么要紧呢?倘若他是一个真正的艺术家,只要通过表现,恨就会转化成爱,他就能客观地发现自己的错误。如果有人要让诗与官能享受和荒淫为伍,假如他写诗的时候,艺术的良知使他把官能享受所引起的分崩离析的内心状态统一起来,使放荡生活的浊波变成清流,诗人不由自主地唱出了抑郁忧伤的歌那又有什么要紧？最后，即使有人出于实践的目的，想强调某个特殊的事物，渲染某一个事件，讲某一句话，可是他作品的逻辑和审美的连贯性会迫使他不得不放弃表现这个特殊事物的特殊性，放弃对这个事件的渲染，放弃要说的这句话。审美意识完全没有必要从道德意识中汲取什么廉耻心，审美意识中包含着这种情感，即审美的廉耻、审美的忌讳和审美的贞操。审美意识明白什么时候沉默是最好的表现形式。相反，当一个艺术家违背了审美的羞耻心，违背了审美意识，让与审美目的无关的东西混杂到艺术中来，那么，即令没有比他的目的更高尚、更值得褒奖的了，从艺术的观点来看他还是虚伪的，从道德的观点来看他还是有罪的，因为他玩忽了艺术家的职守，而这才是他直接而紧迫的任务。把肉感和下流的东西引入艺术——那群谨小慎微的君子为此愤愤然，不过是伤风败俗现象中的一个方面，而且未见得就是最要不得的，在我看来，最要不得的是傻里傻气地鼓吹道德，结果倒使道德显得傻里傻气的了。

审美活动，由于似乎可以自我控制和自我调节，所以一般被称作"趣味"。众所周知，对真正的艺术家和艺术鉴赏家来说：审美活动"随着年龄的增长而日臻纯熟"，这句话就是说，倘在青年时间人们感兴趣的一般是多少有些狂热和迷惘的感情激越的艺术，在这种艺术中大量的是本能的、动人的表现（爱情的、反抗的、爱国的、人道的或者用其他方式渲染的），那么人们逐渐地就对这种廉价的热情感到厌足，感到恶心了，越来越喜爱达到了形式的纯净，达到了美的艺术品，喜爱这些作品的章节片段，从不产生倦意和厌烦。因此，艺术家对自己的工作总是越来越挑剔，越来越不能使自己满足，而批评家的判断也是越来越挑剔，但是他们在赞扬一部作品时越来越有热情，眼光也越来越深刻。

我们既然已经接触到这个题目，那就无妨多说几句。艺术哲学或美学像任何一门科学一样，不是存在于时间之外，即不是存在于历史条件之外的，随着时代的迁移，在与它的研究对象有关的问题中，它今天研究这一类问题，明天研究另一类问题。文艺复兴时期，诗和艺术的新潮流反对中世纪粗鄙的俗语，于是美学理论便特别注重平稳、对称、格局、语言、风格等问题，仿照古人创立了形式的学问。三百年以后，这门学问变成了一门冬烘学，削弱了情感和想象的艺术功能。这时整个欧洲都知识化了，然而从诗的眼光看来却是一片荒漠。作为一种反动，浪漫主义异军突起，它甚至倡导回复到中世纪。这个时期，美学相应地充满了幻想、天才、热情等诸如此类的问题，把体裁和规则打倒在地，搅了个一团糟，它研究的是灵感和本能创作的价值。时至今日，浪漫主义已经过去一个半世纪，美学难道不是应该更加重视艺术真实的一般或整体的性质了吗？不是应该更加重视艺术真实提出的摈弃个体的倾向和感情与激情的直接形式的要求了吗？实际上，在法国等一些国家，我们到处可以听到人们在谈论"回到古典主义"，回到布瓦洛的概念和路易十四时代的文学。这些议论当然很肤浅，因为复古是不可能的，就好比文艺复兴并不能回复古代，浪漫主义也无法回复中世纪一样。而且，在我看来，这些古典主义的传道士们就其多数而言，受到感情诗歌的影响要比他们攻击的人还要严重，他们攻击的人倒多是心灵纯朴的人，能够更彻底地改弦更张，成为古典型的艺术家。然而，无论怎么说，回到古典主义的要求从整体加以衡量是合理的，因为它符合现时的历史条件。

根据多次的考察可以得出结论说：近代文学亦即近一百五十年来的文学，在其全貌上就好比巨大的忏悔录，它置于案头的一部书就是这位日内瓦哲学家的《忏悔录》。近代文学这种明显的忏悔性质说明了何以有这么多的个人的、特殊的、实践的、自传的题材，就是我在上文称之为"发泄"以示与"表现"不同的那些东西的题材。这种性质削弱了整体的真实性，从而加剧了常说的风格的虚弱和匮乏。人们经常争论为什么妇女在现代德国文学中占据越来越重要的位置（某部诗集的作者、德国作家波林斯基认为，现代社会每日每时都卷在艰巨的商业和政治斗争中，于是把写诗的任务交给了妇女，就像原始尚武社会让妇女看星相和做类似的占卜一样），我觉得真正的原因应该到上面指出的近代文学的忏悔性质中去找。因为忏悔性质的影响，文学的大门全都向妇女洞开，妇女生性易受感染，活跃，读起诗来习惯于留神与个人经历和感情波折相仿佛的地方，因而倘要叫她们吐露心迹，她们总是欣然允诺的，而且她们对于缺乏风格并不在意，因为就像那句妙语说的："风格不是妇女。"③妇女在近代文学中大显身手，从审美角度说，是因为男人们妇女化了。说他们妇女化了，有一个标志，就是他们讲起他们的丑事来很少脸红。这种所谓对诚实的追求，它既然是一种追求，就很难说是出于诚实，而是多少有些矫饰。这样，他们仗着脸皮厚博得了别人的信任，首创其榜样者就是卢梭。大凡病人，大凡病体沉重的人，都愿意用药，可是他们用的药看起来减轻了病痛，实际上使病情愈来愈重。从十九世纪起以至于到今天，情况就是如此，有人绞尽脑汁想要恢复形式和风格，恢复艺术的稳健、尊严和静穆，恢复纯粹的美，所有这些一经人的刻意追求，就显示出并且证明了它们的缺陷，人们固然有所觉察，可是一筹莫展。超越浪漫主义在另一个方面的努力，由于提倡写实主义和真实主义，气概显得轩昂一些，它凭借的是自然科学以及自然科学确立的原则。但是，过分强调原封不动地刻写某一个事物或某一些事物的倾向在这个流派里非但没有削弱，反而膨胀起来。实际上，这个流派就其性质和根源来说,本就是浪漫主义的。

像这样犯了浮华夸张毛病的还包括其他一些著名文学流派,从由法国龚古尔兄弟倡导并代表的"艺术笔法"到意大利诗人帕斯高利④用写实手法表现直接印象的杂乱作品都可以算在内——帕斯高利因此在一定的意义上可以说是未来派和"声响"音乐的开山鼻祖。

发现近代文学骨子里的病根的,不是那些可怜的批评家,而是伟大的艺术家,而且是欧洲最优秀的艺术家。歌德和贾科莫·莱奥帕尔迪彼此并不相识,却不约而同地采用几乎相同的表达方式,从古今的对比中阐述了古典作家和近代作家不同的特点。这位德国诗人说:"古典作家表现的是存在,而我们大都是表现效果,他们描绘恐怖,我们呢,我们是恐怖地描写;他们描绘美好,我们是美好地描写……因而就产生了所有的夸张、造作、忸怩作态、华而不实,因为凡描写效果和为效果而描写,永远也不能肯定是否表现得很充分了。"这位意大利诗人十分赞赏古典作家的"质朴""自然",认为原因是:"他们不像近代作家那样讲求细节。凡讲求细节就证明作家在描述刻画事物时竭力想脱离事物的自然面貌,他们精雕细凿,铺陈环境,细致入微的描写冗长不堪,其目的是想造成效果。可是这样一来,作者的意图清楚了,作品却失去了无拘无束、自然豁达的气势。诗人在一首短诗里絮絮叨叨,比一首叙事诗讲得还多。"因此,"古人的诗歌或美的艺术意味无穷,而近代人的诗歌或美的艺术的意味则是有限的"。歌德曾经很得意地想出一个绝妙的词讽刺浪漫派诗歌:"病院的"诗,它的对立面是"蒂勒尼安式的"诗⑤,这种诗不仅指鼓舞心志的武功诗,而且指一切"推动鼓舞人们为生活而不懈地斗争"的诗。奥斯卡·王尔德完全正确地反对在"艺术"一词前面加上"病态的"这个形容词,用他的声望进一步证实

"病态"与艺术是不相容的。

　　一种文学或一种艺术的"一般性质"不能直接用来说明这种文学或艺术产生的诗意盎然的作品,更不能用来作为判断。众所周知,这种"一般性质"甚至根本不说明任何准确意义上的美学和艺术的东西,只不过指出简单的实际倾向,它涉及的只是某种文学里面非完全意义上的艺术的东西,也就是说涉及文学的素材,有时还涉及其缺陷。毋庸赘言,天才的艺术家、有才气的诗人、伟大的作品及其优美的章节,总之,一切仅仅在诗的历史中有地位的,并不向病态或者总的潮流所屈服。伟大的诗人和伟大的艺术家从不同的国度、不同的时代荟萃于芬芳明媚的百花园里,不论来自纪元前八百年还是来自纪元后两千年,也无论他们穿的是希腊人的长袍还是佛罗伦萨的风衣,是套着英格兰人的外衣,还是戴着东方人的面罩,在这个百花园里他们平等相处,情同手足。他们都是古典作家——在这个词最好的意义上。按照我的理解,最好的意义就是指原始和文明、灵感和流派的特殊的结合。但是,因此就认为界定一个时代的思想、情感和文化趋势对分析诗毫无用处,这是不对的。因为,首先,对这种趋势的分析有助于使鉴别真艺术家和半吊子艺术家、假艺术家以及艺匠的艺术标准具有明确有效的形式。其次,这将有助于了解那些伟大的艺术家,懂得他们克服了哪些困难,在运用粗糙的素材来进行艺术表现方面他们有哪些成功的经验。最后,这将有助于解释他们的缺点(伟大的艺术家也有致命的弱点)。

　　而且,界定总的倾向或一般性质,还可以向艺术家提出告诫,让他们留神在他们进行创作的环境里可能遇到的对手。批评除了一般性的告诫之外没有其他办法帮助艺术家反对他们的对手。批评的告诫可以特别从这样一个方法中得到解释,这个方法就是奉劝艺术家对过去和现在都有人宣扬的下面这一套根本不要理睬：我们刚才在上文描写的德国文学的精神状态是一个民族或种族所特有的，后来才传染给了其他民族。其实，日耳曼民族以及其他社会文明发展较晚的民族的文学虽然常有直接的、暴力的、粗野的表现，然而这种倾向在人类实在是心同此理的，自古如此，四海皆然，而从历史上说，这种倾向在欧洲各国作为一种"民众现象"强烈地反映出来则是从十八世纪末开始的，因为它适应了哲学、宗教和道德共同的和一般的条件。我们已经指出，这种倾向在文学中的反映只是间接的表现，直接的、第一位的原因存在于哲学、宗教和道德之中，所以，单纯用审美的形式主义方法，似乎问题在于对修辞学和技巧的无知，是无法扭转这种倾向的，我们曾经指出过从这方面所做的努力收效甚微。什么时候欧洲的灵魂中升起一种新的信仰，能够从欧洲所经历的无数忧患和深沉的痛苦之中，从欧洲洒下的点点血水之中吸取教训，什么时候这场恶疾就会缓解、消失。如果各方面的艺术家都能发展他们的哲学、宗教和道德品格，也就是说，发展他们的个性——这是艺术，也是万事万物的基础，那么这场疾病就会像过去曾被战胜那样被战胜，终于缓解和消失。如果它不但没有缓解和消失，反而在不远的将来严重起来，复杂起来，那么这就意味着人类社会不免还要受一场新的考验，还要再遭受磨炼。即使这样，真正的艺术家还会不懈地追求完全的真理和古典的形式，如同在十九世纪当着黑云压城之际，那些用自己的名字为近代文学增添光辉的人那样，这些人包括：歌德、佛斯高洛、曼佐尼[6]、莱奥帕尔迪，还包括：托尔斯泰、莫泊桑、易卜生和卡尔杜西[7]。

法文版序

《美学纲要》里的四篇演说,是一九一二年应得克萨斯州休斯敦的赖斯学院院长爱德华·奥戴尔·勒维特之约,为庆祝该院成立而写的,每篇的篇名差不多就是请我谈的问题,我感到对这些问题一一作答就等于对美学的主要问题做了相当完整的论述。四篇演说的英译本收入该院建院纪念文集,不久在伦敦发行了单行本,后来又译成多种文本。

现在,我有意趁此书法文版问世的机会续补两篇一九一二年以后发表的论文①,一篇意在帮助学者们研究美学的发展,另一篇是为了深入阐述一个理论问题,既涉及如何理解艺术的无限性或曰普遍性这个内在特性,也涉及鉴别完美艺术和多少有些浪漫或者颓废的艺术的标准。

我的美学观是从十七世纪与十八世纪交替年间我国开始的思想运动的终结形式。法国对这个运动也曾有所贡献,杜波②充满生机、思想精深的著作功绩尤其显著。这场运动不但把艺术同逻辑的、哲学的和科学的著作区分开,而且把艺术同说教形式,或者貌似想象却不免含着逻辑思维的形式区分开,它努力建立并确定艺术的自主地位,建立并确定艺术创作和艺术判断的条件。从被杜波称为"第六感官"的自主,到建立在情感的直觉和表现形式基础上,建立在人类心灵"抒情性"基础上的美学意义上的自主,道路是漫长而艰苦的,了解情况的人不难估量上百年时间里付出的心血。按照这种观点,艺术被看作一种知觉方式,和逻辑思维方式当然既不同也无关,从意象上说在逻辑思维之前:它是精神意识到自身,亦即意识到实在的最单纯、最质朴的形式。

我一方面努力赋予艺术理论以越来越精确的形式,摈弃任何一种经验论,以使艺术理论不断哲学化,另一方面又可以说,我一直在努力使哲学愈加美学化。当然,这绝不意味着在做这门严肃的学问时舞文弄墨或大发诗兴,而是说对艺术、对精神的直觉和抒情形式有更加准确的认识,势必会对哲学其他范畴的问题产生反作用,使这些问题明朗化,并有助于解决其中的疑难。从其他角度,也就是说从可怜的理智唯心论出发,这些疑难是无法克服的。

我曾经在其他著作中论述了精确而完整的美学对语言哲学、逻辑学、历史学,甚至对于实践哲学和一般哲学观会产生什么样的影响。我绝不是要把美学凌驾在其他哲学部门之上,而是反对一些搞哲学的人对艺术的无知或者只懂得一些皮毛——他们大都觉得这点知识就足够了。他们以为艺术是艺术家和批评家的事,却丝毫没有觉察到,他们这样就丢失了理解人类精神的一个基本环节。近代重要的哲学家,从康德(甚至从维柯)到黑格尔,对研究艺术本质抱有越来越浓厚的兴趣,这决不是没有原因的,而艺术观的僵化、粗糙恰恰暴露了实证主义在哲学上的低劣,它把艺术降低为生理学(而且多半是病理学),或者至多解释为一种纯机械的心理联想。

我想要说明的是,我不但把一般哲学当作一种方法论(认识实践和历史的方法论),而且赋予美学以方法论的性质。艺术批评和文学批评的发展一直受到当时艺术观念的制约,也就是说,受到不同时代的美学思想的制约,这一点就是在那些缺乏直接的美学和哲学知识的批评家身上也能得到证明,因为就连他们也感受到了他们那个时代哲学的影响。我在一篇文章里举的例证恰好就是法国伟大的批评家③。批评领域里出现的疑问和困难，全都是哲学的疑问和困难，也只能在哲学，更准确地说在美学领域中得到解决。

这门学科在各国的研究是参差不齐的，不过都有一定程度的进展。在这个领域里应该像其他领域一样形成统一的欧洲思想。十八世纪法国、意大利、英国、德国以至于俄国的学者们就曾共同接受起源于笛卡儿哲学的假说，以此作为思想的依据。情况不可能原封不动地照搬，然而却可以效法，这就是我所希望的。

B. 克罗齐

附　编

两门世俗的科学：美学和经济学

1

心灵和感觉

以一种非常明显的方式指出的现代和中世纪之区分的标志是：现代突出了政治、经济生活和艺术生活的所有形式。

这并不是说中世纪不存在政治、经济生活和艺术生活，因为既谈到不突出和较突出的问题，那就承认它们在中世纪是存在的。任何时代，即使最野蛮、最原始的时代，也像任何个人一样，没有那两个精神工具，都不能生存下去；特别就诗和艺术而言，当时就已有过强烈的表现。我们现在只想肯定和让人得知，在中世纪的整个时期，那些方面并不突出：如果看一下现在仍能看到的中世纪社会的建筑或其遗迹，特别是中世纪前期的教堂、寺院和城堡，并把它们同现代国家的众多工厂、商业中心、银行、交易所、议院、政府各部大厦、博物馆、绘画陈列室、展览馆、剧场和学校进行比较的话，谁都会对这样的论断表示出基本的、几乎是直觉的赞同。同样，从这些事物的简短考察中，也可很快地得出另一个论断：中世纪的诗、文学和艺术大部分是教育的、劝诫的、叙述的和寓言的，很少是人的和抒情的；其政治并不受维持、延续生命的基本需要的支配,而是追求某种超世俗的目的,如夺取耶稣圣墓的十字军远征,教会和帝国的一致及冲突;其经济主要是"自然的",很少有交换和工业。当意大利各城邦、诺曼底和斯拉夫的伟大君主们意在财富和文化,并开始执行民族或国家政治的时候;当艺术和商业繁荣起来,其发展有时压抑了超世俗的目的和意向的时候;当中世纪和文艺复兴、宗教改革——它们是相互径庭而又相互补充的两个运动:文艺复兴追寻的是希腊—罗马的古代文明,却找到了现实和自然;宗教改革追寻的是福音书的基督教义,却找到了自由思考和批判——一起进入到更为真正的现代社会的时候;一场革命才开始。中世纪和必然突出那些差异的现代社会的不同和对立在历史上一直持续着,但强弱和节奏不同。尽管我们不能(正像在历史中一样)把这些差异作为准确的划分来使用;尽管我们应相反地把它们假想为已经存在但被否定的,已经强调但被平息的;但这些差异让人理解从中世纪到现代社会的人类历史在其转变中深刻的、渐进的和革命的戏剧。如果抹掉这些差异或去掉其重要性,或转换其价值范畴,那么,中世纪将从历史中消失,或在缩小的意义上讲,失去其精神的贫弱性,像反动的历史学家和禁欲的宗教徒所认为的那样。

在现代最初的几个世纪,于认识领域,政治活动和各种艺术活动不断加强的表现是形成了两种新的思想或两门新的学科(在这里,我们视之为哲学的本质统一所包含的两门学科):政治学和经济学,艺术哲学或美学。中世纪对这两门新的科学并不所知或全然不知:在实践领域,它只承认道德,当政治、经济问题摆在道德之前,并且对道德来说是无可避免的时候,它便道德地解决这些问题;在认识领域,它承认逻辑学,并把诗和艺术变成了表示和普及宗教真理的工具。但很快,和文艺复兴一起出现了活跃的国家科学或政治学,其后出现了慎德的艺术,再其后才慢慢地出现了经济学,特别是在十八世纪,经济学才取得了法规的稳固形式,尽管还不具有充分的哲学意识。当时,人们开始把权利同道德分开,并对人类情欲和由此引出的问题进行了研究①。中世纪和文艺复兴本身还研究了诗、造型艺术、建筑和音乐的概念,并正在寻求这些概念的共同基础和确定所有艺术从中产生的性能。这种研究于十八世纪取得了首要成果:一个新原则的独特性被发现了,一门独立的新科学被构成了,这门新科学的名称便是美学。当然,这里像在知识和理论体系的任何其他部分一样,并不是说它们是固定不变的,而是说这些方向过去和现在仍在研究,对这种研究,人们过去感到、现在仍感到其必要性和生命力。

这两门新科学的彻底的非禁欲、非超验、世俗和非宗教的本性既没有被创造和培育出它们的现代精神,也没有被古代的、传统的精神——它们本应推拒和打击它们,相反却让它们不受干扰地行进,或由于追随时代的要求和听从时代的需要与之合作——所留意、确认和论证。就连对它们的一门或一门中的一部分,对政治学和"国家理性"的反动、顽强论战和迫害的单一情况也未能直接地引出一门新科学,同样也未能引出马基雅维利或所谓的马基雅维利主义所表现出的尖锐和赤裸的形式;反对者们多多少少也是政治家,他们欢迎和追求新与旧的折衷主义的调和,在新与旧的结合中,不是新被软化,而是旧渐渐地被腐蚀和消亡。这并不是说,那些反对马基雅维利的耶稣会士,天主教教会的捍卫者,用此种方式,以现代的手段把马基雅维利主义变成了适合自己的东西,以便在纯道德的范围内把它引到其作者未曾引到的地方。同样,耶稣会士在他们的修辞学的人文主义学校中,还以一定的方式,用他们提出或构成的关于感觉、想象、巧智或天才、感性判断或良知的学说,对现代美学的形成做出了贡献;在很世俗化的天主教教会中,萨沃纳罗拉的焚烧"虚无品"并未发生。也不是说经济学,特别是在其最初进展形式中的经济学和缺少哲学或"政治数学"的经济学是件丑闻和引起疑虑;只是后来当个人竞争的倾向无节制地泛滥时,人们才谈到经济学的道德化,才谈到托马斯·阿奎那的经院哲学所喜爱的"公道价格"②。当然,如果那两门科学本性的自觉在这门或那门科学里已经存在的话,那么,现在就没有必要提出它了,而目前的探讨也就是多余的了;可是,我并不过高估计这两门新科学,因为它们取决于自觉的那种成熟性,只有当一种运动具有丰富的历史并且于其整体中已明显地包括这种运动时,只有这种运动与其对立面,即它所产生并与之对立的运动联系起来时,它才能达到自觉的那种成熟性。但是,一般地说,今天的这种自觉性仍是有缺陷的;就我来说,当我遇到不自觉地接受和运用现代美学概念的有教养的牧师、温良的修士和虔诚的人们时,我便坦白地告诉他们:请注意,你们在搞鬼——我说魔鬼,是因为我想起了谢林,他在语言无法掌握的独特性的活动中研究语言起源时,曾把这种独特性理论化为"魔鬼的"或"撒旦的";一个语言学家(D'Ovidio)认为这种观念太过分了,它根本就不是一个真正的语言学家所应有的。

说到底,这两门科学所要求的是什么呢? 简短地说,是提出心灵的实证和创造性形式的尊严,是企图理论地表明或确定和整理那个在中世纪被称为感觉的东西,那个不被熟知甚至否定和应驱逐的东西,那个现代所要求的东西。由于"感觉"有着既相关而又有区分的双重意义,所以它既勾画出认识中非逻辑和非理性,而只是感性和直觉的东西;又勾画出实践中自身非道德的和并非从义务中产生的,而只是人们意欲的所以是喜爱的、有用的、快感的东西来。而理论上的说明既涉及感性的逻辑或诗学的逻辑，纯粹直觉认识的科学或美学，又涉及更为广泛理解的经济学。这种理论上的说明，像人们所说的那样，正是理论和哲学的、作为生命之生命的、尘世爱欲和其所有形式的"肉体的归一"。说明"感觉"必然地在这一相同的行为中引出感觉的心灵化，因为感觉从应该坚决、竭力反对的，外在的和对立的，危险、狡诈及顽固的敌人的地位转移到了精神之中，以其面貌、职能、价值也就成了心灵性的东西了；所以它对健康的和内心的精神生活是必不可少的。但是，如果感觉通过这种内心化和升华心灵化了，那么心灵也就感觉化了，或者说它回归其完整与和谐，不再因其忍受的存在和活动的某些本质部分的残缺而痛苦了；逻辑学和伦理学就从超世界降到了世界，作为经院的和形式主义的逻辑学就成了观察的、实验的和归纳的逻辑学；作为超验法则的道德就成了情感和道德意识，就从情欲和功利的敌人变成了它们宽容而又严肃的朋友，它并不是要从人的心中抽出它们，而是提高和净化它们，从中为自己的生命和活动抽出力量来。现代哲学的所有主要概念都与那两门科学紧密相关，没有那两门科学，就不会形成与理性主义的或抽象普遍性的逻辑学相对立的思辨和辩证的或具体普遍性的逻辑学；而艺术和诗作为类比的模特，与后者的实现是相配合的，以至于在某些阶段，人们甚至相信艺术或诗能提供真理的主要和唯一合适的工具：编年的或收集偶然事件的历史升华，从带有示范和劝诫目的的"修辞作品"[③]到人类思维的最高程度、到同一哲学已经完成的和处于运动的理念并没有实现；所以，现实的内在概念之圈也不可能全然封闭。

在现代，认识到哲学变迁的人，都会在这样的哲学史的某个方面的略图中塞满很多特殊性的东西；而回忆随着中世纪对这两门科学的否定的每一次持续或再现,以及随着心灵与感觉相割裂的每一次再现——尽管这种再现受现代思想的促进或披着现代思想的外衣——而出现或复活的对立则明显是有益的。这些对立是:维柯的历史意识对笛卡儿理性主义的论战,伽利略对亚里士多德主义的论战,席勒对康德伦理学中存留的那些不动情感和禁欲的东西的抗议,浪漫主义的美学对概念——尽管它简化为"理念"或其他的东西——的美学进行的批判。总之,这是从生活、经验和诗中重新产生出的新鲜哲学永不间断的动因,而这些新鲜的哲学与学院和大学的苍白哲学——它习惯研究一个没有情欲、幻想和倾向于逻辑论和道德论的抽象世界——是对立的。但在这里,考虑到已经做过的观察,考虑到一种思想的胜利从未是一种真理或最终被确立的一种真理体系,而是一种需要朝之前进的方向的胜利,那么这些提示便足够了,它们意识到了已经克服的和老的难题,并准备面对和解决现在不会缺乏、将来也绝不会缺乏的新的难题。

2

心灵和自然

以这些方式考察两门现代和世俗的科学之地位更有益于封闭人们所说的内在性之圈:为此目的,我们还将讨论一下过去阻止、现在仍阻止这种封闭的诸二元论中一个最严重的二元论,即心灵和自然的二元论。

一个仔细考察的二元论是应一个一个分开的一组二元论,这组二元论中的第一个源于人们聊以自娱并从中不断汲取力量的一种庸俗的信仰,它旨在提出作为两个不同世界的现实的两种不同的秩序:即所谓的人的世界和包括从动物到沙石所有存在物的自然的世界；或以不同方式确定和更为特殊地构成的两个世界，即意识的世界和无意识的世界，生命的世界和机械的世界。虽然这种二元论不是建立在批判而是建立在想象之上，但它曾是也依然是最顽固的一种二元论；由于这种顽强性，思维尽管就其职能来讲是不能接受、反而应批判和否定任何二元论的，但在开始时，它却努力保留这种二元论，并通过第二项即自然的某种心灵化来解释它。这是相互矛盾的论题，其中思维还得屈服于想象。这在此种解答最纯正的形式中，在文艺复兴时期引入了毕达哥拉斯化的、人化的或心灵化的各种神话学的自然哲学中，才得到较明显的显现，这些哲学在其最初的略图中却遇到了了主要的对手，如费希特，他们称其为"胡思乱想"（Schwärmerei）。这些哲学是建立在有别于精神的"外界物""自在的外界物"和绝对的无意识（几乎可以想象为某些绝对无意识的东西）之上的；这样，这些哲学就肯定了那个最初的、基本的二元论；可后来，它们却用把这个"外界物"、这个"无意识"视为"异化的逻格斯"或"石化的思维"的方法来证明它们已经克服了这个二元论，对此，它们进行了深入的研究并构成了无意识的或异化的辩证法。这种辩证法，由于程度或由于三位一体，是谢林类型的或黑格尔类型的并不重要，因为其方法在实质上是相同的，自然或以心灵的范畴来探讨，或以逻格斯的单一范畴来探讨，方法总是任意的，是以隐喻和想象的类比来进行的。事实上，那些哲学不仅也不止被对它们的逻辑假设的批判，也被保留在它们里边的、或被机巧地捏造出的滑稽说法的可笑性所揭穿，如："钻石是达到自我意识的石块"或"暴风雨是自然界的发怒"，等等。同样，在与之有着理念姻亲关系的和有着历史关系的文艺复兴时期的自然科学中，有时于其中也需要思维的帮助，或希望能被找到和练习的神奇的艺术。

去掉那些构成的同一基础,同时给自然问题提出另一种方向的是认识论的研究,由此,人们逐渐发现并不存在两种现实秩序或两个世界,一个是心灵的,一个是自然和物质的,一个受制于目的论,另一个从属于因果律;而是发现唯一的、坚实的和不可分的,能够根据心灵、生命、目的,根据物质、原因和机械概念而逐步构成的现实。这样,诸现实的那个双重秩序,诸世界的那个二元性就只是人类心灵双重活动的幻想之影像;自为的现实是很少的,不仅动物、植物、金属、石块,而且人本身,人的情感、思想、行为,人创造的作品、历史都能被图式化、自然化、机械程式化和决定论地表现出来,就像实际上在很多的以精神生活为材料的自然科学——从某种经验心理学的动物学到发音规则语言学的物理学——中一样。但是,这种现实精心构成的双重形式说,如果被理解为一个是目的论的、另一个是因果律的思维本身诸方式的二元论,那么,在上述意义上的自然的幻影就不但可能消失,而且危及到取消心灵的概念,因为以两种不同方式交替思考的同一现实就会以两种不同方式被证伪,其本身就不可思议和不能被认识。脱离这条狭路的道路只有一条:即以那两种方式中的唯一一种提出和认识纯思维和真理,并赋予另一种方式以人们所说的纯实践的、工具的或“经济的”职能;这是通过科学——如直觉论和现象论的科学——的现代批判才发生的,不管人们愿意与否,或者人们取中立和不支持的犹豫态度,由于逻辑的必然性,它都会导致确立和强化思辨思维的唯一真理和作为历史的现实的绝对精神之概念,证明在诸自然科学中的一切都是真理的认识,是历史的认识。在所谓的自然研究中,于我们时代,我们总是强调具体的、个别的和历史的现实④。

但是自然概念的这种认识论的解释和无法解释并不完全地求助于心灵和自然所拥有的第二种意义,因为作为现实秩序和特殊世界的被否定的自然,似乎作为思维之前的某些东西、作为其客体再现于同一心灵之中了,如主体和客观的二元论。事实上,客体、自为的客体,作为有别于主体的外界物,如果不是那个无意识、那个非精神、那个物质、那个没有被批判所消除或完全消除或暂时消除、后来又被顽强的想象力所重新构成、所以又以新的态式出现的自然的重归的幻影,又是什么呢?由于它就是这样,所以为重新吸收它所进行的努力就像旧的自然哲学所做的努力一样,都是没有成效的,它们只是同义反复和争吵,犹如当人们坚持主客体的关系之统一时,并没有解决问题而重复问题的词汇一样;或者说,人们寻求客体的变化,在使其消失的同时,又使其作为面对行为的事实,即面对心灵的自然,或面对现时的过去再次出现。这些是以崇高的形而上学的不同游戏来进行的自然和心灵的新的现今的比喻。从另一方面来讲,作为现实的已完成的机械的自然已经解体,这种解体的结果是:客体不可能是非自在的自然,但不是说,事物是思维作为真正的客体所思考的东西;这种不确然性给自然的再现幻影打开了一个缺口。就逻辑上而言,如果不存在心灵,反过来说也不会存在客体;但不是说思维的心灵的那种方式并不存在,心灵的那种方式正是要躲避主体而不是客体的:什么样的方式?怎么办呢?我们所说的两门主要的现代哲学的科学,一门在其活动的和欲望的生活中涉及实践,另一门涉及幻想的形象显现,它们给问题的解决提供了必要的论据,并向我们揭示出客体只不过是那个情欲的生活、那些刺激、那些冲动、那个快感和痛感、那种不同和多样的激动;是使直觉和幻想,并通过它,使反思和思维成为物质的东西⑤。基于这样的理解,真理就不可能是经院哲学的"客体和悟性的平衡"⑥,因为作为"客体"⑦的客体是不存在的,而只存在(请注意,是以比喻的方式来理解平衡的概念的)"行动和悟性的平衡"⑧。"自然"和希望、欲念、贪欲、满足、重新出现的不满足、各种激动、快感与痛感的实践进程的同一，已经在哲学家们（如费希特、谢林）那里闪现过，并提供了叔本华著作的主旨；但这些哲学家，特别是叔本华，却形而上学地提出了于心灵之外的意志，甚至于把意志想象为盲目的，使思维和表象成为"后加的东西"⑨；同样，黑格尔也这样理解逻辑，把逻辑作为心灵和自然的基础；其他的不著名的哲学家也同样地探讨了心灵的其他形式，如佛罗卡梅尔（Frohschammer）就提出了幻想的那种尊贵性，哈特曼把幻想归于无意识。相反，应在心灵之中理解幻想，把它作为同一心灵的特殊形式或范畴，作为诸实践形式中一个最基本的形式，那个连最高级的实践形式即伦理也在其中的形式，这个形式不断地被翻译出来并不断地产生；在它里边，同一思维和幻想正被合一，并互为言辞和表现，在这个行为中，它们经历了所有激动的实践变迁和快感与痛感的二律背反。思维，就连当它思考和批判其他人的思维时，也会扩展其历史的，不是思考思维，而是思考思维的实践生活，因为思维总是思考的主体，从不是被思考的客体。事实上，思想是什么呢？比如，如果没有在康德的行为的某一刻，在他的思索、紧张的努力中，以他的经验、他的热情、他的怀疑、他的疑问、他寻求解决这些疑问的方法，即在实践的某个事变中，甚至在思考的某个实践中来思考康德的话，那么，康德的思想是什么呢？如果不是为了解决我们的思维问题，为什么我们从不思考思维的实践生活呢？思维问题的解答就是思维的实践生活，而不是康德的思维，那个行为的思维。

但是，和自然相比，这种进一步地抛弃主客体的关系并不能消除一系列的二元论并完全地从那个幻影中解放出来；因为它又重新出现了，以其损害我们心灵生活的力量，在干扰着我们，反对着我们，它进入我们的心灵生活之中，目的是粉碎我们的心灵生活,肢解它,把我们的意愿推向恶,把思维推向错误。"自然,这是个可恶的敌人"⑩:那个如此物质的、机械的、决定论的自然是和心灵、心灵的目的、心灵的理想、心灵的自由相对立的;或者说,那个作为自然、痛苦和恶之源泉的叔本华的意志在我们心中并未被灭绝,就连(似乎叔本华是喜欢如此的)放弃意愿——反过来说,它本身就是一个意愿——和求助于禁欲主义——它本身就是意欲的继续过程——也不能灭绝它。但是,如果我们从未于心灵之外发现自然,那么我们就不能把它思维为和心灵相对立的一个自然;如果恶和错误存在于心灵之中,那么它们就不是自然的。它们到底是什么呢?当然不是所显示的"客体",心灵的某种形式;因为在这种情况下,它们将拥有正面的而不是反面的特征,将是善和真理而不是恶和错误,而恶和错误明显地是反面的。但是,它们也不是纯粹的显现品或表象,因为在这第二种情况下,反对恶和错误的斗争将失去任何严肃性,而成为虚假的斗争,或至多是疯狂的胡言;可那场斗争却是异常严肃的。只一起存在着两种事物:即在从那个正面的形式往高级形式的正面性过渡的努力中取反面外貌的、以使努力和斗争成为严肃的某些正面的东西和从其分离出的、对其自身是恶的、并非正面的而是回归于正面的某些东西,这样的回归是有些矛盾的,所以也是痛苦的和艰难的。因为一旦发生了分离,毫无疑问地回到原先的状况是不可能的,痛悔地回到的这种状况也不是原先的状况,被称为纯洁的、无过错的状况。那么,在实践精神的领域内,存在着低级程度和高级程度的正面东西吗?这里,也需求助于功利的、享乐的、"那个我喜欢的"⑪、热情的、情欲的和各种倾向的科学,它们在一般的说法中被称为"自然的",这种科学把实践的基本的、一般的形式理论化了。这个形式有别于高级的和伦理的形式,但不与之直接对立,只有当从功利的人产生出道德的人时,从个人利害关系的行为转移到义务的行为时,它才显现出来;它所完成的是分离的一个过程,因此,会出现恶的不同现象:从暂时的和急速的分离倾向逐渐到部分的回归,从所犯的小小过失的背驰到巨大犯罪的猛烈痛悔,从勇敢的坚毅到其消失和灰心丧气,从这又重新到产生、变革和归原。所以,恶是没有从道德回到纯粹、"自然"的功利的痛苦,但就其拥有的功利来讲,尽管与其他的东西相比是一个低级的善,却仍是善而不是恶,是正面的而不是反面的。人们担心那些心怀不义地拒绝功利的心灵形式并把道德作为实践唯一形式的人,他们并不是被道德的非常有力的,而相反却是被道德的软弱的、无力的、空白的意识牵着走的人,因为他们抽掉了道德的战斗品质,或者说,他们可笑地使道德反对道德之影。但是,经济学提出的享乐或功利的概念,不仅保留了道德的这个战斗品质,而且还使道德的胜利成为可能,但如果恶不是作为我们增长和提高之努力的危机出现于我们心中,而作为外在于心灵的力量——即自然或物质——之强力推出的楔子猛然地插入我们心灵之中的话,那么,道德的胜利便是不可能的。

也就是说,美学和经济学这两门非常明显的现代科学旨在协调心灵和感觉,把心灵从外部自然的噩梦中解放出来,把主体的客体心灵化,把善同恶的斗争内心化,它们排除了超验的东西并显现了绝对的内在性:它们是两门卓越的世俗科学。对于一个年老的它们的研究者,一个就其精神生活从它们之中得到思维明确之光的巨大裨益的研究者来说,在他的晚年,完成了对它们的这篇小小的颂词是不会令人奇怪的。

1931

注　释

英译者序

①　亚当斯（John Couch Adams, 1819—1892）：英国数学家、天文学家，通过数学计算的方式预测了海王星的存在和位置。

②　勒维里耶（Urbain Le Verrier, 1811—1877）：法国数学家、天文学家，他预言了海王星的存在，计算出海王星的轨道。

③　克莱德·威廉·汤博在 1930 年 2 月 18 日又发现了九大行星中的最后一颗——冥王星（Pluto），因此昂斯勒当时的断言是不正确的。

④　德·桑克提斯（Francesco de Sanctis, 1817—1883）：意大利文学史家、文艺批评家。著作甚多，主要有《意大利文学史》《批评论文集》等。他和维柯是克罗齐最推崇的两位批评家。

⑤　但丁（Dante Alighieri, 1265—1321）：意大利伟大诗人，著有《神曲》。

⑥　阿里奥斯托（Lodovico Ariosto, 1474—1533）：意大利诗人，著有叙事诗《疯狂的奥兰多》。

⑦　高乃依（Pierre Corneille, 1606—1684）：法国剧作家、法国古典主义戏剧的创始人，写有《熙德》《贺拉斯》等三十余部剧本。他对古典主义悲剧的美学特点曾作过系统的阐述，写有论文《论悲剧》《论三一律》等。

⑧　按克罗齐的观点，"哲学中其他部门"是指美学之外的逻辑学、经济学、伦理学。对于心理学，他一向不以为然："心理学就像一本书的索引，而艺术才是书的内容。索引应该与书一致，而不是书与索引一致。索引终究只是书的一种不完善的再现而已。"（*Problemi di Estetica*, p. 66, 转引自 H. Wildon Carr: *Philosophy of Benedetto Croce*, p. 47）下文所说的"其他问

题"即指逻辑学、经济学和伦理学的问题。

⑨ 吉弗德演讲:亚当·吉弗德(Adam Gifford,1820—1887)曾担任过苏格兰最高民事法庭的法官,他在"自然神学"中创立了"吉弗德讲师"的职称。成功地作完"吉弗德演讲"的人才可获得"吉弗德讲师"的职称。

⑩ 后来,克罗齐还曾获得过牛津大学和佛莱堡大学授予的荣誉学位;他曾经是1934年诺贝尔奖金的最强有力的竞选者,但后来由于政治上的原因,当年的奖金授予了皮兰德娄(Pirandello,1867—1936)——意大利著名作家和剧作家。

⑪ 柏拉图(Plato,公元前427—前347):希腊哲学家。公元前388年,他曾应西西里岛塞拉库萨的国王的邀请去讲学,后因得罪国王而返回雅典。他在中年和晚年先后拟定了两个理想国计划,并于公元前367年和公元前361年两度重游塞拉库萨,想实现他的政治理想(即维持贵族统治的政教制度和思想基础),两次都失望而回。

⑫ 三一学院(Trinity College):剑桥大学创立后成立起来的许多学院之一,1546年成立。

第 一 章

① 此处原为法文:esprit。

② 蒙田(Michel de Montaigne,1533—1592):文艺复兴时期法国思想家和散文作家,其散文对培根、莎士比亚及十七、十八世纪法国的一些先进思想家、文学家和戏剧家影响颇大。

③ 此处原为法文:babil(of his)chambrière。

④ 苏格拉底(Socrates,公元前470?—前399):古希腊著名哲学家。所谓"苏格拉底问答法"(Socratic method),就是用一系列简单的问题揭露出对方的无知。

⑤ 此处暗指两位哲学家:一位是弗洛伊德(Sigmund Freud,1856—1939),心理分析学的创始人,性欲说的倡导者。参见《美学原理》第十一章注④。另一位是柏拉图,他攻击诗人有两大罪状:一是诗不表现真理,

是所谓"摹本的摹本";二是诗败坏风俗。

⑥　此处原为拉丁文:ex ore suo。

⑦　中世纪经院哲学:西欧中世纪天主教会学院思想派别的总称。最主要的代表为托马斯·阿奎那(Thomas Aquinas,1225—1274)。这种哲学使理性服从信仰,把哲学变成"神学的婢女"。

⑧　直觉(intuition),照字面解释是:"心灵的一种能力,凭借这种能力,不必进行推理和分析,心灵就能直接领会到事物的真相。"但在克罗齐的哲学体系中,直觉有其特殊的含义:直觉是介乎感觉(sensation)和知觉(perception)之间的一种心灵活动,它能产生个别的意象,这种心灵活动是全部心灵活动(其他三种心灵活动依次为:概念、经济、道德)的基础。心灵的直觉活动把形式给了"感觉",使"感觉"转变为意象,这样就使"感觉"获得形式,被表现出来。克罗齐美学思想的核心就是:艺术即直觉,直觉即表现。参见《美学原理》第一章注①、②。

⑨　物理的事实:参见《美学原理》第一章注⑭。

⑩　"规范"和"推测"在这里指的是毕达哥拉斯学派在探求什么样的数量比例才会产生美的效果时所得出的一些经验性的规范。例如,人体画中头部与全身长度之比及著名的"黄金分割"等。参见《西方美学史》上卷,第32　34页。

⑪　费希纳(Gustav Theodor Fechner,1801—1887):德国科学家、哲学家、实验美学家。

⑫　说明两点:第一,克罗齐认为哲学应是心灵的哲学,即把现实(心灵即现实)当作整体来研究,而自然科学只研究部分(the abstract)。自然科学使我们越来越远离那不可分割的整体(the concrete),而只有整体才是真实的(real)。第二,克罗齐把艺术看成直觉,而直觉是一种心灵活动,是心灵所能掌握的东西,所以是真实的;与此对立的是"被动的"自然,"物理的事实"只是自然,而不是心灵的活动,所以说"物理的事实"不拥有现实。

⑬　快感主义美学:参见《美学原理》第十章注④、⑩。

⑭　弗朗切斯卡(Francesca da Rimini)是和但丁同时代的一位意大利

妇人。她不幸嫁给一个又残又丑的人,后来她爱上了丈夫的漂亮的弟弟。丈夫发现此事,用剑杀死了他俩。但丁在《神曲》中描写过这件事。

⑮　考地利亚(Cordelia):莎士比亚悲剧《李尔王》里李尔王的小女儿。因为她不肯像两位姐姐那样说假话讨好父亲所以被剥夺了继承权,后来证明她对父亲的爱反而是真诚的。

⑯　此处原为拉丁文:meretrix ecclesiae。

⑰　亚美达(Armida):塔索的叙事诗《耶路撒冷的解放》主人公李纳尔多(Rinaldo)的爱人。

⑱　塔索(Torquato Tasso,1544—1595):意大利诗人。代表作叙事诗《耶路撒冷的解放》,以1096年第一次十字军东侵为题材,反映文艺复兴时期人文主义同宗教思想的冲突。1579年起塔索精神失常。后来创作思想上有转变,按照天主教正统思想改写《耶路撒冷的解放》,并更名为《耶路撒冷的征服》。

⑲　巴里尼(Giuseppe Parini,1729—1799):意大利诗人,意大利启蒙运动民主派。主要作品为讽刺长诗《白昼》。

⑳　阿尔菲爱里(Vittorio Alfieri,1749—1803):意大利剧作家、诗人,写了《克娄巴特拉》等十九部悲剧,大半属古典型。

㉑　曼佐尼(Alessandro Manzoni,1785—1873):意大利作家,代表作是历史小说《约婚夫妇》。

㉒　马志尼(Giuseppe Mazzini,1805—1872):意大利爱国者,在统一意大利的事业中起过重要作用。

㉓　参见本书第一章注⑫。

㉔　意象性(ideality):这个词的词根 idea 的意思是“外物在心中形成的意象”。这里指艺术运用具体意象的特征。参见《美学原理》第三章注⑪。

㉕　此处原为拉丁文:fictiones。

㉖　此处原为法文:esprit mathématique。

㉗　此处原为法文:esprit scientifique。

㉘　此处原为法文:esprit poétique。

㉙　谢林(Friedrich Wilhelm Joseph von Schelling, 1775—1854):德国客观唯心主义哲学家。主要哲学著作有:《自然哲学体系初稿》(1799)、《先验唯心主义的体系》(1800)。

㉚　泰纳(Hippolyte Adolphe Taine, 1828—1893):一译丹纳。法国文艺理论家、史学家,孔德实证哲学的继承人之一。

㉛　亚里士多德(Aristotélēs,公元前 384—前 322):古希腊哲学家、科学家,柏拉图的学生。他关于“模仿”(mimesis)的概念,放弃了柏拉图的“理式”,肯定了现实世界的真实性,也肯定了艺术的真实性。他认为艺术作品在“模仿”个别事物时,目的在于使事物的一般特征得以表现出来。他在《诗学》第九章中曾说:“诗比历史是更哲学的,更严肃的:因为诗所说的多半带有普遍性,而历史所说的则是个别的事。”(转引自《西方美学史》上卷,第 73 页)

㉜　在克罗齐的分析中,想象、欣赏、天才(即艺术创造才能)都只用直觉,不掺杂概念,属于认识活动的第一阶段;而逻辑、判断、理智却要用概念,属于认识活动的第二阶段。

㉝　维柯(Giovanni Battista Vico, 1668—1744):十八世纪意大利哲学家,克罗齐最为推崇,自认他的思想渊源于维柯。《新科学》(*Scienza Nuovu*)是讨论美学与哲学问题的一部名著。

㉞　鲍姆嘉通(Alexander Gottlieb Baumgarten, 1714—1762):沃尔夫体系的拥护者,因首次提出美学(Aesthetica)之名而著称。

㉟　此处原为拉丁文:Gnoseologia inferior。

㊱　此处原为拉丁文:Scientia cognitionis sensitivae。

㊲　莱布尼茨(Gottfried Wilhelm Leibniz, 1646—1716):德国大数学家和哲学家,他和沃尔夫是理性主义派哲学思想的代表,他们的对立面是以英国的洛克和休谟为代表的经验主义派。

㊳　沃尔夫(Christian Wolff, 1679—1754):德国唯心主义哲学家,莱布尼茨哲学的继承者和系统化者。

㊴　此处原为意大利文:terzina。

㊵　此处原为拉丁文:simplex et unum。

㊶ 康德(Immanuel Kant,1724—1804):德国著名哲学家,他企图在主观唯心主义的基础上来调和理性主义与经验主义。

㊷ 先验综合:即"先经验的综合"(A priori synthesis):参见《美学原理》第五章注⑦。

㊸ 费薛尔(Friedrich Theodor Vischer,1807—1887):德国美学家,在黑格尔派的美学理论方面很有影响,曾写过六卷本的《美学》。

㊹ 浪漫主义和古典主义:古典主义是欧洲文艺复兴后产生的一种资产阶级文艺思潮,以十七世纪法国发展得最为完备,在欧洲曾占支配地位,到十八世纪末、十九世纪初以浪漫主义为主的文艺思潮兴起后逐渐消失。但在这里,克罗齐主要是把它们当作两种不同的创作方法而不是当作文学史上的两种思潮来讨论的。

㊺ 再现:即"表象"(representation):根据不同的上下文,有时又可译为"再现",参见《美学原理》第一章注⑧。

㊻ 情感(feeling),参见《美学原理》第二章注⑫及《朱光潜美学文学论文选集》第311页的脚注。

㊼ 此处原为意大利文:terzina。

㊽ 彼特拉克(Francesco Petrarch,1304—1374):意大利诗人,欧洲文艺复兴时期人文主义先驱之一。

㊾ 此处原为意大利文:ottava rima。

㊿ 福斯可洛(Ugo Foscolo,1778—1827):意大利诗人,其创作流露爱国思想,但带有感伤情调。

(51) 贾科莫·莱奥帕尔迪(Giacomo Leopardi,1798—1837):意大利诗人。

(52) 邓南遮(Gabriele D'Annunzio,1863—1938):意大利作家,其思想和美学影响了法西斯主义,在政治上颇受争议。在创作中宣扬唯美主义、色情和尼采的超人哲学,鼓吹帝国主义战争。

第二章

① distinction 一词不太好译,其词根是形容词 distinct,意即"与他物

有区别的""独特的",根据不同的上下文,有时译为"区别""区分"较妥,
有时译为"特征""特性"较妥。

② 内容与形式:参见《美学原理》第二章注⑨。

③ 此处原为德文:Gehaltsaesthetik。

④ 此处原为德文:Formaesthetik。

⑤ 此处书名原为德文:*Philosophie des Schönen*,作者哈特曼(Hart-
mann)简况待考。

⑥ 此处原为拉丁文:sub specie intuitionis。

⑦ 此处原为拉丁文:sub specie cogitationis。

⑧ 此处原为拉丁文:sub specie schematismi et abstractionis。

⑨ 此处原为拉丁文:sub specie volitionis。

⑩ 表现(expression):参见《美学原理》第一章注⑨和第十三章
注②。

⑪ 技巧(technique):参见《美学原理》第十五章注③。

⑫ 心身平行论:同二元论哲学相联系的一种心身关系的臆说,认为
心和身是完全不同性质的实体,不能相互作用、相互制约,但每一心理活
动都有与之相应的生理活动并行地发生,反之亦然。克罗齐是唯心主义
的一元论者,坚持精神是世界的唯一本原,因此对这套二元论的理论他是
不相信的。

⑬ 荷马(Homeros,约公元前九至前八世纪):古希腊诗人,到处行吟
的盲歌者,相传著名的史诗《伊利亚特》和《奥德赛》为他所作。

⑭ 斐狄亚斯(Pheidias,约公元前480—约前430):古希腊最伟大的
雕刻家,其著名作品为奥林匹亚宙斯巨像和帕特农神庙的雅典娜巨像。

⑮ 阿佩勒斯(Apelles,公元前四世纪下半叶):古希腊画家,擅长肖
像画,曾画过亚历山大、菲力浦、马其顿等王族的肖像,最著名的作品为
《跃出海面的阿佛洛狄忒》。

⑯ 所谓复制意象,就是把作者心中已成就的"表现"外射出来,传达
给观众、读者。参见《美学原理》第六章注⑧。

⑰ 拉斐尔(Raphael,1483—1520):意大利文艺复兴时期画家。他画

的圣母像很多,最著名的是在罗马西斯丁教堂的圣母像,现藏德国德累斯顿博物馆。

⑱　米开朗琪罗(Michael Angelo,1475—1564):与拉斐尔、达·芬奇同为当时意大利三大画家,成就最大。他的杰作是罗马西斯丁教堂的壁画,用"创世记"做题材的。他的雕刻和建筑也极有名。

⑲　修辞学:Rhetoric 这个词起源于希腊文,原指职业雄辩家或教授雄辩术的老师,又指用语言去劝说别人的本领。现在一般指文学(尤其是散文的)表现手法的艺术,有时含有"铿锵有力""慷慨激昂"等褒义,有时含有"堆砌词藻""矫揉造作"等贬义。

⑳　斯多噶派(Stoic):因其创始人芝诺(Zeno,约公元前 336—前264)在雅典讲学的地方而得名。芝诺讲学的厅堂,要通过一个彩饰的柱廊才得以进入。这种画廊,希腊人称之为"斯多亚"(Stoa Poikile),故斯多噶学派又名画廊学派。这个学派着重宣扬的是神学目的论和禁欲主义。

㉑　在克罗齐的哲学体系中,心灵的认识形式有两种:一是直觉,一是概念。"简朴"与"雕饰"的区别既然是指概念与直觉(逻辑学与美学)的区别,当然不可能在直觉的领域里解决。

㉒　此处原为拉丁文:ars significandi。

㉓　此处原为拉丁文:pari passu。

㉔　癸多·卡瓦尔坎迪(Guido Cavalcanti,1255—1300):意大利抒情诗人。他和但丁、癸多·癸尼采利(Guido Guinizelli)是意大利十三世纪的"甜蜜新风派"(意大利文:dolce stil novo,英译:sweet new style)爱情诗的主要诗人,他们注重爱情的严肃性,强调适合表现爱情题材的各种精确而微妙的表现手法。但丁称卡瓦尔坎迪为自己的"头号朋友"。

㉕　塞柯·安吉奥莱利(Cecco Angiolieri,1260—1312):意大利诗人。他曾写过许多十四行诗,专门用模仿的手法去讽刺但丁和卡瓦尔坎迪,如果说但丁的抒情诗是"悲剧的",安吉奥莱利的诗则是"喜剧的"。

㉖　默林·柯凯(Merlin Cocai)是意大利诗人特奥菲洛·弗兰戈(Teofilo Folengo,1491—1544)的笔名。他开创了将拉丁词和加拉丁词尾的本国词混合在一起的诙谐诗写法。

㉗　阿尼巴尔·卡罗（Annibal Caro，1507—1566）：意大利诗人，因翻译史诗《埃涅阿斯纪》（*Aeneid*）而闻名。

㉘　《埃涅阿斯纪》（*Aeneid*）：罗马诗人维吉尔（Publius Vergilius Maro，公元前 70—前 19）的著名史诗，共十二卷，约 12000 行，写于公元前30—前 19 年，未完成。

㉙　萨皮（Paolo Sarpi，1552—1623）：意大利高级教士和政治家，是早期近代欧洲最伟大的历史学家之一。

㉚　丹尼洛·巴托里（Daniell Bartoli，1608—1685）：意大利耶稣会的人道主义者、古典作家。

第 三 章

①　阿瑞斯伯爵夫人（Countess Arese，1778—1847）：意大利诗人福斯可洛的情妇之一，翻译过歌德的作品。

②　因苏布里安人（Insubrian）：米兰区的意大利人。

③　《重归于好》（*All' amica risanata*）：福斯可洛仅有的两首颂歌之一，作于 1803 年。福斯可洛的诗作（如不算少年时代写的东西）并不多：十二首十四行诗，两首颂歌和两首长诗，但这十六首诗均在意大利文学的名著之列。

④　先验审美综合：参见《美学原理》第五章注⑦和第二章注⑧。

⑤　此处原为拉丁文：tempus cognoscendi, tempus destruendi, tempus renovandi。

⑥　此处原为拉丁文：actus purus。

⑦　英译本的 heroes，既有"英雄"也有"主人公"的含义。这里所说的荷马史诗，其"主人公"大多是"英雄"。

⑧　马基雅维利（Nicholas Machiavelli，1469—1527）：意大利佛罗伦萨的政治家和政治哲学家。他所著的《君主论》一书在政治思想史上有很重要的地位。他在这部书里主张可以不择手段地达到政治上的目的。他把生性残酷又极为能干的恺撒·包济亚（Cesar Borgia，1476—1507）看成是

君主的楷模。

⑨　萨沃纳罗拉（Girolamo Savonarola, 1452—1498）：意大利的改革家。"虚无（品）的火堆"，源于 1494 年 9 月 6 日萨沃纳罗拉在比萨的一个祈祷。萨沃纳罗拉反对世俗的和人文主义的文化，称之为"虚无"，其后，在佛罗伦萨开始出现了焚烧对宗教有害的艺术作品的事件，史称"虚无的火堆"。

⑩　《形而上学》（*Metaphysic*）：作者是亚里士多德。参见《美学原理》第八章注⑤。

⑪　《神学大全》（拉丁文：*Summa Theologiae*，意大利文：*Somma Teologica*）：意大利著名经院哲学家托马斯·阿奎那（Thomas Aquinas, 1225—1274）的主要著作。

⑫　《精神现象学》（*Phenomenology of the Spirit*, 1806 年写成，1807 年出版）：黑格尔的主要哲学著作之一。

⑬　伯洛奔尼撒战争（Peloponnesian War）：公元前 431—前 404 年间雅典与斯巴达两大城邦之间的战争。伯洛奔尼撒位于希腊半岛的南部。

⑭　奥古斯都（Augustus，公元前 63—公元 14）：罗马帝国的第一任皇帝。他在位的时期（公元前 27—公元 14）是罗马文学最兴盛的时期。

⑮　提伯琉斯（Tiberius，公元前 42—公元 37）：罗马帝国的第二任皇帝。他的生母丽维亚和生父老提伯琉斯离婚，后改嫁给奥古斯都。奥古斯都无嗣，经过许多周折，最终还是把皇位传给了提伯琉斯。

⑯　蒲鲁东（Pierre Joseph Proudhon, 1809—1865）：法国小资产阶级经济学家和社会学家。

第 四 章

①　此处原为拉丁文：quadrupedante ungulæ sonitu。

②　麦塔斯塔西奥：（Pietro Metastasio, 1698—1782）：意大利诗人。

③　伯谢（Giovanni Berchet, 1783—1851）：意大利诗人和爱国者，意大利文学浪漫运动的先驱者。

④　雅各彭(Jacopone da Todi,1230—1306):意大利诗人。

⑤　此处原为拉丁文:odium figulinum。

⑥　此处原为法语:laissez faire。

⑦　圣伯夫(Charles-Augustin Sainte-Beuve,1804—1869):法国作家和文学批评家,被称为"现代法国批评之父"。《文学家画像》(*Portraits littéraires*,1844)是他最著名的三本论文集之一,其中论及了荷马等人,表现了他的"再创作式的批评方法"。

⑧　此处原为拉丁文:individuum ineffabile。

⑨　此处原为法文:une fable convenue。

⑩　单子论:德国唯心主义哲学家莱布尼茨的学说。认为构成一切存在的基础是不可分的、不占据地位的、能自由运动的、独立的精神实体,即"单子"(monad)。单子可分为具有微知觉或模糊知觉的低级单子和具有统觉(即理性或清楚的、自己的知觉)或反省的知觉的高级单子,而最高级的单子就是上帝。单子是完全封闭的,没有通向外界的"窗口",不能相互作用、相互影响。它们的和谐一致是上帝在创世时预先安排好的,这就是单子的"前定和谐"说。

⑪　恺撒(Gaius Julius Cæsar,公元前100—前44):罗马统治者。

⑫　庞贝(Gnaeus Pompeius Magnus,公元前106—前48):罗马共和国后期最伟大的将军,于公元前48年被恺撒击败。

⑬　此处原为拉丁文:artifex additus artifici。

⑭　此处原为拉丁文:artifex additus artifici。

⑮　此处原为拉丁文:philosophus additus artifici。

⑯　复制想象是指欣赏者在自己心中将艺术家创造的意象复制出来。参见本书第二章注⑯。

⑰　海尔德(Johann Gottfried von Herder,1744—1803):德国文艺理论家,狂飙运动的理论指导者。参见《美学原理》第十七章注㉞。

⑱　此处原为拉丁文:sic vos,non vobis。

⑲　唯理论和唯实论:参见《美学原理》第五章注⑤。

⑳　尼柯利尼(Giovanni Battista Niccolini,1782—1861):意大利剧

作家。

㉑ 格拉齐(Francesco Domenico Guerrazzi,1804—1873):意大利爱国者、历史小说家。他用历史小说来表现自己的政治观点,受拜伦、司各特和福斯可洛的影响很大。

第 五 章

① 古希腊哲学家朗吉弩斯的著作。

② 邓斯·司各特斯(Duns Scotus,1266—1308):英国神学家。

③ 弗拉加斯托诺(Giromalo Fracastoro,1483—1553):意大利物理学家和诗人。

④ 康帕奈拉(Tommaso Campanella,1568—1639):意大利哲学家。

⑤ 马勒布朗什(Nicolas Malebranche,1638—1715):法国形而上学哲学家,师承笛卡儿,著有《真理论》。

⑥ 莱布尼茨认为:"如果我们能认识一件事物,我们对它就有明晰的知识;但是明晰的知识又分混乱的(感性的)和明确的(理性的)两种。"鲍姆嘉通说:"感性的观念分朦胧的和明晰的两种。"

⑦ 法国实证主义哲学家孔德的说法。

⑧ 格拉维纳(Giovanni Vincenzo Gravina,1664—1718):意大利美学家。

⑨ 哈曼(Johann Georg Hamann,1730—1788):德国神秘主义哲学家。

⑩ 德·桑克西斯(Francesco de Sanctis,1817—1883):意大利著名文学史家、批评家。

第 六 章

① 歌德的一部叙事诗。

② 爱德蒙·德·龚古尔(Edmond de Goncourt,1822—1896):法国作家,经常与其弟茹尔·德·龚古尔合作小说。

③　这是根据法国作家布封的名言"风格即人"（Le style,c'est l'homme）造出来的俏皮话,因为 l'homme 除泛指人外,还作"男人"解。

④　帕斯高利（Giovanni Pascoli,1855—1912）:意大利诗人。

⑤　"蒂勒尼安式的"诗,指公元前七世纪古希腊诗人蒂勒尼安所写的那种类型的诗,其风格如下文所述。

⑥　曼佐尼（Alessandro Manzoni,1785—1873）:意大利著名作家。

⑦　卡尔杜西（Giosuè Carducci,1835—1907）:意大利著名诗人。

法 文 版 序

①　发表于《美学近论》。——原注

②　杜波（Jean-Baptiste Dubos,1670—1742）:法国哲学家、评论家,著有《诗画评论》。

③　见拙著《亚里士多德、莎士比亚、高乃依》。

〔附编〕注释

① 关于这些不同进展的历史提示在表面上看来似乎是不相连贯的,但在实质上却是紧密相关的。可参看我的《实践哲学》,综合摘引。——原注

② 原文为拉丁文:iustum pretium。

③ 原文为拉丁文:opus oratorium。

④ 请参看戴·鲁吉罗(De Ruggiero)在关于现代哲学的《批判》中的注解:英国物理学家艾丁顿(Eddington,《自然和物理世界》,剑桥,1927)曾幽默地提出了现实的有生命物之观察同没有生命的图式之观察间的对立:"A pig may be most familiar to us in the form of rashers, but the unstratified pig is a simpler object to the biologist who wishes to understand how the animal functions."("对我们来说,一只猪我们最熟悉的形式可能是火腿片,但是对一个希望了解动物功能的生物学家来说,一只没有分层的猪会是个更简单的对象。")——原注

⑤ 二十五年前,在《精神哲学》中,我已经提出过类似的结论,通过美学和历史逻辑学,我抓住了这个结论并同时批判了古典的唯心主义;通过其他途径,戴维(Dewey)也走到了这一步,正像戴·鲁吉罗在一篇论文中关于他所说的一样。看看《批判》,XXLX,第341—357页,特别参看第345—346页。——原注

⑥ 原文为拉丁文:adaequatio rei et intellectus。

⑦ 原文为拉丁文:res。

⑧ 原文为拉丁文:adaequatio praxeos et intellectus。

⑨ 原文为拉丁文:posterius。

⑩ 原文为法文:La nature:voilà l'énnemie。

⑪ 原文为拉丁文:quod mihi placet。

"外国文艺理论丛书"书目

第 一 辑

书　名	作　者	译　者
柏拉图文艺对话集	〔古希腊〕柏拉图	朱光潜
诗学	〔古希腊〕亚理斯多德	罗念生
古代印度文艺理论文选	〔印度〕婆罗多牟尼 等	金克木
诗的艺术（增补本）	〔法〕布瓦洛	范希衡
艺术哲学	〔法〕丹纳	傅　雷
福楼拜文学书简	〔法〕福楼拜	丁世中　刘　方
波德莱尔美学论文选	〔法〕波德莱尔	郭宏安
驳圣伯夫	〔法〕普鲁斯特	沈志明
拉奥孔（插图本）	〔德〕莱辛	朱光潜
歌德谈话录（插图本）	〔德〕爱克曼	朱光潜
审美教育书简	〔德〕席勒	冯　至　范大灿
悲剧的诞生	〔德〕尼采	赵登荣
艺术与现实的审美关系	〔俄〕车尔尼雪夫斯基	周　扬
卢那察尔斯基论文学	〔苏联〕卢那察尔斯基	蒋　路
小说神髓	〔日〕坪内逍遥	刘振瀛

第 二 辑

狄德罗美学论文选	〔法〕狄德罗	张冠尧 等

书　名	作　者	译　者
雨果论文学	〔法〕雨果	柳鸣九
德国的文学与艺术	〔法〕德·斯太尔夫人	丁世中
萨特文论选	〔法〕让-保尔·萨特	施康强
论浪漫派	〔德〕海涅	张玉书
新科学	〔意〕维柯	朱光潜
美学原理 美学纲要	〔意〕克罗齐	朱光潜 等
托尔斯泰论文艺	〔俄〕列夫·托尔斯泰	陈　燊 等
别林斯基文学论文选	〔俄〕别林斯基	满　涛